LECONTE DE ROUJOU

Capitaine de Frégate

Éducation

Morale, Patriotique et Militaire

des

Équipages de la Flotte

Publication autorisée par le Ministre de la Marine

Armand Colin & Cie, Éditeurs

Paris, 5, rue de Mézières

ÉDUCATION

Morale, Patriotique et Militaire

DES

ÉQUIPAGES DE LA FLOTTE

Coulommiers. — Imp. PAUL BRODARD. — 063-98.

ÉDUCATION

Morale, Patriotique et Militaire

DES

ÉQUIPAGES DE LA FLOTTE

PAR

LECONTE DE ROUJOU

Capitaine de Frégate

Publication autorisée par le Ministre de la Marine

PARIS

ARMAND COLIN ET Cie, ÉDITEURS

5, RUE DE MÉZIÈRES, 5

1899

PRÉFACE

Éducation de la nation par l'Armée.
Rôle social de l'Officier.

L'idée qui a présidé à la rédaction de ce livre n'est pas nouvelle et nous ne prétendons pas la revendiquer comme une propriété personnelle. Depuis longtemps ceux qui admettent que le service militaire obligatoire est un sacrifice nécessaire consenti par un peuple jaloux de préserver contre les convoitises extérieures son indépendance et l'intégrité de son patrimoine, ont pensé qu'il serait relativement aisé d'atténuer dans une très large mesure les conséquences économiques de ce sacrifice, en complétant dans la caserne ou sur le navire de guerre l'instruction commencée à l'école. D'autres ont été plus loin encore : ils ont cru possible de faire de la caserne ou du bâtiment de l'État la véritable maison d'éducation du citoyen et de réaliser l'**éducation de la Nation par l'Armée,** non seulement en vue de la guerre, mais aussi en vue de la paix.

La **guerre,** en effet — fléau qui ne disparaîtra de la terre qu'avec les passions humaines, — la

guerre, disons-nous, constitue un état morbide temporaire, généralement d'assez courte durée ; la paix,
au contraire, remplit la plus grande part de l'existence d'une génération d'hommes. Outre leurs
devoirs envers la **Patrie**, ceux-ci ont encore des
devoirs envers eux-mêmes ou envers leurs compatriotes ; ils sont ou seront chefs de famille ; ils com-
manderont à des ouvriers comme chefs d'industrie
— ce qui est une autre manière d'être chefs de
famille. — Fonctionnaires de l'État, ils détiendront
une part de l'autorité protectrice du gouvernement ;
électeurs, ils auront leur part de responsabilité
dans le choix des législateurs de la Nation et, par
conséquent, une part d'influence sur les destinées
de la Patrie. Il est donc légitime de chercher à utiliser les trois années passées au service pour faire
du jeune homme un soldat et du soldat un citoyen
qui entrera dans la vie active avec la fierté du
devoir accompli, mais aussi avec la conscience
exacte des devoirs à remplir. Ces trois années doivent suffire à orienter ses pensées vers ce qui est
beau, vers ce qui est bien, vers ce qui est juste, de
sorte qu'après avoir été un soldat ou un marin zélé
et discipliné, il soit ensuite un bon citoyen.

L'Armée d'aujourd'hui — il est bien entendu que
la marine de guerre n'en est qu'une branche — est
nationale. Tout ce que la France compte de jeunes
hommes solides de corps et sains d'esprit, passe
par les rangs de cette armée qui est ainsi, en
quelque sorte, la virilité même de la Patrie. Pendant trois années, cette foule d'êtres vigoureux et
actifs est dressée, rompue à des exercices de guerre
qui, en augmentant sa force et sa confiance en elle-

même, développent au sein de cet ardent foyer certaines pensées de lutte qui sont l'essence même des Armées. Il est raisonnable de penser toutefois que là ne se borne pas la tâche des pouvoirs publics et que le soldat libéré doit rapporter dans ses foyers autre chose qu'un bagage purement technique.

A une époque aussi troublée que la nôtre, quand les âmes les plus nobles cherchent leur voie, est-il admissible que cette élite d'hommes intelligents et instruits, qui composent le corps d'officiers de nos armées de terre et de mer, ait la faiblesse coupable de laisser passer annuellement par ses mains des centaines de mille hommes, sans même tenter de les préparer, par une éducation morale élevée, aux luttes de la vie civile, luttes de tous les jours autrement ardentes souvent que celles de la guerre elle-même?

On a dit, on a écrit, peut-être même a-t-on réellement cru que le **service militaire** corrompt les hommes; des écrivains de talent ont mis leur plume au service de cette idée qui serait risible si elle n'était surtout odieuse; à l'heure actuelle, une notable partie de la Nation, sur la foi de ces imprudents ou de ces criminels, croit encore que le séjour de la caserne est une tare pour un homme d'honneur.

Comment une pareille idée a-t-elle pu être émise, même une fois, sans qu'une immense clameur indignée ait aussitôt fermé la bouche à la calomnie! Eh quoi, la jeunesse de notre Nation se pourrit, dites-vous, par le service militaire, son honnêteté native s'amoindrit, son intelligence s'étiole, l'être moral que chacun porte en soi se flétrit et les législateurs de la France laissent subsister un pareil état de choses! Cela n'est pas possible. S'il en était ainsi, s'il était exact de dire que trois années de service militaire diminuent — ne fût-ce que d'une quantité infinitésimale — la valeur morale des citoyens, s'il était vrai que le service ne fût qu'une servitude honteuse, c'est qu'alors ceux qui ont la charge et la responsabilité de ces hommes, ceux à qui la loi donne toute puissance pour ordonner et pour punir sont **mal préparés à leur rôle ou indignes de le remplir;** notre corps d'officiers est donc inférieur à sa tâche ou bien il **ne fait pas son devoir.**

Eh bien, **cela n'est pas vrai!** — Certes, le progrès est lent à s'accomplir, mais il existe, il se propage. Ceux qui ont vécu à l'époque où l'Armée était encore professionnelle ont eu quelque peine à admettre et à comprendre qu'elle ne le fût plus; les procédés de dressage de l'ancienne Armée n'ont cédé que petit à petit la place à d'autres moins empiriques et plus efficaces; de nouvelles générations ont surgi qui ont compris l'extension considérable des attributions des chefs; le corps d'officiers des armées de terre et de mer commence à s'imprégner de cette idée féconde : **qu'il doit être l'éducateur de la Nation.**

Est-ce à dire que tout est fait dans cet ordre d'idées? Non, bien loin de là! L'éducation philosophique, l'étude de l'homme intime, la connaissance des moyens pratiques d'éducation morale qu'un officier peut et doit posséder sur un soldat ou un marin, généralement moins instruits que lui, tout cela tient encore une place infime dans l'enseignement de nos écoles militaires. Des efforts isolés se sont produits cependant, mais ils résultent moins d'une incitation gouvernementale que d'un sentiment obscur qui, peu à peu, se fait jour dans le corps d'officiers et le pousse à se faire honorer par des actes, puisque l'uniforme ne suffit plus à lui assurer le respect des citoyens. Qu'il nous soit permis, en commençant la tâche que nous nous sommes librement donnée, de formuler le vœu que l'étude de l'homme, tel que la nature et la civilisation l'ont fait, que la **sociologie** prennent dans l'enseignement de nos grandes écoles la place qui leur revient naturellement.

Quand notre corps d'officiers aura été préparé à sa tâche, quand il consentira à poursuivre rigoureusement l'exécution de ses devoirs moraux, alors, mais seulement alors, son horizon, borné par le mur d'enceinte des casernes ou la coque d'acier des navires, s'élargira et, de sombre qu'il était, deviendra rayonnant. En peu de temps, l'estime et l'affection de la Nation lui reviendront et l'entoureront d'une auréole que jamais l'or de ses épaulettes et de ses galons ne lui aurait donnée. L'Officier cessera d'être, pour les masses profondes du peuple, un soudard bon tout au plus à se faire tuer ou un inutile traîneur de sabre, il deviendra le **Maître** vénéré devant lequel chacun s'écarte avec respect et que chacun salue avec la joie dans les yeux et la reconnaissance au cœur; il sera enfin, dans toute la force du terme, un **pasteur d'hommes.**

L'heure qui sonne est solennelle, chacun le sent, et cependant s'endort dans une quiétude apparente, qui serait comique si elle n'était surtout coupable.

Déjà l'internationalisme a fait son apparition sous le drapeau criminel de l'anarchie; une certaine littérature, pour flatter les bas instincts des petits, avides de manger les gros, exalte les vertus antiques des « **petits troupiers** », mais déverse la calomnie et l'outrage sur le corps d'officiers tout entier.

Cependant, personne ne l'ignore, la guerre — et quelle guerre! — est à nos portes; ce spectre effrayant peut, demain, devenir une réalité redoutable et, à la suite de la lutte sauvage qui s'engagera, qui sait si notre nationalité ne sombrera pas? Attendra-t-on que le mal soit devenu irréparable pour songer à le réparer? Est-ce donc à dire que le proverbe latin est toujours vrai : *Quos vult perdere Jupiter dementat!*

Il n'est que temps d'aviser; la discipline des Armées ne peut plus être passive, il faut qu'elle soit active et raisonnée; le respect ne peut plus être instinctif, il faut qu'il devienne consenti; le dévoúement ne peut plus être imposé, il faut qu'il soit volontaire; la servitude militaire, si magnifiquement glorifiée par Alfred de Vigny, ne doit plus exister : elle cédera la place à une **préparation patriotique à la vie civile**. L'Armée, qu'on le veuille ou non, ne peut plus être ce qu'elle a été; le temps marche, l'esprit humain s'élève peu à peu à des conceptions plus hautes, l'Armée moderne doit devenir semblable à l'Armée romaine, dont les loisirs portaient pendant la paix des fruits aussi beaux que ceux que son activité pendant la guerre lui permettait de cueillir sur les champs de bataille; de son sein ne doivent plus sortir que des citoyens préparés à faire leur devoir dans les luttes de la vie civile aussi bien que dans celles de la vie guerrière.

AVANT-PROPOS

A nos camarades de l'armée de mer.

Au mois de janvier 1897, encouragé par les conseils du Vice-Amiral commandant en chef l'escadre de la Méditerranée, nous avions l'honneur de lui soumettre un programme des conférences que nous nous proposions de faire aux hommes les plus instruits de l'équipage de l'*Amiral-Charner*. Ce programme, approuvé par l'Amiral, fut communiqué aux officiers chargés des écoles élémentaires. Il parut très chargé à quelques-uns de nos camarades et l'on nous demanda de le développer entièrement par écrit, afin d'épargner un assez gros travail à ceux qui auraient la charge de l'appliquer. C'est ainsi que nous avons été amené à écrire ce livre.

Les conférences qui vont suivre n'offrent en elle-mêmes aucune difficulté réelle, car les principes qu'elles ont pour but de développer sont familiers à ceux qui auront cette mission. Aux hommes d'un certain niveau social, ayant atteint un certain degré de culture intellectuelle, les idées de **Patrie** et de **Drapeau** apparaissent encore comme fondamentales. Le philosophe humanitaire ou l'Internationaliste seuls peuvent mettre en doute, à l'heure actuelle, la nécessité de ces notions et les considérer comme des restes de la barbarie primitive.

Non, l'Humanisme n'en est même pas à l'aurore; il est encore enfoui, dans les limbes de l'avenir et peut-être pendant des milliers de siècles encore les générations humaines se grouperont autour de Drapeaux différents, de législations variées, de religions antagonistes. Si, d'une part, des esprits d'une élévation plus qu'humaine et, de l'autre, de pauvres fous possédés d'une marotte aux grelots retentissants que les faits journaliers ne réussissent pas à faire taire, parce que les enseignements qui en découlent se brisent contre l'entêtement et l'infatuation d'une demi-culture, si, disons-nous, ces deux catégories d'illuminés ont pu rêver qu'en un jour prochain l'humanité entière arrivera à ne plus former qu'une grande famille régie par les mêmes lois, en revanche, la plupart des hommes de sens commun savent fort bien que cette époque est encore lointaine et imprécise et qu'il serait insensé de tabler sur l'apparition imminente de cet âge d'or. Ne pouvant pratiquer le culte grandiose de l'Humanité, ceux-là continueront longtemps encore à regarder ces représentations symboliques : la **Patrie**, le **Drapeau**, comme satisfaisant mieux qu'aucune autre aux besoins obscurs d'idéalisme qui vivent au fond du cœur de l'homme civilisé.

C'est au corps d'officiers, sans distinction d'origine et de fonctions, que nous prétendons imposer la plus noble tâche qu'il soit dans un pays libre : celle d'**éducateurs civiques** de la jeunesse. Les hommes auxquels nous faisons appel ont tous une culture intellectuelle plus que suffisante pour compléter, au gré de chacun d'eux, par des exemples appropriés tirés de la vie de tous les jours et des événements contemporains, ce que nous avons écrit. Il leur sera aisé d'élaguer ce qui leur semblerait trop ardu pour leur auditoire, de varier et d'agrémenter cet enseignement.

Nous n'avons pas eu la prétention, en écrivant ce livre, de produire un bréviaire, mais bien de tracer un modeste canevas sur lequel la fantaisie éclairée de chacun pourra broder des images variées et diversement colorées : nous avons voulu donner un exemple de ce que l'on peut, à notre avis, dire à des hommes, d'une culture intellectuelle généralement faible, mais aptes cependant à saisir quelques idées abstraites. Ce n'est là qu'un premier essai : Puisse cette tentative être féconde !

Ce qui paraîtra sans doute le plus gênant aux conférenciers, ce sera l'usage d'un langage approprié à l'instruction de leur auditoire. Si les officiers sont familiarisés avec certaines abstractions, ils le sont moins avec la langue

simple et rustique qu'il faudra nécessairement employer
pour faire comprendre ces abstractions à des ouvriers, à
des pêcheurs, à des cultivateurs, dont les idées, relativement peu nombreuses, n'ont à leur disposition qu'un petit
nombre de mots. Les images les plus simples, celles auxquelles nous sommes le plus habitués, les métaphores les
plus vulgaires seront souvent insaisissables pour nos
pêcheurs des côtes de Bretagne.

Il faudra donc beaucoup se défier de sa langue en cau-
sant à ces hommes, éviter les images compliquées, parler
avec lenteur et éviter certaines liaisons phoniques souvent
déconcertantes. En un mot, on se gardera bien de faire de
la prose académique, ce qui serait on ne peut plus nuisible au résultat qu'on a en vue.

Il y a peu de temps, nous lisions dans un auteur très
estimé qu'on se défie trop de l'intelligence des foules et
qu'il ne faut pas craindre de parler au peuple un langage
élevé. Ceci est peut-être vrai quant aux pensées exprimées,
mais c'est à coup sûr inexact quant à la forme à leur
donner. Une langue pompeuse, de longues tirades sont
capables d'éblouir un auditoire populaire, mais on peut
être assuré qu'il n'y comprend rien ; en sortant de la con-
férence il arrivera qu'il dise de l'orateur : « il parle joliment
bien ! » mais il n'aura rien perçu des idées émises parce
qu'elles auront été entourées de trop de fleurs.

A notre avis, on devra donc toujours employer une
langue très simple, sans périodes longues, et ne présenter
qu'une idée à la fois, en la dépouillant même de tout brillant superflu. Cette règle nous paraît de nature à calmer
certaines appréhensions que la lecture de notre programme
avait fait naître.

Si, dans les chapitres qui vont suivre, nous avons tenté
cependant d'user d'un français à peu près correct, c'est
qu'il est presque impossible d'écrire comme on parle, sous
peine de violer à chaque ligne les règles du style auxquelles
on est accoutumé d'obéir, et c'est aussi parce que, dans
notre pensée, ce livre est destiné à être mis exclusivement
entre les mains des officiers instructeurs et, à la rigueur,
entre celles de leurs auditeurs les plus instruits.

Nous ne saurions trop le répéter, afin qu'aucun de nos
camarades ne puisse se méprendre sur nos intentions :
ceci n'est qu'un canevas, probablement très médiocre, et

qui n'a d'autre mérite, s'il en a, que celui d'être le premier
qu'on ait tenté, à notre connaissance, de mettre sous les
yeux de nos marins. Nous nous sommes inspiré d'ailleurs
de travaux analogues de plusieurs officiers de l'armée de
terre familiarisés avec l'idée qui sert de base à ce travail :
l'éducation de la Nation par l'Armée.

Dans le cours parlé nous avons de même emprunté beaucoup de faits, beaucoup d'anecdotes à des livres classiques
d'histoire, à des auteurs estimés tant français qu'étrangers.
Sur nombre de points historiques, nous avons cru légitime
d'adopter la légende plutôt que l'**histoire** pure et simple,
parce que la légende se grave mieux dans l'esprit que le
fait précis et brutal et parce qu'elle plaît davantage aux
hommes simples que le scepticisme n'a pas effleurés. La
légende du Vengeur par exemple, telle qu'elle est demeurée
dans l'imagination populaire, n'est-elle pas meilleure à
enseigner que le texte du rapport de Villaret-Joyeuse ou
de Jan-Bon Saint-André? Ce glorieux et lugubre épisode
et la leçon de patriotique dévouement qui s'en dégage ne
se graveront-ils pas mieux ainsi dans la mémoire de nos
marins?

Si, d'ailleurs, nous n'avons pas toujours été dans la vérité
historique absolue, nous l'avons cependant serrée d'assez
près pour n'être pas taxé de « chauvinisme » outré. Nous
pensons que l'exaltation de la Patrie française n'est pas à
craindre, d'abord parce que la France a été réellement
grande dans le passé et même dans un passé très proche
de nous; puis, parce que nous estimons que l'éclipse subie
par ses destinées n'est que temporaire et enfin, parce qu'il
vaut toujours mieux dire et répéter à des Français qu'ils
sont les fils d'une grande Nation que de leur prêcher le
découragement et la défiance dans leur avenir, auxquels,
par tempérament, ils sont volontiers enclins.

Nous avons cru devoir prendre conseil, avant de nous
engager dans la voie que nous avons suivie, d'un officier
supérieur, chef de corps dans une ville du littoral de la
Méditerranée qui — à l'exemple de beaucoup d'autres —
a employé ses officiers à faire l'éducation morale de ses
soldats. Bien qu'il ne nous ait pas dissimulé tout ce que la
tâche avait de difficile et même d'ingrat quelquefois, il
nous a affirmé que les résultats obtenus passaient ses
espérances, bien que, pour un observateur superficiel, ils

fussent encore presque insensibles. Il a terminé sa causerie par un argument que nous demandons la permission de reproduire ici, parce qu'il répond bien mieux que nous ne pourrions le faire à toutes les objections que la routine et l'indolence ne manqueront pas de soulever lorsqu'il s'agira de passer de la théorie à la pratique.

« Les idées nobles et élevées, nous dit le colonel M., plaisent au peuple français. Aussi, gardons-nous de conclure trop vite et de nous décourager. Nous, officiers, nous ne pouvons connaître, *a priori*, quelle sera, dans l'avenir, la conséquence de notre enseignement. Ces paroles que nous avons laissé tomber, ces légendes et ces exemples que nous avons racontés peuvent servir et servent en effet de texte aux loustics de chambrée pour des plaisanteries de mauvais goût, mais croyez bien que cette semence portera de bons fruits plus tard, lorsque le soldat, ayant dépouillé l'uniforme et étant rentré dans ses foyers, ne sera plus sous l'influence pernicieuse de cette terrible maxime : *Notre ennemi c'est notre maître* et de la défiance malheureusement instinctive de l'inférieur envers le supérieur. Ces histoires, ces légendes, c'est lui-même peut-être qui les racontera à ses cadets, qui les enflera, les embellira, avec cet instinct méridional qui sommeille au fond du cœur de tout Français, de sorte que les fruits de notre enseignement ne seront mûrs que dans une dizaine d'années et qu'ils ne seront récoltés que par nos successeurs, dont la tâche en deviendra sans doute plus aisée. Allez donc de l'avant, mon cher camarade, et surtout ne pensez pas à récolter vous-même ; vous sèmerez pour les autres.

« On serait trop heureux si, chaque fois qu'on fait un acte utile, on en était immédiatement récompensé, le métier d'homme de bien serait infiniment moins abandonné qu'il n'est, soyez-en sûr. Ce qu'il faut, voyez-vous, c'est **prêcher d'exemple**, c'est mettre ses actes en accord absolu avec ses paroles : si vous recommandez à vos marins la sobriété, la correction de la tenue ou du langage, vos paroles n'auront de valeur que si vous êtes vous-même sobre, correct de langage, de tenue et d'allures. En pareille matière, et aujourd'hui plus que jamais, **l'exemple est tout**. Le bien et le mal sont deux maladies contagieuses, mais plus ils viennent de haut plus leur propagation est rapide : un corps d'officiers irréprochable nous donnerait

une **Armée modèle. Cherchez dans cette voie, vous êtes
sûr d'y rencontrer la vérité.** »

Nous avons vivement remercié le colonel M., principalement à cause de la leçon de désintéressement qu'il nous donnait et dont nous pouvons tous profiter, nous officiers, placés en général au-dessus des luttes douloureuses du pain quotidien. Élevons nos cœurs vers les cimes immaculées qui plongent dans l'azur, nos hommes nous y suivront et les générations de marins que nos successeurs dans la carrière auront à instruire leur arriveront probablement mieux préparées à recevoir d'eux les préceptes d'honneur militaire, de dévouement au Drapeau, d'amour de la Patrie que nous aurons développés devant leurs aînés. Ceux d'entre nous qui auront la joie de le constater recevront, de ce chef, la plus noble de toutes les récompenses qu'un homme de cœur puisse ambitionner : l'assurance d'avoir fait sur la terre un peu de bien.

ÉDUCATION

DES

ÉQUIPAGES DE LA FLOTTE

TITRE I

ÉDUCATION MORALE

LES DEVOIRS MILITAIRES

I. Hiérarchie militaire. — Avant d'entrer en plein dans l'exposé des **devoirs militaires**, il est nécessaire de bien comprendre la genèse et la nécessité impérieuse de la **hiérarchie militaire**, car c'est en elle que nous allons trouver la justification de ces devoirs contre lesquels s'élèvent si souvent les inconscients et les irréfléchis, que quelques-uns même n'ont pas craint de tourner en ridicule.

Une armée — aussi bien qu'une flotte — doit agir sous l'impulsion d'une volonté unique. Ce n'est qu'à cette condition que les efforts produits, ayant tous lieu dans des directions parallèles, leur somme sera maximum dans cette direction. D'après ce principe, une armée pourrait ne se composer que d'un chef ayant une auto-

rité absolue sur une masse homogène de soldats n'ayant
d'autre volonté que la sienne. C'est, en effet, de cette
façon que sont constituées les armées des tribus sauvages de l'Afrique, c'est l'Armée primitive dans toute
sa simplicité.

Aussitôt que le nombre des soldats devient un peu
considérable, dépasse par exemple quelques centaines
d'hommes, le Chef ne peut faire connaître à tous sa
volonté qu'en se servant d'agents de transmission,
naturellement choisis parmi les plus intelligents et les
plus vaillants de ces guerriers. Ceux-ci se trouvent, par
conséquent, dépositaires de la volonté du Chef suprême
et surtout de l'**idée** d'où procède cette volonté. Pour la
masse des soldats — qui savent qu'ils ont la confiance
et la délégation du maître, — ceux-là sont donc des
chefs, inférieurs ou **subalternes** il est vrai, mais dont
les ordres sont cependant respectés, parce qu'on a tout
lieu de penser qu'ils sont conformes à la volonté du
Chef suprême. On trouverait des exemples de ce mode
d'organisation militaire chez les peuples à demi civilisés : les chefs subalternes y sont les fils ou, tout au
moins, les parents du roi.

L'armée devenant plus nombreuse et les mêmes
nécessités subsistant, le Chef suprême se voit forcé de
transformer l'autorité de **fait** de ses agents de transmission en autorité de **droit**, en leur conférant un titre
ou **grade** qu'une différence plus ou moins importante
dans le costume ou dans les armes rend apparent aux
yeux de tous : ce **grade** et ces **insignes** sont les preuves
palpables de la délégation d'autorité qui leur est faite,
de sorte que, même sans les connaître, le soldat sait
qu'il leur doit obéissance comme au Chef suprême et
qu'ils ont, vis-à-vis de ce dernier, la responsabilité des
ordres donnés en son nom.

Si l'on applique le même raisonnement à de grandes
masses armées divisées en masses secondaires pouvant
agir isolément à des distances considérables les unes
des autres, on arrivera à conclure que la création d'une

échelle de grades, allant du généralissime au simple soldat et ayant pour mission de recevoir, comprendre, interpréter et faire exécuter les ordres de l'autorité suprême, est une nécessité de premier ordre. C'est cette échelle de grades subordonnés les uns aux autres qui constitue la hiérarchie militaire.

Nous voyons donc que la notion de **hiérarchie**, aussi bien que celle du grade, ne sont pas nées d'une fantaisie législative, mais bien d'une nécessité d'ordre technique; nous remarquerons de plus que l'**autorité** et la **responsabilité** marchent du même pas et que, par conséquent, plus un grade est élevé, plus il crée des devoirs à celui qui en est revêtu, plus il doit être entouré de considération et d'honneurs.

Dans les armées romaines, les plus parfaites des temps antiques, la durée des services, l'expérience acquise, la vaillance personnelle déterminaient l'obtention de tous les grades inférieurs; les choix étaient faits par le général ou imposés par le suffrage des troupes. Les généraux et les hauts officiers des légions étaient nommés par le Peuple en ses comices.

Il ne peut plus en être tout à fait ainsi dans les armées modernes. La vaillance personnelle, sans être devenue un facteur négligeable de la valeur d'un chef, a dû cependant être reléguée au deuxième plan et céder la première place au savoir tactique, à la **science de la guerre**. Celle-ci ayant pris un très grand développement, il en est résulté que les interprètes de la volonté suprême ont dû être, avant tout, **instruits** pour pouvoir la comprendre d'abord et être ensuite de bons intermédiaires entre elle et les masses armées. De là sont nées les **écoles militaires** d'officiers, où une élite de jeunes gens instruits est dressée, non seulement à l'art difficile de conduire des hommes, mais encore à celui de recevoir, de comprendre, d'interpréter, de transmettre et de faire exécuter les ordres de toute nature ayant trait au métier de la guerre, devenu si extraordinairement compliqué et **scientifique**.

La nécessité d'une **hiérarchie**, que nous croyons avoir démontrée pour l'Armée, est également impérative dans la marine de guerre. Une flotte se compose, en effet, d'unités absolument indépendantes l'une de l'autre; pour concourir au même but, chaque unité doit obéir à un homme dépositaire et interprète des volontés du Chef. S'il vient à disparaître au cours du combat, il faut qu'il ait derrière lui un subalterne ou deux capables de le suppléer : les navires de guerre antérieurs à Richelieu avaient en effet **trois** officiers militaires. Mais aujourd'hui le bâtiment de combat est devenu si compliqué, si compartimenté, que la volonté du commandement y cheminerait trop lentement si elle ne trouvait sur son chemin de nombreux agents récepteurs suffisamment instruits pour la saisir et l'interpréter; suffisamment qualifiés pour la faire exécuter instantanément et même pour y suppléer dans une certaine mesure s'il y a lieu. C'est pour ces raisons qu'on est passé des **trois** officiers militaires qui, au xvie siècle, constituaient le **haut État-major** d'un navire de guerre aux vingt ou trente agents, à la fois militaires et techniques, qui suffisent à peine aujourd'hui au service d'un cuirassé de premier rang.

Sur mer comme sur terre, la guerre est devenue plus scientifique; la bravoure personnelle, premier élément du succès dans le corps à corps auquel aboutissaient si fréquemment les actions navales du temps jadis, a été reléguée au deuxième plan et primée par l'instruction militaire et technique. Les nécessités nouvelles ont donné naissance à toutes nos écoles dont le but est de préparer des élèves ou des officiers, déjà distingués par leur intelligence, leur savoir et leurs services, à servir d'intermédiaires entre le centre nerveux principal et les muscles, entre le commandant et le matelot.

Toutefois l'expérience acquise, les services rendus, les preuves manifestes de bravoure intelligente ont gardé dans la vie militaire une importance légitime, car **l'homme d'action** qui a beaucoup vu prime souvent dans la pratique **l'homme de science** qui n'a rien vu. De plus, entre l'officier instruit, né dans les classes élevées de la société, et le simple soldat ou le simple matelot, il y a souvent une telle distance intellectuelle que, Français l'un et l'autre, ils parlent cependant deux langues différentes. De même que les grands troncs nerveux détachent des multitudes de fibres qui pénètrent pour les innerver tous les replis des muscles, de même, entre l'Officier et l'homme, il a dû se créer une nouvelle série d'intermédiaires ayant pour fonctions de rendre intelligibles pour le second les paroles, les intentions, les volontés du premier.

La **hiérarchie** se complète donc entre l'homme et l'Officier par une série ascendante de grades : des **sous-officiers** pour l'armée de terre, des **officiers mariniers** pour la marine de guerre. L'intelligence, l'instruction, le mérite général des membres de cette série peuvent du reste être tels qu'en tenant compte de l'expérience acquise et des services rendus, il leur soit possible d'atteindre les échelons — même les plus élevés — de la série supérieure, vérité qu'on exprime vulgairement par ce dicton populaire : *Chaque soldat a dans sa giberne le bâton de maréchal de France.*

Toute volonté émane du Chef suprême situé au sommet de la hiérarchie; les autres chefs secondaires en sont seulement les dépositaires et les interprètes, de sorte qu'elle chemine de proche en proche avec d'autant plus de rapidité que ces interprètes sont plus intelligents, plus instruits et plus actifs.

L'intelligence, l'instruction, l'activité doivent donc seules motiver l'accession aux grades les plus élevés : c'est en effet le **principe** qui règle l'avancement, mais on tient compte aussi de la durée des services rendus, parce que cette durée est une garantie d'expérience et que l'expérience est évidemment un facteur très important de la valeur d'un chef.

L'expérience acquise, mesurée par la durée des services rendus, justifie l'avancement à **l'ancienneté,**

tandis que l'intelligence, l'instruction et l'activité jus-
tifient plus spécialement l'avancement au choix. Dans
la marine aussi bien que dans l'armée de terre, des
lois ont réglé les conditions de ces deux modes d'avancement de manière à les rendre aussi équitables qu'on
peut raisonnablement l'attendre d'institutions purement humaines.

**II. Devoirs des subordonnés à l'égard des
supérieurs.** — Maintenant que nous sommes bien
fixés sur les principes qui ont présidé à l'établissement
de notre hiérarchie, nous allons examiner quelles sont
les conditions **nécessaires** au bon fonctionnement
d'un appareil distributeur d'énergie aussi compliqué
que celui dont nous avons tenu à esquisser la genèse.
Le seul fait d'où découlent tous les devoirs militaires
est celui-ci : *Quiconque a été pourvu d'un grade déterminé est supérieur par son intelligence, son instruction,
son expérience et son activité à tous ceux qui occupent
l'échelon immédiatement inférieur de la hiérarchie.*

1. *Discipline.* — La première conséquence de ce
principe théorique est la subordination de ces derniers
à l'égard de celui-là; le mot **subordination** implique
forcément l'**obéissance** envers lui, car nul n'a le droit
de se croire supérieur ni même égal à lui; tout ce qu'il
prescrit est donc **exécutoire**, sans raisonnement, sans
hésitations, sans faiblesse, et c'est à cette seule condition qu'une armée pensera, agira, combattra comme
un seul homme.

Le **premier** de tous les devoirs militaires est donc
l'**obéissance**. La loi d'obéissance est impérative et
absolue, mais elle est aussi logique que juste, c'est la
pierre angulaire de la discipline militaire. *L'obéissance
est le principe vital d'une armée : sans obéissance, point
d'armée; les hommes réunis sous cette dénomination ne
sont plus qu'une bande d'animaux féroces.* (Général
Morand.)

Suivant le **tempérament** des Nations, la discipline

peut cependant être comprise de deux façons : ou bien elle est **passive**, c'est-à-dire que l'inférieur obéit strictement à la lettre des ordres du supérieur ou à la lettre des règlements militaires ; ou bien elle est **active**, lorsque l'obéissance aux ordres ou aux règlements est intelligente et qu'elle tient plus de compte de leur esprit que de leur lettre.

Ces deux manières de comprendre la discipline ont chacune leurs avantages : la première annule, il est vrai, les facultés pensantes de l'inférieur et lui rend la tâche plus facile ; si les ordres donnés sont précis et prévoient tous les cas, le supérieur est assuré que ses intentions seront remplies. D'autre part, la discipline active met en jeu une précieuse qualité : **l'initiative** ; elle répond mieux que la discipline passive aux exigences du temps de guerre, car, si minutieux et si précis que soient des ordres ou des articles de réglement, il surgit à chaque instant des cas où cette précision et cette minutie sont en défaut et où l'inférieur **doit prendre sur lui.**

A notre avis, la **discipline active** est la seule à rechercher pour les grades élevés, parce qu'elle seule conserve un jeu raisonnable aux facultés intellectuelles de l'inférieur et assure au supérieur qu'un obstacle infime, non prévu par lui, ne viendra pas entraver l'exécution de ses combinaisons les mieux conçues.

Tuer l'initiative de l'inférieur, ce n'est pas faire preuve de vues lointaines, car ce dernier, devenu chef à son tour, ne saura plus faire fonctionner sa volonté et ne retrouvera plus en soi l'ombre d'une faculté inventive. Il est, au contraire, indispensable de favoriser le développement de l'initiative, mais toujours dans un sens déterminé par les vues intimes des chefs et de manière que l'inférieur soit si profondément imprégné des idées du supérieur qu'il agisse en toute occasion de la manière dont celui-ci aurait agi dans des circonstances semblables. Initiative et discipline sont loin de s'exclure et il n'y a guère que les chefs de peu de valeur qui puissent craindre l'initiative de leurs sous-ordres.

2. *Respect.* — Les mêmes raisons qui imposent l'**obéissance** imposent aussi le **respect** à l'inférieur pour le supérieur, puisque celui-ci est, en principe, plus intelligent, plus instruit, plus expérimenté que celui-là.

Les exceptions qu'on peut rencontrer dans la pratique — et on en rencontre certainement — ne peuvent en aucune façon infirmer cette règle. Si le malheur veut qu'on ne puisse respecter l'homme chez le supérieur, on n'en doit pas moins le respect à la fonction dont il est légalement revêtu et aux insignes qui en sont la manifestation extérieure. Tout raisonnement qui s'écarte de cet ordre d'idées est fatalement **faux** et **dangereux**, car le **respect**, aussi bien que l'**obéissance**, est absolument indépendant de la personnalité du supérieur : c'est à la **loi**, c'est à l'**autorité** et non à l'**homme** que le respect est dû.

Le **respect** peut se manifester de bien des manières différentes et, lorsque ce sentiment est entré dans le sang, il n'est guère besoin de prescriptions réglementaires pour apprendre à l'inférieur à en faire preuve. Malheureusement, il faut toujours compter qu'à son arrivée au service le jeune soldat n'a, le plus souvent, qu'un sentiment extrêmement confus de ce que peut être le respect; c'est pour cette raison qu'il a été nécessaire d'en prescrire une manifestation extérieure, d'une extrême simplicité mais d'un usage constant, grâce à laquelle les natures les plus rebelles à la notion de politesse peuvent arriver cependant à l'acquérir. Cette marque extérieure de respect, c'est le **salut militaire.**

Le salut militaire n'est donc que la reconnaissance explicite du principe d'autorité; à ce titre il est tout aussi indispensable que le **culte public** de la divinité pour affirmer la foi religieuse. Il ne faut voir dans l'obligation du salut aucune trace d'**humiliation** ou de **servilité**; c'est un simple signe conventionnel qui a pour but de rappeler à toute heure, à l'inférieur qui l'exécute, le principe de subordination, et au supérieur qui le rend, qu'il a l'honneur de détenir une part d'autorité. Pour l'un comme pour l'autre le salut est un rappel de tous les instants à l'exécution de leurs **devoirs**.

Les règlements prescrivent au supérieur de rendre le salut à l'inférieur, mais, en admettant même que celui-là vînt à l'omettre par distraction, l'obligation du salut n'en resterait pas moins entière pour celui-ci.

Le salut militaire, dont l'observance est très stricte dans l'armée de terre, ne jouit pas dans la marine de la même faveur; on donne pour raison de cette négligence l'extrême promiscuité de la vie à bord. Il est certain qu'il ne peut être question, **à bord**, d'exiger le salut militaire dans toutes les circonstances où il est de règle dans l'armée : le personnel passerait son temps à saluer. Mais, dès que le marin est à terre il doit être soumis aux mêmes règles, aux mêmes obligations que le soldat. Il est donc nécessaire, même à bord, de tenir la main à ce que l'habitude du salut ne se perde pas, car **on ne fait bien que ce que l'on fait souvent.**

Un fait sur lequel il est nécessaire d'insister, c'est que l'obligation du salut s'étend aux supérieurs de toutes les armes, puisqu'ils représentent tous, au même titre, le principe d'autorité, légalement et légitimement institué.

Enfin, il n'est pas inutile de rappeler à nos marins que la politesse leur fait un devoir de rendre aux supérieurs des armées étrangères les mêmes honneurs qu'à leurs supérieurs hiérarchiques : c'est là une extension parfaitement légitime des principes exposés plus haut, mais, dans ce cas particulier, le salut n'est plus qu'une marque de déférence n'impliquant aucune subordination.

3. *Déférence.* — La **déférence** est une manifestation délicate de **respect** qui implique déjà un degré de culture sociale supérieure à la moyenne; à ce titre elle a évidemment plus de valeur que le **salut**. Un marin qui, se croisant dans une échelle avec un supérieur,

remonte rapidement sur le pont afin de lui céder la place, montre de la **déférence**; un autre qui se trouve dans la même voiture de tramway qu'un officier et qui est assis alors que ce dernier est debout, fait acte de **déférence** s'il propose à son supérieur de lui céder sa place sur la banquette : il manifeste ainsi, d'une manière d'autant plus méritoire qu'elle n'est pas obligatoire, son **respect** intime pour le grade dont le supérieur est revêtu.

Le **salut** est toujours le même, quel que soit le grade du supérieur; la **déférence**, au contraire, doit être d'autant plus grande que la personne qui en est l'objet occupe une situation plus élevée; tel acte de **déférence** qui est tout naturel envers un officier général serait ridicule envers un aspirant. La **déférence** a le mérite d'être un sacrifice volontaire du genre de ceux qu'un homme bien élevé fait chaque jour instinctivement en faveur d'une femme ou d'un vieillard; il est nécessaire de la développer parmi nos marins dans la mesure du possible, car elle constitue la preuve la meilleure d'une bonne éducation militaire, mais il faut éviter soigneusement qu'elle ne dégénère en **obséquiosité**; au contraire de la déférence, l'obséquiosité est la marque assurée d'une âme basse et sans dignité qui désire se concilier les faveurs d'un supérieur par des actes de soumission exagérée et même de servilité. — Un cœur bien placé ne peut éprouver que du **mépris** pour quiconque se rend coupable d'un acte de cette nature, qui rabaisse aussi bien le supérieur qui l'agrée que l'inférieur qui le commet.

4. *Confiance*. — La confiance de l'inférieur à l'égard du supérieur naît de la certitude que celui-ci est nécessairement plus intelligent, plus instruit, plus expérimenté que celui-là. La **confiance** n'est donc pas un sentiment factice et conventionnel; c'est un sentiment logique qui découle forcément de la constitution même de la **hiérarchie** militaire. Il peut arriver et il arrive en effet quelquefois que le supérieur, dans une occasion

déterminée, ne soit pas à la hauteur de ses fonctions, mais il ne faut pas en inférer qu'il n'est pas digne de **confiance**. Les hommes les plus sûrs d'eux-mêmes ont leurs moments de faiblesse et d'hésitation. Le plus illustre chef militaire qui fut jamais, **Napoléon Bonaparte**, a eu ses heures d'affaissement dues à des causes physiques ou à des causes morales; il a parfois, même sur le champ de bataille, commis des fautes ou manqué de coup d'œil, mais jamais la **confiance** de ses troupes n'en a été ébranlée.

L'inférieur doit donc toujours se garder contre la tendance, si naturelle aux Français, à juger les actes de ses supérieurs; il doit conserver intacte sa **confiance** en eux et se dire toujours qu'ils font pour le mieux, ce qui est en effet le cas général. Toute appréciation favorable ou malveillante des actes d'un chef est d'ailleurs un manque de respect à son égard; le seul fait qu'il est leur supérieur en toutes choses rend ses inférieurs incapables de porter sur ses actions un jugement sain, puisque les mobiles auxquels il a obéi leur échappent nécessairement.

5. *Affection* et *dévouement*. — Ce ne sont plus là des devoirs **étroits**, attendu qu'ils ne découlent pas nécessairement — comme l'obéissance, le respect et la confiance — de la notion de hiérarchie. L'**affection** et le **dévouement** pour le chef sont du domaine sentimental et il serait souvent bien malaisé de découvrir pour quelle raison le chef inspire de l'affection à ses hommes. Il est cependant probable que ses qualités de cœur y sont pour quelque chose, mais cela n'est pas absolument certain.

L'**affection** pour un chef rapproché s'explique assez facilement par la vie commune qui permet à l'inférieur de pénétrer les sentiments du supérieur à travers le masque que l'exercice de l'autorité lui met sur le visage; par les dangers, les fatigues, les privations, les misères partagés qui comblent peu à peu le fossé que la hiérarchie a creusé entre le supérieur et l'inférieur : le chef est alors comme un frère aîné ou un père de famille.

Pendant la guerre, les troupes ont toujours montré une vive affection aux chefs victorieux; ce sentiment n'a rien à voir avec les qualités de cœur de ceux-ci; il n'est que la manifestation de la reconnaissance enthousiaste pour ceux dont les talents ont donné à l'Armée réputation, gloire, orgueil. Napoléon était un cœur sec et froid, et cependant ses troupes l'adoraient!

Doit-on rechercher l'**affection** de ses inférieurs? ce n'est pas notre avis : cette recherche peut avoir des résultats inverses de ceux qu'on en attend; de plus, elle a souvent comme conséquence un désir de popularité qui est **corrupteur de toute discipline**; un chef qui ne peut pas supporter autour de lui le mécontentemant et qui redoute les murmures n'est pas un véritable chef. L'**estime** et la **confiance** de ses subordonnés doivent lui suffire; si l'**affection** naît par surcroît, il ne doit pas la repousser, car c'est une force de plus qu'il peut mettre à la disposition de la Patrie. Le **dévouement** naît spontanément de l'affection, mais le **respect** et l'estime l'engendrent aussi fréquemment. En dehors de celle née de la **victoire**, nous nous défions de l'**affection** : elle nous semble avoir presque toujours sa source dans la faiblesse des chefs au point de vue disciplinaire.

6. *Résumé*. — Pour résumer ce qui précède, nous dirons que les devoirs militaires **nécessaires** d'inférieur à supérieur sont : l'**obéissance**, le **respect**, la **confiance**. L'observance de ces devoirs suffit à faire les armées fortes. La **déférence** n'est qu'une nuance plus raffinée du **respect**. Quant à l'**affection** et au **dévouement**, ils naissent spontanément d'un ensemble de circonstances très difficiles à préciser : exaltés au suprême degré, ils pourraient rendre une armée presque invincible, mais ce sont des devoirs larges qu'il est très difficile sinon impossible de préciser, qu'il est quelquefois dangereux pour un supérieur de rechercher.

III. Devoirs des supérieurs envers les subordonnés. — Si l'on se reporte à ce que nous avons dit pour justifier la hiérarchie militaire, il est facile d'en conclure que le premier des devoirs d'un supérieur c'est de se montrer digne du grade qui lui a été conféré et d'être en tout et toujours **supérieur** à ses subordonnés, aussi bien au point de vue moral qu'au point de vue technique. Nous allons donner à cette formule simpliste les développements qu'elle comporte.

L'autorité doit être impeccable; telle est la base des relations de supérieur à inférieur. On nous objectera que c'est là une chose **impossible** à obtenir et nous en convenons très volontiers; mais nous tenons cependant à constater que si cette formule représente un but inaccessible à la faiblesse humaine, c'est pourtant un point de direction, quelque chose comme une **limite** mathématique.

Ceci posé, ajoutons que le supérieur doit être assuré d'avance qu'aucune de ses faiblesses, aucune de ses erreurs, aucune de ses fautes n'échappera à l'œil clairvoyant de ses inférieurs. C'est en effet un des privilèges de la nature humaine de voir avec une remarquable clarté la paille qui est dans l'œil du voisin — surtout si ce voisin lui est supérieur comme situation sociale — et d'ignorer complètement la poutre qui obscurcit l'œil du critique. Si l'on a toujours cette vérité présente à l'esprit, on tendra toujours vers la limite indiquée ci-dessus.

Enfin, pour résoudre toutes les difficultés de la vie militaire, on prendra pour guide la parole évangélique : *Ne faites pas aux autres ce que vous ne voudriez pas qu'on vous fît*, précepte négatif très suffisant dans la vie civile, mais qui, pour nous, doit être complété par le précepte **positif** : *Faites aux autres ce que vous voudriez qu'on vous fît*. N'oublions pas, en effet, que l'exercice de l'autorité crée des devoirs positifs et étroits dont il n'est que rarement question dans la vie civile, chaque citoyen jouissant de son initiative et de sa volonté pour améliorer les conditions de sa propre existence, tandis que l'Armée a le droit de n'attendre le progrès que de ceux qui la commandent.

1. *L'exemple.* — L'exemple est certainement le moyen d'action le plus puissant que le supérieur ait à sa disposition : le chef qui donne toujours et partout le bon exemple aura sur ses subordonnés une influence excellente, et cette influence sera d'autant plus grande et plus efficace que le supérieur aura un grade plus élevé. Ainsi que nous le disait le colonel M... : *Le mal et le bien sont deux maladies contagieuses, mais plus elles viennent de haut, plus leur propagation est rapide.* Ce principe, évident *a priori*, est pourtant moins aisé qu'on ne pourrait le croire à faire pénétrer dans un cerveau français, parce que les **droits** supérieurs que confère un grade lui semblent devoir toujours faire table rase des **obligations** qu'on avait dans le grade inférieur, tandis qu'au contraire elles ne font que s'aggraver. On admet bien, **en principe**, que le chef doit toujours servir de modèle à ses subordonnés, mais', quant à rendre le modèle parfait, on n'y songe guère. Il ne viendrait pourtant pas à la pensée d'un professeur de dessin de faire copier à ses élèves l'œuvre d'un débutant; il choisit généralement comme modèle le travail d'un Maître, aussi irréprochable que possible, afin que les traits de ce modèle, se gravant peu à peu dans la mémoire des disciples, leur crée un idéal impeccable. Rien de ce qu'a produit de plus beau la statuaire antique ne lui paraît trop parfait pour arriver à ce but et il n'est personne qui n'approuve entièrement ce procédé d'éducation artistique. Cependant, lorsqu'il s'agit de pétrir des hommes on trouve tout naturel de ne copier que des individus très imparfaits. On a souvent assimilé l'Armée à une famille, et cette comparaison est parfaitement juste. Eh bien, chaque fois que, dans une famille le Père donne le mauvais exemple, tout le monde est d'accord pour pronostiquer un fâcheux

avenir aux enfants : l'influence de l'**exemple** est donc tacitement reconnue partout.

Nous avons vu que les trois devoirs étroits de l'inférieur envers le supérieur étaient l'**obéissance**, le **respect** et la **confiance** ; par contre, le supérieur doit à l'inférieur l'exemple de l'obéissance, du respect, de la confiance envers ses supérieurs à lui, c'est-à-dire l'exemple de la **discipline**. Sous ce rapport, nous nous trouvons dans la marine dans une situation qui nous rend l'accomplissement de ce devoir plus difficile qu'à nos camarades de l'armée de terre. Le bâtiment de guerre est, comme on dit, une **maison de verre** ; aucune action, aucune pensée même, du supérieur n'y échappe à l'inférieur ; tous nos gestes, toutes nos paroles sont observés, commentés, aggravés, interprétés, travestis, et toujours **dans le sens le plus défavorable**, par la légion d'oreilles et d'yeux qui nous entourent perpétuellement.

Ce serait donc une grossière erreur de croire qu'un mouvement d'humeur, se traduisant par une violente sortie contre les agissements d'un supérieur, n'aurait aucun mauvais effet parce qu'il se produisait à huis clos : à bord, **il n'y a jamais de huis clos** ! Ces révoltes verbales contre l'impitoyable joug militaire, que l'on est souvent tenté d'excuser en les mettant sur le compte de l'énervement de la vie de bord, sont sur la discipline d'un effet toujours déplorable, quoi qu'on en ait dit. Jamais un gradé, jamais un officier surtout ne devrait oublier qu'il **joue un rôle** perpétuel et qu'il **doit** porter constamment un masque sur le visage ou être assez maître de ses nerfs pour conserver une impassibilité absolue. Le **silence**, un silence obstiné, perpétuel, doit être la règle dans le service. *L'autorité absolue qu'exerce un seul homme le contraint à une perpétuelle réserve. Il ne peut dérider son front devant les inférieurs sans leur laisser prendre une familiarité qui porte atteinte à son pouvoir. Il se retranche l'abandon et la causerie amicale de peur qu'on ne prenne acte contre* *lui de quelque aveu de la vie ou de quelque faiblesse qui serait d'un mauvais exemple* (A. DE VIGNY). Ces paroles de l'illustre écrivain sont de celles que nous voudrions voir toujours méditer dans nos carrés et dans nos réunions d'officiers. Pour un Français, sur qui les **mots** ont une influence enivrante et qui, de plus, cultive généralement avec succès le paradoxe et l'ironie, la règle du **silence** sur tout ce qui concerne le service devrait être impérative, et il serait bien désirable que ce précepte fît partie de l'enseignement de nos écoles militaires. Pour un officier l'épithète de **bavard** devrait constituer la pire des insultes.

L'exemple des **bonnes mœurs publiques** n'est guère moins important comme influence sur les inférieurs que l'exemple de la discipline, pour les mêmes raisons que nous donnions plus haut. Le bâtiment est une **maison de verre**, mais c'est aussi une **caisse sonore** où les mots s'amplifient comme son et se dénaturent comme sens.

Nous n'ignorons pas que la plupart des conversations licencieuses, qui sembleraient dénoncer parfois des mœurs inavouables, ne sont que des manifestations de ce que l'on nomme l' « esprit gaulois », mais nous croyons fermement qu'elles ne sont jamais inoffensives, encore que ce ne soit pas là l'opinion généralement admise. — Le supérieur doit toujours soigneusement mesurer ses paroles, parce qu'il a toujours des auditeurs **supplémentaires**, dont l'esprit fruste est incapable de distinguer la part du paradoxe, de l'ironie, de la « pose » même, dans une conversation tenue en toute liberté. Ce qu'il y a de grossier, de licencieux, d'obscène même dans les mots les frappe seul et les conclusions qu'ils en peuvent tirer nuisent forcément à la considération due au supérieur, au respect qu'on a pour lui et, par conséquent, à la **discipline**.

Que penserait-on d'un professeur de philosophie, par exemple, qui se permettrait devant ses élèves des commentaires licencieux ou obscènes? On ne manquerait pas de dire que c'est un homme **immoral** et on l'expulserait de l'Université, ce en quoi on aurait parfaitement raison. Pourquoi donc tolérerait-on que des chefs qui ont la prétention d'être les **éducateurs de la Nation** donnent publiquement de leurs mœurs une idée aussi peu avantageuse que celle qu'on concevrait à juste titre de la moralité du professeur en question?

C'est par le **bon exemple toujours donné en toutes choses** que le supérieur justifie son grade, légitime son autorité; il n'existe pas de moyen plus efficace de conquérir l'estime et le respect des inférieurs et, par conséquent, de **discipliner** les hommes. Il ne suffit pas de leur dire ce qu'il est bien de faire, il faut le faire soi-même; aucun enseignement n'a de puissance s'il n'est soutenu par l'**exemple**, si celui qui prêche la bonne parole ne s'astreint pas lui-même rigoureusement à se conformer aux doctrines dont il est l'apôtre. Il y a toujours quelque chose qui révolte les esprits les plus frustes dans le spectacle d'un chef prêchant la rectitude dans le service et manquant, chaque fois qu'il le peut, aux obligations ennuyeuses de son métier. La phrase bien connue : *faites ce que je dis et non ce que je fais*, est une formule commode aux inconscients et aux faibles; au fond, elle est absurde et néfaste.

A toutes les périodes de la croissance humaine l'enfant cherche à **faire comme son père**, comme il le **voit faire** et non comme celui-ci lui dit de faire; quelle est donc la différence si essentielle qui sépare l'**enfant de l'homme de vingt ans**? Ce dernier aussi agit et parle comme il voit ses supérieurs agir et comme il les entend parler : cela est naturel, cela est humain et il n'est pas besoin d'être bien grand clerc pour tirer de là des conclusions pratiques.

Quel est donc le prêtre qui oserait publiquement dire : *faites ce que je dis et non ce que je fais?* Ne serait-ce pas reconnaître lui-même qu'il est indigne de sa mission sociale? Eh bien, l'exercice de l'autorité est un véritable **sacerdoce**, le plus beau, le plus brillant à pratiquer, mais aussi le plus difficile. Certes, l'être humain a ses inévitables faiblesses, mais, dans l'exercice du commandement, on doit s'efforcer avant tout d'en avoir ou, du moins, d'en manifester le moins possible. Il faut toujours agir de telle sorte que l'inférieur ne voie que la face brillante de la médaille et qu'il n'en puisse jamais soupçonner le revers.

2. *La justice.* — L'exemple à donner n'est pas la seule obligation de ceux qui détiennent l'autorité; il en est une plus importante encore peut-être : **rendre la justice.**

Le **droit de répression** est évidemment inséparable de l'idée d'autorité, mais l'exercice de ce droit n'est pas sans présenter de difficultés sérieuses. Tout d'abord, celui qui l'exerce doit le faire dans la plénitude de la possession de soi-même et jamais au milieu de l'accès de colère que provoque souvent la découverte d'une faute grave. La colère n'est en effet qu'un accès subit et momentané de folie, qui trouble complètement le jugement au moment même où on a le plus besoin de l'exercer. La colère dans la répression donne immédiatement l'impression d'une rancune personnelle, ce dont un chef qui se respecte tiendra à n'être jamais soupçonné. Il est vrai, d'autre part, que la froideur et la sécheresse donnent à la justice une apparence **inexorable** qu'il faut également redouter.

Il ne faut pas oublier qu'un père de famille n'inflige un châtiment à l'un de ses enfants qu'avec tristesse : c'est cette nuance qu'il est en effet nécessaire de mettre en lumière dans l'exercice du droit de répression. Si le coupable la perçoit, l'amertume de la punition n'en subsiste pas moins, mais la rancune contre le chef disparaît et c'est là, pour l'avenir, un point important.

Il peut arriver qu'un chef se trompe dans l'exercice du droit de répression : il ne doit jamais hésiter à revenir sur la décision qu'il a prise, si elle lui semble injuste après réflexion ou après information. Jamais l'amour-propre ne doit entrer en ligne de compte dans une question aussi grave que la **justice**.

Tout est préférable à une injustice. Il vaut mieux laisser échapper un coupable que de risquer de punir un innocent.

Le juge s'efforce d'être impeccable dans l'accomplissement de sa difficile mission, mais, quelque consciencieux qu'il soit, personne n'ignore qu'il est homme et sujet à l'erreur : il ne doit donc pas redouter de voir diminuer son autorité s'il reconnaît ouvertement cette erreur; ce sera très probablement l'effet inverse qui se produira.

La justice et la fermeté dans la répression des fautes font les équipages disciplinés; inversement, **l'injustice et la versatilité sont les mères de l'indiscipline.**

Il est véritablement curieux de constater à quel point le sentiment du juste et de l'injuste est développé, même chez les hommes les plus grossiers, si **leur personnalité est en jeu;** par contre, on constate tous les jours que, dès que les gradés ont à punir, ce même sentiment s'obscurcit au point de disparaître complètement dans certains cas. Cela tient à ce qu'il est rare qu'un gradé — nous ne parlons ici que des échelons inférieurs de la hiérarchie — exerce le droit de répression **dans un intérêt général;** presque toujours il n'arrive à songer à la répression que s'il est lui-même directement ou indirectement lésé par la faute commise. C'est pour cette raison qu'il faut que celui **qui fixe la punition** soit placé en dehors des amours-propres, des intérêts, des susceptibilités en jeu.

Dans la marine française **le commandant seul punit** ou, du moins, fixe les punitions : c'est là un système excellent, mais à la condition toutefois qu'il s'impose des enquêtes sévères sur les faits délictueux portés devant son tribunal et qu'il ait dans la répression une méthode impeccable.

Nous n'appelons pas ainsi la méthode qui consiste à

soutenir les gradés à tout prix : oui, sans doute, il faut les soutenir, mais seulement s'ils sont honnêtes, sincères et consciencieux ; par contre, il faut les briser s'ils sont injustes, menteurs et rancuniers, car ils **déshonorent l'autorité**.

Nous n'appelons pas non plus méthode impeccable la méthode qui consiste à dresser un **tarif** et à l'appliquer aveuglément.

Ce qui fait la gravité d'une faute, c'est bien plus souvent l'intention que le fait ; un délit presque insignifiant peut emprunter une gravité exceptionnelle aux circonstances dans lesquelles il est commis et on n'a qu'à jeter les yeux sur un code pénal pour se convaincre que le législateur a eu bien soin de ne pas dresser un tarif rigide et qu'il a, au contraire, laissé une très grande élasticité à la répression. Une loi récente est même venue apporter un adoucissement considérable au droit de répression, en introduisant dans nos codes le **pardon provisoire** (loi Bérenger). Il est de toute évidence que les considérations morales qui ont guidé le législateur dans la rédaction du code pénal doivent également guider les chefs dans la répression disciplinaire.

La **méthode** dans la répression est indispensable : sans elle la **justice** serait aussi aveugle que le **destin** antique. Pour être méthodique, il faut se renseigner :

1° Sur la **personne** du délinquant. Il est évident que la même faute est plus grave, commise par un breveté intelligent et instruit qu'elle ne serait si le coupable était un matelot de pont ignorant ou inintelligent. Un marin ancien au service a certainement une responsabilité plus étendue qu'une recrue de quelques jours ; un gradé mérite, pour la même faute, une punition plus sévère qu'un simple marin ;

2° Sur les **antécédents** de l'inculpé. En effet, la récidive, surtout la récidive à de courts intervalles, doit toujours être considérée comme une circonstance aggravante de la faute. L'examen du livret matricule ou, tout au moins, du cahier de punitions du bâtiment est donc absolument indispensable pour éclairer celui qui punit;

3° Sur les **circonstances** de la faute : il n'est pas douteux, en effet, qu'un délit, **commis en service**, ne soit plus grave que le même délit commis en dehors du service; la **préméditation** est également une circonstance aggravante; etc., etc. — On voit que, pour être **méthodique** dans la répression, on est tenu d'ouvrir pour chaque délit une petite instruction judiciaire; c'est évidemment là une sujétion qui ne laisse pas d'être assez lourde, mais qu'un chef ne peut éviter s'il tient à ce que la répression soit rigoureusement équitable. Mais, ce n'est pas tout; il faut encore qu'il soit renseigné :

4° Sur la **personnalité de celui qui demande la punition.** Il peut arriver, en effet, que ce dernier ait une grande part de responsabilité dans la faute commise, soit qu'il ait été grossier et brutal envers l'inférieur, soit que sa propre mauvaise conduite ait été un encouragement à mal faire pour ce dernier.

L'ensemble de ces obligations est assez respectable et pourrait absorber une part trop considérable du temps qu'un commandant a disponible, mais cette tâche peut être allégée dans de grandes proportions si l'instruction préalable des affaires est confiée aux offi ciers de quart et si le libellé du motif est fait par eux — Les officiers **ne peuvent jamais être suspects de partialité** et, de plus, ils connaissent suffisamment les nuances de la langue française pour ne pas risquer de transformer une faute insignifiante en un délit très grave, faute de souplesse dans la rédaction d'un motif de punition.

En résumé, étant donné que l'exercice du droit de répression découle du principe d'autorité, nous pensons que la fonction principale des **gradés de toutes les spécialités** est de **prévenir les infractions** par une surveillance de tous les instants et des avertissements nombreux. Lorsque les **surveillants surveillent** réellement, ils peuvent éviter à leurs subordonnés les **neuf dixièmes** au moins des occasions de faillir. Quand, malgré tout, la faute a été commise, le gradé qui en a été témoin la **signale** à l'officier de quart; celui-ci s'enquiert des circonstances, recueille des témoignages s'il y a lieu, **instruit** l'affaire en un mot. S'il juge qu'il y a matière à répression, il libelle lui-même le motif, en ayant soin de spécifier la récidive si elle existe. D'après ce libellé et après enquête supplémentaire si le cas est grave, le commandant — ou par délégation l'officier en second — fixe la punition.

On ne saurait, à notre avis, insister trop sur l'intérêt primordial qui s'attache à ce que les officiers soient très fortement imprégnés du caractère presque sacerdotal de ces fonctions de juge et de punisseur et qu'ils ne cèdent jamais, sous aucun prétexte, à la tentation de s'en affranchir en acceptant aveuglément les dires des officiers mariniers. La culture **morale** nécessaire ou, à son défaut, l'instinct d'équité indispensable pour punir à propos ne sont possédés que par un nombre relativement restreint de ces derniers; c'est là un fait dont il serait naïf de s'étonner quand on sait à quel point l'amour-propre, l'intérêt personnel, la rancune oblitèrent le jugement chez les hommes à qui une haute culture intellectuelle n'a pas permis de s'élever au niveau des idées générales. Si les gradés des échelons inférieurs de la hiérarchie sont appelés à surveiller constamment les hommes, ils doivent être, eux aussi, l'objet d'une surveillance et d'une étude très attentive de la part des officiers.

3. *Le droit de récompenser.* — La justice militaire n'est pas tout entière contenue dans le droit de répression; elle comprend encore le droit de récompenser, correctif et complément naturels du premier. L'importance de ce droit n'est pas moindre que celle de la répression et l'exercice impeccable de ce privilège **providentiel** est certainement le meilleur moyen d'élever le niveau moral des armées.

Les **récompenses** aux services rendus sont accordées deux fois par an par les conseils d'avancement des bâtiments armés : les officiers tiennent donc entre leurs mains l'avenir militaire de leurs subordonnés. Or, il est beaucoup plus difficile qu'on ne pense généralement de se montrer absolument équitable dans la répartition des avancements et des propositions : les hommes et les gradés que les officiers ont directement sous les yeux au cours ordinaire du service attirent naturellement leur attention d'une manière plus spéciale, leur sont mieux connus en tant que valeur professionnelle, et ont par conséquent plus de chances d'avancer que ceux qui travaillent toujours loin des yeux du chef.

Les membres des Conseils doivent donc soigneusement se tenir en garde contre leur propre faiblesse et préparer de longue main le travail préliminaire afin de n'être pas réduits, au dernier moment, à accepter comme parfaites les listes mises en avant par les officiers de spécialité : ceux-ci, en effet, sont presque toujours quelque peu imprégnés de l'esprit d'église ou de particularisme, le plus néfaste qui soit dans un corps militaire, où la sollicitude des chefs doit s'étendre indistinctement à tous.

Si les récompenses sont distribuées avec équité, elles encourageront les bons à bien servir et annuleront l'influence funeste des hommes de mauvaise conduite. Si, au contraire, par insouciance ou par paresse on se laissait aller à récompenser sans discernement, les conseils d'avancement n'auraient plus qu'une influence démoralisatrice; l'esprit d'intrigue, l'obséquiosité, la flatterie, l'ostentation dans l'accomplissement du devoir l'emporteraient sur le vrai mérite modeste et les injustices commises, en aigrissant les bons serviteurs, serviraient au triomphe des mauvais, en justifiant, dans une certaine mesure, leur paresse et leur mauvaise volonté.

4. *Élimination des éléments mauvais*. — Pour en finir avec cette importante question de **justice** dont l'influence ne saurait être trop exaltée, nous devons attirer l'attention sur l'action dissolutrice des éléments mauvais des équipages sur les bons. L'influence du bien étant prise égale à l'unité, on peut affirmer que l'influence du mal sur les éléments voisins est au moins égale à **dix**. Si cette vérité n'était pas constamment perdue de vue on hésiterait moins qu'on ne fait à trancher dans le vif et à envoyer aux compagnies de discipline ceux qui prétendent accomplir leur service militaire en se croisant constamment les bras. Ces hommes sont des éléments de dissolution d'une étonnante puissance, ils font « tache d'huile » autour d'eux; le spectacle de leur quasi-impunité encourage tous les mauvais instincts et, en très peu de temps, l'équipage entier se trouve pourri.

L'autorité a le devoir étroit d'être **inexorable**, dès qu'elle a constaté que les avertissements et les punitions sont inefficaces. Loin de nuire à la réputation d'un bâtiment ou d'un commandant, les actes de justice par lesquels sont retranchés de la communauté ou de la famille maritime les membres gangrenés de cette famille, augmentent le prestige de l'autorité et resserrent puissamment les liens de la discipline.

5. *Politesse et bienveillance.* — Parmi les devoirs des supérieurs à l'égard des subalternes, il en est deux qui, sans avoir la même importance que l'**exemple** et la **justice**, ont cependant une influence excellente sur les équipages : ce sont la **politesse** et la **bienveillance.**

Nous sommes déjà loin de l'époque où quelques chefs croyaient de bon goût d'emprunter aux plus grossiers matelots du commerce leur vocabulaire de jurons et leur **langue verte.** Aujourd'hui, on comprend que la brutalité est un médiocre moyen d'action et la **politesse** semble devoir prendre, dans les relations de supérieur à inférieur, la place qu'elle était en droit d'exiger, au nom de la **dignité** humaine.

La politesse du chef envers le subordonné maintient

le premier à son rang, mais relève le second à ses propres yeux en augmentant le sentiment de sa propre dignité. La politesse est, jusqu'à un certain point, une preuve d'estime et celui qui se sait estimé de son chef est naturellement porté à faire le nécessaire pour augmenter cette estime; il est donc, par cela même, préparé à recevoir un enseignement moral plus élevé, à être pénétré de pensées plus nobles, à accomplir des actes plus méritoires. Le contraste entre la politesse de son chef et la grossièreté des rapports avec ses camarades lui rendra, à la longue, cette grossièreté désagréable : il cherchera à monter vers une sphère sociale plus élevée.

La **politesse**, preuve matérielle d'une éducation plus soignée, est pour l'officier un moyen, secondaire il est vrai, de garder intact son prestige. Ce n'est pas en empruntant aux hommes du bas peuple leurs locutions, leurs jurons et leurs insultes qu'il s'assurera le respect de ses subordonnés, bien au contraire, puisqu'il s'abaissera ainsi au-dessous de leur niveau moral. Surtout il devra à tout prix proscrire l'injure de ses observations et de ses reproches, car, si humble qu'il soit, tout homme a sa **fierté**, qui doit être ménagée, car cette même fierté est une preuve de son aptitude à monter. Les blessures faites à la dignité des hommes sont de beaucoup les plus cuisantes; elles les font trop souvent verser dans l'indiscipline et même dans la haine.

Quelques jeunes officiers croient se rehausser beaucoup en tutoyant leurs subordonnés : cette pratique est très mauvaise à notre époque et devrait être à jamais proscrite. Si on comprend parfaitement qu'un chef d'un grade élevé, blanchi sous le harnais militaire, tutoie un jeune matelot comme il ferait pour son fils, il est en revanche inadmissible qu'un aspirant se permette la même licence. Dans le premier cas, le vieux chef donne à son inférieur une marque de bienveillance affectueuse qui ne peut que le flatter; dans le second cas, le jeune officier humilie sans s'en douter son subordonné et court au-devant d'une insolence.

Les règlements de l'armée française sont, sous ce rapport, fort sages et la marine ne pourrait que gagner à les appliquer.

La bienveillance est un degré atténué de la **bonté**, mais elle est plus accessible à la plupart des hommes que cette vertu, qui est fort rare et d'une pratique délicate du reste dans le métier militaire.

Un chef est bienveillant pour ses subordonnés lorsqu'il les accueille sans rudesse, écoute sans impatience leurs requêtes, s'intéresse à leur carrière, cherche à les tirer d'affaire s'ils se sont mis imprudemment dans un mauvais cas, leur donne de bons conseils, les aide de son savoir et de son expérience, etc.

La bienveillance des supérieurs doit s'exercer, toujours, en faveur de la collectivité des subalternes et, **le plus souvent possible**, en faveur des individus, mais seulement **de ceux qui le méritent, car** la **bienveillance pour les mauvais est faite pour décourager les bons.**

Rien n'est pénible pour un homme comme l'accueil brusque ou la sécheresse d'un chef. Il est plus que probable qu'après avoir été reçu une première fois de cette manière il ne se risquera pas une seconde fois à demander un conseil ou une faveur. Evidemment, le supérieur y gagnera la tranquillité, mais la discipline y perdra à coup sûr. La patience, la douceur, le calme, les bonnes paroles rapprochent au contraire l'inférieur du supérieur, augmentent sa confiance en lui, le disposent à l'affection et au dévouement, tandis que la sécheresse, l'ironie, la brusquerie effarouchent les subordonnés, leur inspirent la défiance et l'éloignement, les disposent à la rancune et à la haine et préparent le terrain pour l'indiscipline et la révolte.

La bienveillance envers ses subordonnés doit être la règle de tout supérieur tant qu'il n'a pas acquis la preuve qu'ils en sont indignes, mais, même dans ce cas, il doit conserver avec eux les formes de politesse.

IV. Devoirs militaires entre égaux. — Les devoirs militaires envers les égaux n'ont pas le caractère impératif, en ce sens qu'ils n'ont pas de sanction pénale, mais cette raison n'est pas suffisante pour qu'un homme de cœur puisse s'en croire libéré, bien au contraire.

Les deux maximes complémentaires l'une de l'autre que nous avons mises plus haut en évidence, donnent encore la solution de tous les problèmes concernant les relations entre égaux, même si cette égalité n'est que momentanée, ce qui est un cas fréquent à notre époque de service obligatoire.

1. *Fraternité militaire.* — La période la plus pénible du service militaire est toujours celle des débuts : le jeune soldat, le jeune marin passent subitement d'une vie d'indépendance et de liberté relatives à une existence dont l'obéissance absolue est l'essence même. Le foyer familial, pauvre souvent mais toujours aimé, est remplacé du jour au lendemain par une caserne aux murs blanchis à la chaux ou par un navire aux multiples cloisonnements ; un métier connu depuis longtemps fait place à un autre plein d'inconnus effrayants ; les frères, les camarades d'enfance sont loin, on n'a plus autour de soi que des visages indifférents souvent, gouailleurs parfois.

C'est là une dure épreuve pour les natures délicates et tendres, ou même seulement timides ; pour quelques-uns elle est si pénible qu'on voit tous les ans de jeunes soldats se tuer pour y échapper et de jeunes marins, atteints du « mal du pays », périr et s'éteindre dans le regret du village natal.

C'est un devoir pour tout homme déjà rompu au service d'aider les nouveaux venus, de leur faire faire connaissance avec leur nouvelle demeure, de les renseigner sur les menues obligations de leur service, de leur faire connaître les consignes afin de leur éviter au début de l'existence militaire, l'amertume des avertissements et des punitions.

Éviter à un camarade les occasions de faillir, ne lui donner que de bons conseils, l'encourager au lieu de lui montrer le métier militaire sous des couleurs sombres, c'est faire véritablement acte de **fraternité** chrétienne, c'est *faire aux autres ce que l'on voudrait que les autres vous fissent.*

Un marin qui, pour plaisanter, donnerait à un nouvel arrivant des renseignements faux sur le service, qui s'amuserait à lui faire commettre des erreurs ou des fautes pour se moquer ensuite de sa naïveté, commettrait un acte des plus répréhensibles, plus digne d'une brute que d'un homme de cœur.

La **fraternité** dans le métier des armes est à ce point indispensable que, sans elle, on ne peut obtenir de cohésion d'une troupe et, par conséquent, la simultanéité et la convergence des efforts vers un but commun. Grâce à la fraternité, au contraire, la **moyenne** d'un détachement est bien vite de niveau avec celle des plus expérimentés parmi ceux qui le composent.

A bord des navires de guerre, où les marins appartiennent pour plus des deux tiers à des spécialités, cette fraternité militaire a pour effet d'apprendre rapidement aux nouveaux embarqués les dispositions particulières du matériel de leur nouveau navire, de sorte qu'ils peuvent en quelques jours se rendre utiles. Les hommes déjà instruits ne doivent pas oublier que ce qu'ils savent leur a été enseigné à grand'peine à l'aide d'exercices et de théories ; ils ne doivent pas céder par conséquent à la tentation enfantine de faire parade de cette éducation devant les jeunes camarades, mais ils leur éviteront bien des efforts en leur enseignant eux-mêmes ce qu'on leur a appris. Entre hommes de même niveau social, parlant à peu près la même langue un peu fruste, on se comprend aisément et l'école

mutuelle est certainement un des plus puissants et des plus rapides procédés d'instruction qui existent.

Mais combien d'actes de la vie courante dans le métier de marin qui ne sont l'objet d'aucune théorie ni d'aucun exercice et qu'il est cependant indispensable de connaître! par exemple : laver le linge, le mettre sur les cartahus de manière à ce que le vent ne l'emporte pas, installer les araignées d'un hamac, fourbir le fer et le cuivre, ployer les vêtements dans le sac, etc. — Si le marin arrivant au service ne trouvait pas parmi ses égaux cette aide fraternelle dont nous parlons, il aurait un apprentissage véritablement très rude et se trouverait presque constamment en peine, et très souvent, quoique inconsciemment, en faute.

Éviter à leurs jeunes camarades des réprimandes et des punitions, leur rendre moins rudes les débuts du métier, telle doit être la règle de conduite fraternelle des anciens. Il faut aussi ne donner que de bons conseils, ne pas inspirer de défiance envers les chefs, donner le bon exemple et apprendre aux nouveaux camarades que le meilleur moyen d'éviter toute punition est de toujours exécuter le mieux possible ce qui a été commandé; une **maladresse** est toujours pardonnable, un **défaut d'obéissance** ne peut pas l'être.

D'un autre côté, de mauvais débuts mettent les chefs en défiance et il faut alors de très grands efforts pour la surmonter. Il est donc beaucoup plus avantageux de faire bien du premier coup, car une punition grave au début du service peut empoisonner complètement la carrière militaire d'un marin en le faisant exclure des postes de choix, en ne lui permettant d'espérer aucun avancement, en l'entraînant peu à peu au découragement d'abord, à l'indiscipline ensuite. Si on pouvait remonter à la source de tous les faits graves contre la discipline, on y trouverait presque toujours de mauvais conseils et de mauvais exemples donnés, entraînant vers la révolte une nature faible.

Quelques hommes plus doux et plus sensibles que

d'autres, élevés moins rudement au foyer familial, se laissent aller très vite au découragement en présence de cette multitude d'obligations nouvelles et parfois pénibles que leur apporte le service militaire. Loin d'être un objet de moqueries pour leurs aînés, ils ont le droit d'en attendre du reconfort, de l'aide, des encouragements; un bon camarade leur apprendra qu'en prenant des habitudes d'ordre et d'exactitude on arrive à tout exécuter presque sans efforts.

D'autres encore, faibles de corps, sans résistance physique ni morale, sont sans défense contre les railleries, sans force contre les brutalités, sans ressort contre les tracas inévitables d'une existence nouvelle. Leurs aînés sauront épargner à ceux-là toute brimade et empêcher les mauvais drôles de les prendre comme « souffre-douleurs », **car c'est toujours une lâcheté de laisser faire le mal que l'on peut empêcher.**

2. *Où s'arrête la fraternité militaire?* — La **fraternité** militaire s'étend plus loin encore. Empêcher un camarade de commettre une faute n'est pas toujours possible, mais il est quelquefois plus aisé de lui en éviter les conséquences. Si étrange que cela puisse paraître peut-être, nous pensons que c'est un devoir de fraternité de tenter de dissimuler aux yeux des chefs les fautes des camarades, à deux conditions cependant : pour épargner à un coupable les conséquences d'une faute commise, on ne devra pas tomber soi-même dans le mensonge ou le faux témoignage et, sous aucun prétexte, on ne laissera tomber le châtiment sur un innocent. De plus, on devra faire comprendre au coupable la gravité de son délit et on lui fera honte de sa mauvaise action; enfin on n'agira comme nous avons dit que pour des **fautes n'entachant pas l'honneur du corps ou ne compromettant ni l'existence d'un camarade, ni la sécurité du bâtiment.** — Quelques exemples vont rendre plus clair ce qui précède.

PREMIÈRE EXEMPLE. — **Des permissionnaires rentrent** à bord; l'un d'eux est pris de boisson. Ses camarades le prennent entre eux pour monter l'échelle, le dissimulent derrière eux pendant l'appel, répondent pour lui et l'emmènent dans un coin écarté où ils le cachent et le laissent dormir, puis ils s'entendent entre eux pour faire son travail, etc. Bref le coupable échappe au châtiment, grâce à la **fraternité de ses égaux**; il n'y a dans ce fait rien de répréhensible, bien au contraire.

Deuxième exemple. — Accablé par la chaleur et la fatigue, un marin s'endort à son poste de faction; un de ses camarades qui s'en aperçoit en passant et sait qu'une ronde circule en ce moment même dans le bâtiment et qu'une punition grave sera la conséquence immanquable de la faute commise, réveille le factionnaire endormi et le prévient d'avoir à se garer : il ne fait que remplir le devoir de **fraternité** militaire et ne mérite que des éloges.

Troisième exemple. — Pendant la nuit, un marin, réveillé par hasard, aperçoit un camarade fouillant les poches d'un dormeur; à la lueur d'un fanal il reconnaît le voleur. Doit-il simplement lui faire restituer ce qu'il a pris? Non; son devoir étroit est de le **dénoncer** immédiatement afin qu'un conseil de guerre en débarrasse la marine, parce **qu'un voleur n'est plus un camarade, que le vol est un acte infamant et qu'il entache l'honneur du corps.** — Une solution différente serait mauvaise, principalement à cause de ses conséquences lointaines. Le **voleur**, étant un être **méprisable**, doit être rejeté du sein d'un équipage qu'il pourrait gangrener, au moins dans ses membres les plus faibles de caractère. Cacher un vol serait une mauvaise action. Le voleur, au contraire, doit être affiché, montré au doigt, retranché impitoyablement de toute manifestation de camaraderie ou d'affection. On remarquera que nous ne visons pas seulement le voleur d'argent; pour nous, le vol d'un vêtement n'est pas un acte moins grave qu'un vol d'argent et quiconque en a connaissance doit aller immédiatement le dénoncer.

QUATRIÈME EXEMPLE. — Un fusilier, travaillant à la propreté de sa pièce dans la hune, aperçoit d'en haut un marin qui, ne se sachant pas observé, est en train de couper un toron d'un garant de chaloupe, par rancune contre le maître d'équipage et afin d'amener un accident grave dont celui-ci sera rendu responsable. Le **devoir** évident de celui sous les yeux de qui s'est commis cet acte criminel est d'amener le coupable à avouer lui-même sa faute avant qu'elle ait pu avoir de suites funestes et de lui en faire comprendre toute la gravité, dont peut-être il n'a pas nettement conscience. S'il ne peut y réussir, même en lui représentant qu'il va peut-être causer la mort de plusieurs hommes et la perte d'une embarcation, il **doit** le dénoncer, parce que c'est un misérable et qu'il compromet sciemment, pour une basse vengeance, l'existence de plusieurs marins.

CINQUIÈME EXEMPLE. — Un mécanicien, en travaillant aux démontages de la machine d'un bâtiment en campagne, aperçoit un de ses collègues qui introduit dans un cylindre un corps dur, un écrou par exemple, dans l'intention évidente d'amener un accident qui forcera le bâtiment à venir se faire réparer en France. S'il ne peut réussir, soit de gré, soit de force, à le faire renoncer à ce dessein criminel, il **doit** immédiatement dénoncer le coupable, parce qu'il **compromet sciemment la sécurité du bâtiment.**

On voit par ces exemples que la fraternité militaire a ses limites; elles sont imposées par l'honneur et le devoir. **L'intérêt général** doit toujours primer le sentiment.

3. *Des factionnaires dans l'exécution de leurs consignes.* — Enfin, il est un cas où toute considération de camaraderie doit être mise résolument de côté, et cela sans aucun remords : c'est celui où le spectateur du délit est revêtu de la qualité de **factionnaire** et a précisément pour consigne d'empêcher cette sorte de délit.

Le **factionnaire**, en effet, n'est un camarade pour

personne; il n'est plus un homme, pour ainsi dire, il représente la consigne, le règlement, la loi. Il a le devoir d'oublier que celui qui commet la faute est un marin comme lui, de mettre de côté tout sentiment fraternel pour ne songer qu'à exécuter les ordres qui lui ont été donnés, d'être, en un mot, **inexorable**.

Momentanément, le factionnaire détient la toute-puissance du commandement dans une sphère déterminée par sa consigne; **il n'a plus de supérieur, il ordonne et il défend**; s'il est armé, il a le droit de faire usage de ses armes pour assurer l'exécution de sa consigne, même contre des gradés, même contre des officiers si ceux-ci tentaient de la violer.

La **toute-puissance** du factionnaire n'est pas suffisamment connue ni suffisamment respectée dans l'armée navale. Cela tient surtout à ce que les factions sont souvent faites par des hommes n'ayant aucune éducation militaire, auxquels nous n'apprenons pas ce que c'est qu'une **consigne** et qui ignorent l'étendue de leur responsabilité. — Dans l'armée de terre, au contraire, un jeune soldat ne peut être mis en faction qu'après six mois de service, pendant lesquels il reçoit une éducation suffisante. — L'on doit souhaiter qu'une mesure analogue soit prise dans la marine et que ce rôle de factionnaire qui, en réalité, est si important, ne soit jamais confié qu'à des hommes très soigneusement dressés pour le remplir.

V. Devoirs militaires envers soi-même. — Le costume ne change pas l'homme, qu'il soit sous l'uniforme, sous la redingote du citadin, le bourgeron de l'ouvrier, la blouse du laboureur : les devoirs qui lui incombent à l'égard de sa propre individualité sont les mêmes dans toutes les situations. Il semblerait donc que l'étude de ces devoirs n'ait pas sa place marquée ici où nous examinons plus spécialement ce qui a rapport à l'existence propre des Armées.

Si l'on se reporte à ce que nous avons dit au début

de ce livre, *que l'éducation de la caserne ou du navire de guerre nous semblait devoir être une préparation patriotique à la vie du citoyen*, on ne nous contestera pas le droit de parler aux jeunes soldats ou aux jeunes marins des devoirs qu'ils ont envers eux-mêmes.

Tout homme a le **droit** de souhaiter pour lui-même une existence dépourvue, autant que possible, de chagrins, de peines, de douleurs; il a également le **droit** de rechercher les joies physiques, intellectuelles et morales. L'exercice de ces deux droits est absolument légitime, **sous la réserve expresse de n'entraver en aucune manière l'exercice de ces mêmes droits chez les autres.**

L'être physique et l'être moral étant indissolublement liés et réagissant l'un sur l'autre, il en résulte qu'il est presque impossible de faire deux parts essentiellement distinctes dans les devoirs de l'homme envers son corps et ceux qu'il a envers sa personne intellectuelle, ces deux sortes de devoirs étant naturellement corrélatifs. Néanmoins, pour la facilité de notre exposition, nous dirons que, quelle que soit sa situation sociale, l'homme a le **devoir** :

1° **De conserver et de développer son être physique;**

2° **De conserver et de développer son être moral.**

Il demeure bien entendu que les deux développements ne doivent se nuire en aucune manière l'un à l'autre, sans quoi l'on ne pourrait atteindre le but de la vie elle-même, c'est-à-dire le **plus grand bonheur possible sans nuire aux autres.**

On ne perdra donc pas de vue qu'un corps mal constitué contient rarement un esprit absolument sain et que, par contre, de trop grands sacrifices faits au développement physique diminuent les facultés intellectuelles : les lutteurs de profession et, en général, les professionnels de tous les sports athlétiques sont, le plus souvent, d'une intelligence extrêmement bornée.

— Si nous tenons compte de la brièveté du service militaire; si nous considérons qu'au moment où commence ce service l'homme n'a pas encore atteint son développement intellectuel; si enfin nous remarquons que la préparation à la guerre est le premier but du service militaire et que les fatigues de la guerre ne peuvent être supportées que par des corps alertes et vigoureux, sains et bien entraînés, nous arriverons naturellement à conclure que la culture de l'être physique a, **dans la vie militaire**, une importance un peu supérieure à celle de l'être moral. Cette conclusion justifie l'ordre dans lequel nous allons traiter les **devoirs militaires envers soi-même.**

1. *Conservation et préservation physiques.* — La **conservation** de l'être physique implique que l'on fasse tout le nécessaire pour échapper aux influences morbides et, pour cela, il faut obéir aux règles de **l'hygiène.**

Presque toujours, ces règles sont prescrites, soit par les médecins militaires, soit par les officiers; malheureusement, il arrive souvent que, soit par fanfaronnade, soit par négligence ou manque de confiance, les hommes croient pouvoir s'en affranchir. Ils en sont rapidement punis.

Combien de marins sont devenus tuberculeux pour avoir gardé sur le corps des vêtements mouillés, par simple paresse de se changer, ou pour s'être endormis au grand air en prenant le quart, trempés de sueur; combien sont devenus infirmes par suite de rhumatismes provenant des mêmes causes; combien ont contracté des fièvres tenaces pour s'être endormis au soleil dans les pays chauds malgré les défenses les plus formelles; combien se sont empoisonnés en mangeant leur pain, ayant les mains encore rouges de minium!

L'homme de vingt ans, fier de sa vigueur, n'aime pas les conseils d'hygiène; il en rit, il croit qu'il sera toujours fort et vaillant, alors qu'il suffit de quelques instants pour ruiner le tempérament le plus vigoureux.

Pour une minute de satisfaction immédiate que d'années de souffrances on se prépare si on ne songe pas toujours à l'avenir, si on se laisse conduire par l'instinct et non par la raison !

Les règles de l'hygiène les plus importantes pour la conservation du corps humain sont la **propreté** et la **tempérance**.

2. *Propreté.* — La **propreté** corporelle n'est malheureusement pas une caractéristique de notre Nation. Supérieur sur ce point aux autres peuples d'ascendance latine, le peuple français est très inférieur aux nations de sang exclusivement germain ou scandinave. Dans certains départements français la négligence des soins les plus élémentaires dépasse toute vraisemblance. La **propreté** est pourtant un des facteurs principaux de la **dignité humaine**, sans laquelle l'homme est inférieur à la brute ; elle est une des caractéristiques des civilisations à idéal élevé, comme l'ont été la civilisation grecque et la civilisation romaine : les Grecs et les Romains prenaient de leurs corps des soins incessants et il n'était si mince bourgade de la Gaule romaine qui n'eût ses bains publics et ses étuves.

Les populations côtières de la France, qui nous fournissent la majorité de nos marins, peuvent être classées parmi les plus malpropres, et c'est ce qui rend si indispensable cette branche de l'éducation militaire dans notre marine ; cette éducation est, au reste, rendue très laborieuse par l'insuffisance des moyens dont on dispose à bord des navires de guerre.

Il est donc de toute nécessité de faire subir aux marins de l'État un sérieux entraînement dans cet ordre d'idées, afin qu'ils suppléent par la bonne volonté à la faiblesse des moyens matériels ; il faut qu'ils sachent que la propreté rend la vie plus agréable et plus longue, car elle a une influence capitale sur la santé, sans laquelle il n'existe aucune vraie joie sur la terre. Si nous parvenions à faire pénétrer dans nos équipages cette idée si profondément juste et à l'y fixer, nous aurions partie gagnée.

Les navires de guerre, si merveilleusement propres qu'ils soient, sont de véritables officines de germes morbides, en raison de l'agglomération des êtres humains, de la température élevée des fonds qui favorise les fermentations, des difficultés de la ventilation et du renouvellement laborieux de l'air dans toutes les parties du navire. La **propreté** d'abord, l'activité physique ensuite et la vie au grand air sont les meilleurs moyens d'échapper à l'influence pernicieuse de ces germes.

La **propreté de la peau** débarrasse les pores de tout obstacle à la transpiration et évite au marin les éruptions cutanées si désagréables et si repoussantes, les phlegmons si douloureux connus sous le nom de « mal blanc » et de « panari », souvent aussi les anthrax ou « clous ». — Dans les colonies chaudes, la propreté minutieuse permet d'échapper aux « bourbouilles » et aux « herpès » de toute nature qui, faisant obstacle au sommeil, amènent l'affaiblissement, l'anémie et préparent le terrain pour les maladies graves.

La propreté des extrémités si fort exposées, au cours du service, à être écorchées, diminue l'importance et entrave les conséquences, souvent fort graves, des plaies. Celle de la tête et l'usage des cheveux coupés court évite les parasites, les éruptions du cuir chevelu, qui ont souvent pour conséquence la calvitie précoce. La propreté des dents prévient leur destruction et, comme conséquence, les maladies d'estomac si fréquentes chez les marins anciens au service, à qui l'usage pernicieux du tabac à chiquer a détruit la dentition. La propreté des oreilles évite les inflammations et les obstructions des conduits auditifs externes. Enfin la **propreté intime** est une garantie d'immunité contre des affections redoutables qui peuvent ruiner en quelques mois l'organisme.

Les mécaniciens et les chauffeurs qui sont sans cesse

en contact, non seulement avec l'huile et le charbon, mais encore avec des mastics et des peintures toxiques, doivent être très attentifs à mettre leur corps en parfait état de propreté dès que le travail est terminé : ils éviteront ainsi des empoisonnements et d'horribles souffrances. Ces hommes seraient d'autant plus coupables de ne pas donner à leur personne physique les soins nécessaires, que leur genre d'existence est fertile en causes morbides et qu'ils jouissent à bord de moyens de propreté très développés — relativement ! — douches, lavabos, baignoires, qui font presque absolument défaut aux autres marins. Beaucoup de chauffeurs ignorent qu'en faisant soigneusement la propreté de leur corps tout entier après un quart passé devant les feux, ils perdront sans doute un quart d'heure de repos, mais ils y gagneront un sommeil profond et réparateur, tandis que si, cédant à la fatigue, ils se laissent aller à dormir sans avoir rendu à leur peau la plénitude de ses moyens d'élimination et de respiration, ils n'obtiendront qu'un sommeil lourd et agité et une réparation médiocre. Ah ! si les hommes étaient convaincus de l'influence bienfaisante de la propreté corporelle sur la santé, que n'obtiendrait-on pas d'eux à cet égard ! Malheureusement, nous avons à lutter contre des habitudes de race, contre des préjugés populaires monstrueux et c'est bien lentement que la propreté corporelle réelle s'acclimate dans notre marine.

La propreté individuelle comprend aussi celle des vêtements et, plus particulièrement, de ceux qui sont directement en contact avec le corps, c'est-à-dire du linge. Le corps humain devrait constamment être recouvert de tissus propres de toile ou de coton, faciles à laver et ne retenant pas, lors du blanchiment, les produits de la transpiration comme le fait la laine. Le sac de nos marins est très suffisamment pourvu de linge pour qu'on puisse exiger d'eux les plus grands soins à cet égard, surtout pendant les fortes chaleurs. Malheureusement les procédés de blanchiment sont

extrêmement rudimentaires sur les navires de guerre
et il serait bien à souhaiter qu'on pût lessiver le linge
avant de le laver. Espérons que bientôt les installations
des bâtiments de l'État pourront être mises au niveau
des délicatesses modernes de l'hygiène, auxquelles est
due la conservation de tant d'existences humaines. Au
reste, dès maintenant, nos marins peuvent être propres
corporellement et porter du linge blanc s'ils le veulent
bien et surtout s'ils sont convenablement encouragés
dans cette voie.

3. **Propreté, dignité, valeur morale marchent
ensemble.** — La propreté du corps et celle des vêtements sont des preuves **presque certaines**, non seulement de la dignité et de la fierté d'un homme, mais de
sa **valeur morale** en général.

Il n'est pas de bon serviteur de l'État qui consente
à porter en permanence des vêtements souillés et qui
n'ait soin de sa personne physique. L'on peut être
assuré que, dans un équipage, les meilleurs marins
sont toujours ceux qui sont les plus propres. L'homme
habituellement malpropre exhale une odeur forte et
insupportable ; il est pour ses chefs et ses camarades
un objet de dégoût, il est fui, tenu à distance, humilié
de cent façons et puni journellement. C'est justice, car
la malpropreté corporelle est le fait d'un homme sans
dignité, sans délicatesse, sans honneur même, car un
certain degré de malpropreté dénonce presque sûre-
ment un être vicieux.

4. **Tenue physique.** — La **tenue** physique n'est
pas moins importante que la propreté corporelle. Cette
tenue a deux facteurs : un corps bien constitué, souple,
agile, également développé dans toutes ses parties ; des
vêtements bien taillés et scrupuleusement propres. Un
homme peut cependant réaliser une tenue satisfaisante
avec des vêtements de coupe médiocre, si son corps a
été rendu élégant par des exercices physiques convenablement gradués, au lieu que, même avec des vêtements bien faits, il aura mauvaise tenue s'il est mal

bâti, s'il est lourd, pataud, s'il ne sait pas marcher; en un mot s'il n'a pas été dressé physiquement d'une manière méthodique.

Des deux facteurs de la **tenue physique**, le premier est donc de beaucoup le plus important, à l'inverse de ce que l'on pense en général. Il arrive en effet très souvent qu'on entend attribuer à la mauvaise coupe de leurs effets le défaut d'élégance de beaucoup de nos marins, tandis que leur mauvaise éducation physique en est presque seule responsable.

La tenue physique est aussi très souvent le reflet du **moral** de l'homme : le marin grossier, sans instruction, sans une idée sous le crâne, ne peut avoir dans les rues d'une ville que l'allure lourde, ahurie, indécise et incohérente d'un malheureux bœuf ou d'un chien perdu. Ne sachant que faire de sa personne, traînant les pieds, encombrant, bousculant et bousculé, il finira par s'échouer dans quelque cabaret d'où il n'osera plus sortir.

L'homme intelligent et instruit, conscient de sa dignité, sûr de la vigueur et de la souplesse de ses membres, aura au contraire dans la rue une allure hardie et dégagée; il portera haut la tête, tout en étant poli pour tout le monde, et saura trouver d'autres distractions que celles du cabaret.

L'élégance corporelle, en dehors de l'hérédité, ne s'acquiert que par le développement proportionnel de toutes les parties du corps, à l'aide d'exercices physiques méthodiquement gradués et pratiqués. Si la **méthode** ne préside pas à l'entraînement physique, on perd son temps et ses efforts, ce qu'on n'a jamais le droit de faire dans le service militaire, où **les efforts inutiles doivent être évités à tout prix.**

L'éducation physique de nos marins sera donc toujours commencée en suivant les méthodes sagement étudiées de nos écoles de gymnastique. Les exercices d'assouplissement, de force et d'adresse sont en effet, à l'heure actuelle, ceux qui répondent le mieux au but que nous nous proposons : apprendre aux hommes à utiliser leurs membres et leur force musculaire avec le moins d'efforts possible. L'habitude et l'entraînement par l'amour-propre amènent, dans cet ordre d'idées, des résultats surprenants. Sans rechercher pour nos marins la force et l'adresse des professionnels, il est nécessaire de diriger leur éducation physique dans la voie du développement égal et simultané de toutes les parties de l'organisme et de bien les convaincre que ce développement aide puissamment au bonheur par le seul fait qu'il est un des facteurs principaux de la santé.

Un homme agile, fort, adroit, échappe en effet dans la vie maritime à mille accidents qui atteignent les lourdauds et les maladroits. Le parfait équilibre de l'organisme résultant d'un sage entraînement physique lui évite beaucoup de maladies ou en diminue la gravité. Grâce à sa **santé**, il supportera joyeusement les fatigues et surtout les ennuis d'une longue campagne; sa gaîté naturelle lui fera éprouver du plaisir là où les malingres et les maladifs n'en découvrent aucune trace. Enfin et surtout il rendra à bord, avec beaucoup moins d'efforts apparents, des services de tous les instants qui le feront estimer de ses chefs et désigner pour l'avancement et les récompenses.

En temps de guerre, le marin de bonne santé sera endurant, sans nervosité, sans inquiétudes; il saura dormir quand le repos lui sera permis, veiller quand cela sera nécessaire et, lorsque le jour de la lutte arrivera, inaccessible à la crainte, il défiera allègrement la mort et fera tout son devoir avec vigueur et sang-froid.

Si l'éducation physique de nos marins était négligée systématiquement, ils finiraient par perdre toute vigueur, toute ardeur, toute résistance à la fatigue et nous aurions préparé notre défaite de nos propres mains.

Une catégorie d'hommes qui se trouve dans ces conditions, c'est celle des mécaniciens et des chauffeurs. Ces hommes vivent sans cesse dans les fonds des bâtiments, c'est-à-dire dans une atmosphère privée d'une partie de son oxygène. On les maintient là d'une manière presque continue, sous prétexte de travaux d'atelier et, du reste, leur goût personnel les pousse à fuir le grand jour et le grand air et à s'isoler dans leur sombre domaine. Le résultat obligatoire de ces mauvaises conditions d'hygiène c'est que ce personnel, si important aujourd'hui, est fourbu en huit jours de manœuvres du temps de paix. Au jour de la guerre, nous nous repentirons amèrement d'avoir cédé aux répugnances de ces jeunes orgueilleux pour les exercices physiques et nous apprendrons à nos dépens ce que valent les intellectuels purs pour les rudes travaux de la guerre.

Parmi les exercices physiques qui doivent développer et perfectionner la **tenue** de nos marins, il n'en est peut-être pas de plus efficace que celui du fusil, surtout si on l'accompagne de marches et de courses au grand air. La coordination des mouvements, le sentiment du rythme qui amènent l'ordre et la régularité en toutes choses, ne peuvent s'enseigner dans le métier militaire que par cet exercice qui offre l'avantage de tenir constamment en éveil l'attention et l'intelligence, en même temps que la pratique du tir développe le coup d'œil, habitue l'homme à regarder et à **voir**.

Les exercices sont nombreux à bord des navires de guerre : c'est l'affaire des chefs de les rendre méthodiques et par conséquent efficaces. Le marin, par contre, a le devoir de songer à sa santé et à son entraînement physique, en se donnant, pendant ses heures de permission, la saine fatigue de la marche au grand air, au lieu de rechercher les fatigues abrutissantes des cabarets et des tabagies : c'est là un **devoir** patriotique, en même temps qu'une obligation personnelle.

5. *Tempérance.* — Pratiquer la **tempérance** consiste, comme ce mot l'indique, à n'user que d'une

manière **modérée** de tous les plaisirs, quels qu'ils soient. Le **plaisir modéré** est favorable à la **santé** : il produit sur le système nerveux une excitation légère de nature à entretenir les fonctions vitales dans leur plénitude normale. L'**abus** du plaisir, au contraire, en entretenant en permanence une excitation exagérée du système nerveux, arrive à produire une usure prématurée de tous les organes et, spécialement, du plus important de tous : le cerveau.

Pour prendre une comparaison dans le domaine maritime, nous dirons qu'une bonne **machine** durera longtemps si on a soin de la faire constamment fonctionner à la vitesse pour laquelle sa régulation a été spécialement établie, et qu'elle sera rapidement hors de service si on exige constamment d'elle l'effort maximum. A l'instar de cette machine, l'organisme humain supportera allègrement une excitation nerveuse modérée, mais il s'usera rapidement sous l'influence d'une excitation maxima trop souvent renouvelée.

La satisfaction de l'appétit, par exemple, est un plaisir très vif, sans lequel le corps humain ne pourrait subsister; le goût et l'odeur des mets délicats surexcitent légèrement les fonctions digestives et l'assimilation des aliments est plus prompte et meilleure. Mais si l'on impose constamment à l'estomac une nourriture trop abondante, il s'en suit un excès de travail qui le fatigue d'abord, l'use ensuite et produit sur l'ensemble de l'organisme aussi bien que sur les voies digestives un effet désastreux. — Le résultat le plus clair de l'abus des plaisirs de la table est la **ruine prématurée de la santé**. On traîne alors une existence douloureuse de laquelle se trouve banni tout sentiment joyeux ou bienveillant.

Un verre de **bon vin**, pendant le repas, produit sur le système nerveux, une excitation douce et agréable, favorable à la santé. Sous l'influence de cette excitation, l'imagination travaille, les idées naissent plus nombreuses et meilleures, la **puissance intellectuelle** s'accroît, l'esprit est disposé à l'indulgence et à la bienveillance pour le prochain. Si au lieu d'un verre on en prend dix, par exemple, l'excitation nerveuse est violente et désordonnée, la gaîté devient de la folie, l'activité de la circulation tourne à la congestion du cerveau, les sentiments bienveillants se changent en colère et même en fureur, l'estomac refuse tout travail, et l'être humain demeure brisé, atone, incapable de penser et d'agir d'une manière raisonnable, semblable à la **brute** : c'est l'**ivresse**, dans toute sa hideuse réalité.

Si l'**ivresse** passagère est condamnable parce qu'elle porte atteinte à la **dignité** humaine et qu'elle fait d'un être intelligent et pensant un animal nuisible, absolument dénué de responsabilité et capable d'accomplir les actions les plus perverses, que penser et que dire de l'ivresse permanente qui constitue le vice odieux de l'**ivrognerie**! L'ivrognerie rend chroniques les effets de l'ivresse, tue l'intelligence, la mémoire, le sentiment de la dignité et de l'honneur, détraque le cerveau, fait du corps humain un fumier accessible à tous les germes de dissolution et amène toujours une mort prématurée. L'**alcoolisme** tarit les sources de la fécondité ou entraîne chez les descendants, s'il y en a, la tuberculose, l'épilepsie et la folie. — Rien d'immonde, rien d'abject comme un **alcoolique**, rien qui inspire autant le dégoût et le mépris.

Combien d'hommes qui avaient commencé par l'ivresse passagère en sont arrivés **sans s'en douter**, à l'**alcoolisme**, croyant toujours pouvoir enrayer quand il leur plairait : le vice de l'alcool, pas plus que celui de l'opium ou de la morphine, ne s'enraye ; à moins d'une énergie surhumaine, l'ivrogne descend, lentement parfois, mais irrésistiblement, la pente de plus en plus glissante qui le mène à l'alcoolisme et à l'abjection morale la plus hideuse. Il suffit parfois de quelques mois, de quelques semaines d'ivrognerie persistante pour rendre un homme alcoolique et **alors il est irrémissiblement perdu.**

Le marin devra donc se défier de la compagnie des ivrognes, de peur d'être entraîné sur la même pente qu'eux : il se gardera de toucher à ces atroces boissons qu'en dépit des lois les cabaretiers ont l'audace de vendre sous des marques brillantes et qui sont autant de poisons capables de détruire en quelques jours les organismes les plus vigoureux. Un homme qui a un peu de respect pour l'uniforme qu'il porte et pour lui-même, se gardera de fréquenter ces établissements où l'on empoisonne les malheureux assez naïfs pour juger de la qualité d'une liqueur à la magnificence de l'étiquette, dans ces tabagies infectes où il respirerait des miasmes délétères, où souvent, par surcroît, il serait volé une fois ivre et jeté ensuite au ruisseau après avoir été dépouillé de tout.

Le marin qui s'adonne à la boisson se fait sévèrement punir, perd toute chance d'avancement et va bien souvent finir son service aux compagnies de discipline, dans une captivité dégradante qui en fait pour toute sa vie un déclassé dont tout le monde se défie et qui ne trouve nulle part à gagner sa vie.

6. *Continence*. — Si la nature a attaché à la satisfaction de l'instinct de reproduction un plaisir très vif qui assure la continuité de l'espèce, en revanche elle punit l'abus de ce plaisir par une déchéance anticipée des facultés viriles, par les maladies de la moelle épinière, par l'ataxie, la paralysie générale, la folie et, dans tous les cas, par un affaissement intellectuel rapide.

D'autres maladies, presque aussi graves que les précédentes et plus répugnantes encore, punissent trop souvent ceux qui, n'ayant sur eux-mêmes aucune puissance, cèdent aux suggestions de l'instinct, sans réflexion, sans précautions, en dépit de tous les avertissements des chefs et des médecins.

Les marins, qui ont presque toujours la pensée louable de fonder un jour une famille, devront se souvenir de leur **devoir** d'arriver à cette époque sains de corps et sains d'esprit, non seulement sans être imprégnés du poison de l'alcool, mais aussi sans s'être inoculé le virus de la syphilis par lequel seraient flétris, dès leur naissance, leurs descendants, de sorte qu'au lieu de donner à la Patrie de nouveaux et solides défenseurs, ils n'auraient fait que préparer pour l'avenir des pensionnaires pour les hospices et les asiles d'aliénés.

C'est par le poison alcoolique et le poison syphilitique que les Nations se trouvent arrêtées dans leur développement, frappées dans leur virilité, qu'elles s'étiolent et meurent.

7. *Préservation intellectuelle et morale. Développement intellectuel et moral.* — Nous avons fait passer en première ligne les devoirs physiques personnels parce que, dans l'état militaire et à la guerre spécialement, l'entraînement physique joue un rôle dont l'importance dans la marine semble être aujourd'hui méconnue. Nous tendons trop à faire une marine savante, oubliant qu'avant d'arriver au moment suprême du combat, il faudra d'abord vivre et se conserver jusque-là. Cela ne veut pas dire que nous méconnaissions l'importance de l'entraînement intellectuel et moral, bien au contraire.

Nous avons dit, à maintes reprises, que l'Armée devait être la **grande éducatrice** de la Nation, à tous les points de vue : l'**éducation** s'adresse autant au corps qu'à l'âme. Évidemment, **être un bel animal** est un grand point, mais cela ne suffit pas; il faut encore être un animal pensant sainement, agissant avec réflexion, jugeant intelligemment des hommes et des choses. Les lois de l'hérédité sont aujourd'hui trop généralement admises pour qu'il soit nécessaire de répéter que chaque homme arrive dans la vie avec un bagage d'idées morales dont l'importance dépend essentiellement de ses ascendants. Son **devoir** consiste à **développer** et à **préserver** ce bagage.

8. *Choix des relations.* — Le premier de tous les devoirs de préservation morale c'est de **bien choisir**

ses **relations** et ses intimes. Le contact de deux hommes de niveaux moraux très différents fait baisser le plus élevé sans faire monter très sensiblement le moins haut. Un pareil contact est donc presque toujours funeste aux bons et impuissant à améliorer les mauvais.

Nous avons dit plus haut que le **devoir** des chefs militaires était de retrancher de la communauté les individus gangrenés, parce que ces derniers étaient des ferments de désorganisation morale pour les équipages. Quels que soient les efforts tentés dans ce sens, il est rare qu'à bord des grands navires il ne demeure pas quelques-uns de ces hommes qu'on nomme communément des « fortes têtes » pour lesquels faire le mal serait le plus délicat des plaisirs s'ils ne lui préféraient encore celui d'y pousser leurs camarades. Ces individus, échappés aux mesures éliminatoires, sont les plus dangereux des malfaiteurs moraux, parce que, presque toujours, c'est à leur bassesse et à leur hypocrisie qu'ils doivent leur quasi-impunité.

Le marin qui se respecte, tout en remplissant, même vis-à-vis de ces hommes dignes de mépris, les devoirs généraux de fraternité dont nous avons parlé, se gardera bien de les fréquenter et surtout de se lier avec eux ou de les accompagner à terre dans leurs permissions. Presque fatalement, si par faiblesse ou par un sentiment mal compris de camaraderie il consentait à en faire sa société habituelle, il subirait la contagion du mal et ne recueillerait de cette intimité dangereuse que la mésestime de ses chefs et leur défiance, outre les punitions graves qu'il ne manquerait pas d'encourir en si mauvaise compagnie.

9. *Les exclus de l'armée.* — Dans certains de nos ports militaires, à Toulon par exemple, il existe une catégorie d'hommes portant un uniforme analogue à celui des marins de l'État et qui sont cependant indignes de la fréquentation des honnêtes gens : ce sont les **exclus de l'armée**, c'est-à-dire des Français

ayant, par suite d'actions criminelles antérieures à l'appel de leur classe, perdu le **droit de donner leur sang pour leur Patrie**. Dans la grande généralité des cas, ces **exclus** ayant commis des fautes infamantes sont irrémédiablement dévoyés au point de vue moral, ils ne sont dignes ni d'intérêt, ni de sympathie et devraient être fuis des honnêtes gens à l'égal des bêtes venimeuses. Cependant, on peut voir assez souvent des marins de l'État souiller leur uniforme au contact de ces coquins et ne pas craindre de se montrer dans leur compagnie! Il y a dans ce fait un symptôme grave d'inconscience morale, et c'est là un abus funeste qu'il convient de réprimer sévèrement, si les avertissements et les conseils ne suffisent pas à le faire disparaître.

Nous pensons qu'il serait urgent de signaler aux marins de l'État le tort fait à leur propre considération, à leur dignité, à leur honneur, par ces fréquentations malsaines pour qu'ils les évitent à l'avenir et se souviennent à jamais du vieux proverbe : *Dis-moi qui tu hantes et je te dirai qui tu es*. C'est encore **un devoir de préservation morale**.

10. *Les parasites des armées*. — Les ports militaires, en leur qualité de villes de garnison, contiennent un grand nombre de parasites de l'Armée, qui vivent en exploitant l'insouciance, le désœuvrement, les curiosités, les vices mêmes des hommes. Au premier rang de ces exploiteurs il faut placer les **cabaretiers**, mais il en est d'autres encore qu'on ne peut même pas nommer et qui sont les plus méprisables des hommes. Le marin de l'État devra fuir avec le plus grand soin le contact de ces misérables et, en agissant ainsi, il ne fera que remplir envers lui-même un **devoir étroit de préservation morale**.

11. *Probité*. — Il semble inutile de recommander au même titre la stricte **probité** à nos marins. Cependant, tout en reconnaissant volontiers que presque tous nos hommes sont incapables de s'approprier sciemment de l'argent qui n'est pas à eux, nous devons

insister sur un côté plus spécial du devoir de probité. Nous avons souvent remarqué que pour certains hommes de faible culture morale les menus larcins que se font entre eux les marins — tabac, vêtements, fourbissage — ne semblent pas avoir le caractère infamant du **vol**. On exprime volontiers cette manière de voir par l'adage : *chiper n'est pas voler*. C'est là une erreur, une compromission de conscience, un sophisme inconscient et immoral. La **loi**, il est vrai, forcée de graduer les peines, fait une différence entre la filouterie, la grivèlerie et le **vol**, mais la **morale** n'en fait pas. Quiconque s'approprie un objet qui n'est pas à lui est un **voleur**; il n'y a pas deux noms à lui donner. Quelques instants de réflexion suffiront à faire comprendre combien la filouterie à bord, où elle est si facile, est démoralisante, puisqu'elle a pour résultat de détruire toute confiance envers les camarades, qu'elle suscite des rancunes et qu'elle est essentiellement contraire aux principes de fraternité dont nous avons hautement proclamé la nécessité. Du reste, l'homme est faible et glisse rapidement vers le mal s'il ne s'en défend pas constamment; qui vole une chemise aujourd'hui volera une bourse demain. C'est donc remplir encore un **devoir de préservation morale** que de se défendre contre toute tentation de ce genre.

Les navires de guerre, surtout les grands bâtiments de combat, exercent sur les touristes une attraction irrésistible; on pourrait se demander pour quelle raison, alors qu'on défend jalousement à tout le monde l'accès de la plus insignifiante place forte, on permet sans difficulté la visite des navires les plus récents. Ce problème est d'une solution trop ardue pour que nous y insistions; nous retenons seulement ce fait que nombre de curieux viennent à chaque instant encombrer le bord, au travers duquel ils sont conduits généralement par des fusiliers de garde. Presque toujours ces oisifs ne craignent pas d'offrir à leurs guides une gratification qui est trop souvent acceptée : c'est là un fait révoltant, contraire à la **probité** et qui doit être sévèrement puni. Le marin de l'État ne fait que son service en pilotant les visiteurs, puisque c'est en vertu d'un **ordre** qu'il le fait; sa **dignité** doit lui défendre d'accepter une rémunération quelconque pour un acte d'obéissance en même temps que de courtoisie; il doit comprendre qu'en prenant l'argent d'un visiteur, il ravale son **uniforme** au niveau d'une **livrée** et sa qualité de défenseur de la Patrie à celle d'un **valet** mal payé par ses maîtres. Il y a encore là un **devoir de préservation morale.**

Un autre devoir de **préservation morale** c'est la **sincérité** ou la **véracité.** Le fait de dire toujours la vérité indique un homme dont le cœur est bien placé, car le mensonge est **toujours** une **lâcheté** puisqu'il a pour but — dans le métier militaire du moins — d'éviter à celui qui le commet des reproches ou une punition qu'il sait avoir mérités. — L'épithète de **menteur** est toujours une flétrissure; elle indigne ceux-là mêmes qui la méritent le plus fréquemment : il est en effet peu d'insultes qui soient plus graves et qui portent aussi durement atteinte à la dignité humaine. Les résultats les plus ordinaires du mensonge sont la mise en défiance des chefs envers leurs subordonnés, le dégoût et le **mépris** qu'ils professent pour les menteurs, l'atténuation fâcheuse de leurs sentiments affectueux et bienveillants.

Presque toujours du reste, le mensonge est un très mauvais calcul. D'abord il est assez rare qu'il atteigne son but et qu'il évite la punition méritée ; il ne fait bien souvent que la rendre plus sévère qu'elle n'eût été sans le mensonge et surtout après un aveu sincère. Il peut arriver à tout le monde de commettre une faute, mais la dissimuler par un mensonge est une indignité qui peut, du reste, avoir des conséquences imprévues de l'auteur et fort graves. *Péché avoué est à moitié pardonné*, dit-on très judicieusement. Un chef est, en effet, presque toujours désarmé par un aveu sincère alors que le mensonge l'exaspère et le pousse à des mesures de rigueur.

Il est certain que ces hypocrites dont nous avons parlé plus haut arrivent quelquefois à échapper, par un mensonge adroit, à quelques-unes des conséquences de leurs fautes, mais ce résultat favorable pour eux n'est-il pas largement compensé par l'épithète de menteur qui leur est appliquée dès que leur fraude est seulement soupçonnée, par l'écrasant **mépris** qui accompagne cette épithète et le fait de ne plus jamais être crus, même s'ils disent la vérité?

Enfin, il peut arriver et il arrive souvent que le mensonge du coupable fasse retomber sur des innocents le poids et les conséquences de la faute commise.

Le sophisme cité plus haut : *chiper n'est pas voler*, se double pour quelques inconscients de celui de : *blaguer n'est pas mentir*, commode pour les compromissions de conscience. En vertu de ce principe, quelques misérables n'hésitent pas, afin d'obtenir une permission, à se faire annoncer par dépêche une maladie grave ou la mort même d'un très proche parent. Le devoir des chefs, tout en accordant la permission, est de se faire renseigner positivement sur le fait par la gendarmerie départementale et de sévir avec la plus grande rigueur s'ils obtiennent la preuve de cet infâme mensonge.

Pour un **homme d'honneur** sa **parole** est chose sacrée ; la voir suspecter est une grave insulte ; il ne doit reculer devant aucune démarche pour se laver d'une accusation de mensonge, de peur d'être à jamais marqué d'une tache indélébile de lâcheté. L'expression courante : *parole d'honneur*, tendrait malheureusement à faire penser qu'il y a deux « paroles » dont l'une est plus véridique que l'autre ; c'est là une erreur. Il n'y a pas **deux paroles**, il n'y a pas de **parole d'honneur**, il y a seulement la **parole d'un homme d'honneur**, qui ne doit pas, qui ne peut pas être suspectée.

Il est donc bien entendu que **mentir** constitue pour

un simple marin un acte de **lâcheté** qui porte atteinte à sa dignité et à son honneur. Lorsque c'est un **gradé** qui se rend coupable de mensonge, le caractère odieux de cette faute a des conséquences plus graves encore : dans ce cas, en effet, le mensonge porte atteinte au prestige nécessaire de l'autorité. Le chef qui **ment** se déshonore, encourt le mépris de ses subordonnés, et si son mensonge a pour but de faire punir un inférieur dans un but de rancune personnelle, il devient **infâme**. **On ne peut rien attendre de bon d'un gradé qui ment;** il devrait être immédiatement privé de toute autorité, car celle-ci ne peut ni ne doit être exercée par un homme aussi parfaitement méprisable.

Enfin, en ce qui concerne le **développement intellectuel et moral,** c'est un devoir pour tous les hommes quels qu'ils soient, à quelque classe de la Nation qu'ils appartiennent, de le rechercher par tous les moyens qui sont en leur pouvoir. Le plus efficace de tous est le **travail personnel.** Par malheur les obligations physiques et techniques du service militaire sont telles dans la marine que le travail intellectuel est toujours très difficile pour le marin de l'État.

Cependant, les heures consacrées aux écoles élémentaires, celles employées aux théories, si elles sont utilisées convenablement, peuvent aider puissamment au développement intellectuel de nos hommes. C'est un **devoir** pour les officiers de favoriser ce développement et de ne pas souffrir que les marins quittent le service moins instruits qu'ils n'y sont entrés. Quant au développement moral, c'est des seuls officiers qu'on peut l'attendre. Sur la plupart des grands navires d'escadre on a déjà créé des cours supérieurs pour permettre aux hommes de bonne volonté d'accéder au brevet du long cours ou à l'école des élèves-officiers. Très certainement, ces cours se généraliseront et s'étendront, mais, quel que soit dans l'avenir leur développement, ils ne pourront remplacer des causeries simples et familières (n'ayant aucun rapport avec un enseignement dogmatique), amusant et intéressant non seulement les plus instruits de l'équipage, mais encore les moins cultivés. Ces causeries morales, remplies d'anecdotes vraies et variées seront ensuite commentées autour de la « mèche » pendant les repas et feront pénétrer quelques pensées saines, quelques idées bienfaisantes dans les cerveaux les plus obtus.

La lecture de livres intéressants et bien faits, écrits dans une langue très simple et intelligemment illustrés, serait aussi d'un effet moral excellent. A ce point de vue, les bibliothèques de nos équipages ne répondent qu'incomplètement au but que nous poursuivons. Bien que contenant quelques ouvrages de vraie valeur, elles ne donnent en réalité satisfaction à aucune méthode d'éducation, elles ne répondent à aucun plan raisonné; la plupart des livres qu'elles contiennent sont, ou niais, ou incompréhensibles à la grande majorité des marins. La France est cependant assez féconde en écrivains de talent pour qu'il soit aisé d'obtenir d'eux une bibliothèque complète et conforme à nos désirs. Ce progrès est facile à réaliser et nous ne doutons pas qu'il ne s'accomplisse bientôt si le principe que nous avons proclamé arrive à être accepté de tous : *c'est par l'Armée que doit se faire l'éducation de la Nation.*

Quant à l'instruction proprement dite, nous sommes plus tranquilles encore : du jour où elle sera devenue une nécessité pour obtenir de l'avancement, même nos Bretons n'hésiteront pas à se développer par eux-mêmes et nous n'aurons plus guère qu'à les y aider.

VI. Devoirs à l'égard de la population civile. — Puisque aujourd'hui toute la Nation passe sous les drapeaux, la ligne de démarcation qui séparait autrefois l'Armée de la population civile n'existe plus. Il semblerait donc que cette question des devoirs militaires envers les habitants des villes et des campagnes françaises se confondit avec celle des devoirs entre égaux que nous avons déjà traitée.

Pendant tant d'années, l'Armée a été une nation dans la Nation, que le peuple français n'a pas encore pris l'habitude de considérer comme un citoyen celui qui porte un uniforme. Pour beaucoup, c'est encore un **prétorien** qu'on dédaigne ou qu'on flatte suivant le cas. Au reste, si on veut bien y réfléchir, on verra qu'il y a quelque chose de vrai dans cette opinion, en ce sens que, pendant la durée du service militaire, le citoyen armé est mis à part du reste de la Nation par la loi électorale d'abord, qui suspend pour lui le droit de vote, et aussi parce qu'il est momentanément la force au service du droit.

1. *La force au service du droit.* — Il est l'appui de l'ordre et de la loi, la force du gouvernement légal. Dans ces conditions spéciales, il sera toujours l'adversaire d'une partie de la Nation, fraction tantôt faible, tantôt forte, mais jamais nulle.

Remarquons maintenant que l'Armée est la partie virile, active, exubérante de la Nation, qu'elle a, grâce à la conscience qu'elle possède de sa force, une tendance naturelle à se croire partout chez elle, à être encombrante et bruyante et que, dans bien des cas, elle se permet des allures qui semblent **justifier** dans une certaine mesure la qualification de « **prétorienne** ». Ces allures peuvent affecter, si elles ne sont pas réprimées par les chefs, le caractère d'une véritable tyrannie vis-à-vis de la population civile, tyrannie d'autant plus grave, en ce qui concerne l'armée de terre, que les soldats ne marchent jamais autrement qu'armés.

Le marin, tout en ayant le juste orgueil de son uniforme et portant haut la tête comme il convient à un homme de devoir et d'honneur, devra cependant conserver vis-à-vis de la population civile les formes de la plus grande politesse, principalement à l'égard des femmes et des vieillards. Il se souviendra qu'il n'a en aucune façon le droit d'assourdir par ses éclats de gaîté et ses chansons bruyantes les citoyens paisibles et que, tout en étant soumis aux règlements militaires, il doit encore obéir aux lois générales, aux règlements de police et aux convenances. Rien ne donne une idée aussi désavantageuse de la discipline d'un corps comme de voir les membres de ce corps encombrer la rue, être bruyants, sottement braillards, devenir un élément de trouble et de désordre, alors que, par leur situation et en vertu de leur uniforme, ils ont au contraire le devoir de concourir à maintenir ou à rétablir l'ordre s'ils en sont régulièrement requis.

Sa qualité de serviteur de l'État fait au marin comme au soldat un devoir d'être d'abord le plus fidèle observateur de la loi et, chaque fois que c'est nécessaire, d'en être le soutien.

Tout homme revêtu d'un uniforme appartenant à un corps militaire peut être requis par la police ou par la gendarmerie pour aider à arrêter un malfaiteur, pour dissiper un rassemblement tumultueux, etc., etc. S'il aperçoit un agent de la force publique en danger de succomber sous les coups de malfaiteurs, s'il voit un supérieur mis en péril pour une raison quelconque et exposé à la colère de la foule, il doit sans hésiter mettre sa force au service du droit ou contribuer de tous ses moyens à la défense de son supérieur. Par contre, en cas d'incendie, d'accident, etc., il sera des premiers à aider aux secours et à se dévouer pour ses concitoyens. En agissant ainsi il augmentera le prestige de son uniforme et honorera l'Armée tout entière.

On ne saurait trop recommander à nos marins de n'avoir avec la population civile que des rapports de politesse et de ne pas se lier avec elle pendant leur séjour sous les drapeaux. En effet, nous savons qu'en temps de paix, l'Armée est la **force au service du droit**, comme elle l'est aussi en temps de guerre contre l'ennemi extérieur. Tout membre de l'Armée pouvant avoir à collaborer, **même par la force**, au maintien de l'ordre à l'intérieur et pouvant être appelé à fournir un appui solide au **gouvernement légal** contre l'émeute ou la révolution, ne doit avoir avec la population qui l'entoure que le plus petit nombre de liens possible, afin d'en avoir moins à briser s'il est appelé **légalement** à agir contre elle.

D'ailleurs et malheureusement, la partie de la population civile qui tend le plus à se rapprocher de l'Armée et à entretenir avec elle des relations, c'est précisément celle qui, par son contact familier, entraînerait le soldat ou le marin vers des habitudes d'intempérance ou d'indiscipline. Forcément des discussions politiques naîtraient de ce contact : pendant le séjour sous les drapeaux, l'Armée ne doit pas s'occuper de politique. Obéir aux chefs, servir **loyalement** le gouvernement légal du pays, telles doivent être ses seules préoccupations : *l'Armée ne peut pas se faire juge d'un gouvernement dont elle est la force.*

2. ***Discrétion.*** — Enfin, le devoir du marin est de garder la plus grande **réserve**, la plus grande **discrétion** dans ses conversations avec la population civile. Par hérédité de race, le Français est volontiers hâbleur, il a l'exagération dans le sang; il éprouve tantôt, le besoin de vanter outre mesure son bâtiment, son corps, ses chefs; tantôt, au contraire, il se laisse aller à les dénigrer sans mesure, suivant sa disposition du moment. En racontant à des civils les exigences du service, les menus événements du bord, en portant inconsidérément des appréciations sur les chefs, le marin ferait une œuvre mauvaise, parce que ces racontars, souvent très innocents à l'origine, iraient grossissant démesurément jusqu'à acquérir des proportions excessives et pourraient provoquer les calomnies intéressées d'une certaine partie de la Presse et nuire, en résumé, à la considération qui doit entourer la marine de l'État.

En **résumé**, les devoirs des marins de l'État envers les populations françaises sont : **la politesse, l'assistance désintéressée, la discrétion.**

VII. Devoirs des marins français à l'étranger. — Le navire de guerre, quel que soit son pavillon, jouit à l'étranger du précieux privilège d'**exterritorialité**, c'est-à-dire qu'il est considéré comme une petite partie détachée du territoire national, une sorte d'île flottante où toutes les lois de la Patrie continuent d'être appliquées à ceux qui l'habitent. Le navire de guerre, mouillé sur rade étrangère, vit donc de sa vie propre à laquelle personne n'a rien à voir.

Si un marin de ce bâtiment commet à terre un **délit** ou un **crime** et qu'il ait le temps de regagner son navire, ou même une **embarcation** de ce navire avant d'être saisi par l'autorité locale, celle-ci n'a plus de droits sur lui et, si l'affaire est grave, elle est obligée de recourir à la voie diplomatique pour se faire rendre justice.

En appliquant les principes précédents, universellement reconnus comme **loi internationale**, aux navires de guerre français, on peut donc dire avec justesse : **là où est le pavillon, là est la France.** Les marins français doivent donc savoir que nul n'a le droit de saisir un d'entre eux dans une embarcation de l'État français; que nul n'a le droit de saisir même un criminel de toute autre nationalité qui se réfugierait dans une embarcation de l'État français et encore moins un réfugié politique; qu'enfin un **esclave** — il y en a encore dans certains pays — qui est entré dans une embarcation française est libre par ce fait seul et que, par conséquent, nul n'a le droit de le réclamer et encore moins de le saisir.

Tout cela doit être connu de **tous** les marins français et, en particulier, des **patrons d'embarcation.** Ces privilèges sont du reste la conséquence du principe d'exterritorialité et entraînent le droit de résister, **même par la force,** à toutes les tentatives faites par les autorités locales pour les violer; ces mêmes marins de l'État ne devront pas ignorer que **ces privilèges cessent dès qu'ils mettent le pied à terre.**

Dès ce moment leur uniforme n'est plus une sauvegarde contre les conséquences des fautes commises; ils deviennent justiciables des lois de la Nation dont ils sont les hôtes, ils doivent se souvenir que, **partout ailleurs qu'en France**, la police ne souffre et n'admet aucune velléité de résistance et qu'enfin, en cas de conflit, l'autorité du bord ne peut intervenir qu'officieusement.

Le caractère insouciant et léger du Français, sa vanité de race et son **ignorance** l'amènent souvent à commettre en pays étranger des délits dont il n'a même pas conscience, délits dont les conséquences peuvent être fort graves pour lui, très fâcheuses et très désagréables pour l'autorité dont il relève : consulaire ou maritime. Aussi, dans la plupart des cas, hésite-t-on à laisser nos marins descendre à terre à l'étranger; il en résulte que les campagnes lointaines sont un peu l'épouvantail de nos équipages, ce qui est véritablement regrettable.

Disons de suite que les **devoirs** du marin français envers les populations des ports étrangers ne diffèrent pas, en principe, des obligations qu'il a envers les populations françaises : **politesse, assistance, discrétion.**

Il est cependant un certain nombre de points particuliers sur lesquels il est indispensable d'insister; au premier rang nous placerons le **respect des mœurs, des coutumes, de la religion** des habitants.

Les mœurs des Nations d'origine européenne ne diffèrent pas, en général, d'une manière essentielle les unes des autres. Cependant il n'est pas rare de rencontrer à l'étranger certaines particularités ayant pour nous, Français, une apparence ridicule et qui nous prêtent à rire parce que nous en ignorons l'origine et que nous n'en comprenons pas le sens. C'est toujours une marque d'**ignorance** ou de **sottise** que de rire des usages étrangers : toute moquerie publique, toute attitude irrespectueuse, insolite, blesse très vivement l'orgueil des populations indigènes; elles sont alors très disposées à faire payer cher à leurs hôtes d'un moment leur manque de convenance.

Par exemple, à Manille, colonie espagnole, on assiste assez souvent à des fêtes religieuses dont le cérémonial extraordinaire, à la fois enfantin et solennel, est pour un Français un spectacle étrange qui provoque parfois des accès de gaîté absolument intempestifs. Si l'on n'a pas sur soi-même la puissance nécessaire pour y résister, il vaut mieux s'abstenir d'assister à ces représentations bizarres, car la foule, très catholique, très fanatique surtout, qui participe à ces fêtes, ne serait certainement pas d'humeur à tolérer la moindre raillerie.

Il faut bien se persuader qu'**il n'y a pas de mœurs ridicules et qu'il y a encore moins de religion ridicule** : les mœurs d'un peuple sont pour lui l'héritage des siècles, elles proviennent des ancêtres, et le respect des ancêtres est une des premières lois de l'Humanité. Toute religion, quelles qu'en soient les manifestations extérieures, est une reconnaissance implicite de la faiblesse humaine en présence des forces mystérieuses de la Nature : mœurs et religions sont donc également respectables.

Dans tous les cas, c'est manquer à la plus élémentaire politesse que de froisser les usages, les convictions de ceux qui veulent bien nous accorder l'hospitalité. Dès qu'on pose le pied sur une terre étrangère, on doit se dire constamment **qu'on n'est pas chez soi** et qu'on est chez des hôtes qui, n'étant même pas, dans la plupart des cas, des **hôtes volontaires**, ne sont pas disposés à tolérer que ceux qui viennent vivre momentanément sous la protection de leurs lois en arrivent à ce degré d'inconvenance de railler publiquement leurs usages et leur religion.

Ce que nous venons de dire pour les peuples d'origine européenne s'applique *a fortiori* aux nations asiatiques, africaines, océaniennes. En présence de ces races l'Européen a une tendance marquée à se croire d'une essence intellectuelle extrêmement supérieure. Dans bien des cas, il se trompe : les fils des vieilles civilisations de l'Asie, par exemple, sont aussi bien doués que lui pour l'intelligence et souvent bien plus avancés que lui en ce qui concerne l'instruction et le respect de l'individualité humaine. Il nous a toujours paru quelque peu ridicule qu'un pêcheur breton osât traiter dédaigneusement du nom générique de « **cana- que** » un Japonais, car, sans qu'il s'en doute, celui-ci, si grossier qu'on le suppose, est cent fois plus raffiné que le Breton ; il sait **toujours lire et écrire sa langue**, il est d'une **politesse** parfaite ; sa curiosité, toujours bienveillante, n'est jamais gênante pour l'étranger, etc. Notre marin pourrait donc, sans inconvénients, faire de larges emprunts aux mœurs de ses hôtes.

1. *Au sujet de l'espionnage militaire.* — Ce qui est non moins essentiel que le respect des mœurs et de la religion, des lois des Nations dont on est l'hôte, c'est de ne rien faire qui puisse être interprété comme un acte d'espionnage à leur égard. Ceci est un point extrê- mement délicat.

Nous n'ignorons pas, en effet, que, depuis un cer- tain nombre d'années, l'espionnage militaire a pris dans notre marine une extension considérable et que beaucoup d'officiers le considèrent comme absolument légitime. A notre sens, c'est là une **aberration du sens moral** qui a une origine honorable dans le patrio- tisme, mais qui n'en est pas moins condamnable : tout d'abord, le fait de venir dans un pays qui ne vous a pas appelé, vivre sous la protection de ses lois, s'en réclamer au besoin, et de profiter en même temps des privilèges que la courtoisie internationale accorde presque toujours aux étrangers, pour tenter de sur- prendre les secrets de la défense du pays, nous a tou- jours paru devoir être classé parmi les **mauvaises actions**, qu'un grand et noble sentiment comme le patriotisme **ne peut excuser.** Nous sommes absolument convaincu que tout homme d'honneur, sachant regarder une question en face et écarter les sophismes dont on s'ingénie à entourer celle-ci, pensera comme nous.

La **trahison** est chose répugnante en général, et se réclamer de la sainte idée de la Patrie pour la commettre est plus répugnant encore.

Mais, ce n'est pas tout. Comment peut-il venir à la pensée d'employer à cette besogne louche ceux-là mêmes qui doivent servir à la Nation d'éducateurs et d'exemples? N'est-ce pas étrangement compromettre le caractère de droiture, de loyauté, de probité rigide qui s'attache à l'État militaire que d'employer les membres de l'Armée à une besogne assimilable à un **abus de conflance**?

N'est-ce pas abaisser volontairement le niveau moral d'hommes **qui ne peuvent jamais être assez impeccables**? Eh quoi, nous réclamons du soldat et du marin le sentiment de l'honneur, le respect de leur être moral, celui de la parole donnée, la véracité, la probité et nous allons leur demander, **en pleine paix** et sous la protection des lois d'une Nation amie, d'oublier toutes ces vertus pour **voler** à cette Nation les secrets de son organisation militaire et de sa défense! De quel droit? Viendrait-il à la pensée d'un homme sain de corps et d'esprit de demander à un prêtre de voler ou d'assassiner sous prétexte d'assurer le triomphe de sa religion? Le soldat et le marin ne sont-ils pas les **prêtres de la religion de la Patrie**? Loin de nous de pareilles aberrations! Ne confions jamais à des hommes d'honneur que des missions honorables et, alors que nous n'avons pas assez de mépris à cracher à la face des espions étrangers qui violent les secrets de nos frontières, ne prenons pas pour nous-mêmes ce rôle dégradant car ce serait le cas de paraphraser le mot de Mme Roland et de s'écrier : *O Patrie! que de crimes on commet en ton nom!*

Au reste, en admettant que le service des renseignements soit indispensable, il existe beaucoup d'autres moyens de se procurer les données dont on a besoin pour la préparation à la guerre. Le premier et le plus simple de ces moyens consiste à regarder ce qui est visible de tous. Avec l'habitude qu'on doit posséder des choses militaires ou maritimes on devine assez aisé-ment ce que l'on voit mal. On peut aussi — lorsqu'il s'agit d'un navire de nouveau type — demander à le visiter. Enfin — et c'est encore le moyen le plus simple de tous et le plus pratique — on peut payer des espions et les contrôler les uns par les autres. Dans tous les temps et dans tous les pays il s'est trouvé des miséra-bles disposés à vendre leur Patrie pour satisfaire leurs besoins et leurs vices; de ceux-là on peut se servir sans scrupule puisqu'ils sont irrémissiblement perdus mora-lement. Tout vaut mieux que d'user pour le service d'espionnage d'un personnel dont le niveau moral **n'est jamais trop élevé** et qui doit être jaloux de con-server intact son honneur militaire.

2. *Soigner la bonne réputation de la Marine.* — Il convient enfin d'insister sur le fait suivant : à l'étranger, **le bâtiment de guerre français repré-sente la France à tous les points de vue**, ce qui veut dire que sa coque est un spécimen de nos constructions navales et du talent de nos ingénieurs; que sa manière de manœuvrer, la hardiesse, la promptitude, l'exacti-tude de ses mouvements dans les ports donnent une idée de l'aptitude professionnelle de nos commandants; que la tenue et l'allure de son personnel servent de jauge pour juger de la Nation entière.

Nous ne voulons pas dire que ce soit là l'opinion de l'élite des étrangers appelés à juger notre pays, mais c'est celle de la **masse** des spectateurs, c'est l'**opinion publique**. Il est donc indispensable de tenir compte, pour la bonne renommée de la France, de cette ten-dance générale à juger d'un peuple sur de rares exemples. *Ab uno disce omnes*, dit le proverbe latin. Comme nous l'appliquons souvent nous-mêmes, nous ne saurions être surpris que l'étranger nous l'applique.

Le marin français à l'étranger ne saurait donc trop soigner la renommée de son bâtiment; il devra se souvenir que sa tenue, ses allures, sa conduite à terre, sa vigueur et son entrain dans les exercices serviront de base aux jugements que l'on portera sur la marine française d'abord, sur la Nation française ensuite.

Hors de France, nous autres marins nous sommes sans cesse en représentation, et si fastidieux qu'il soit de toujours jouer un rôle, nous ne devons jamais oublier ce rôle, car de la perfection avec laquelle nous le remplissons dépendent la bonne renommée de notre marine et l'honneur de notre Pavillon.

3. *Embauchage et désertion*. — Dans beaucoup de pays étrangers, dans les Républiques de l'Amérique du Sud, en particulier, les marins de l'État sont sollicités à la désertion par des agents spéciaux, tantôt pour entrer dans la marine indigène, tantôt pour compléter l'équipage d'un baleinier ou pour toute autre raison. Nous n'avons pas besoin de dire que des promesses magnifiques accompagnent toujours ces tentatives d'embauchage et qu'elles éblouissent trop souvent les naïfs.

Il est indispensable que nos marins soient mis en garde contre ces manœuvres déloyales : il n'y a jamais **prescription** pour le **déserteur**; il ne peut rentrer en France ou en pays français sans être immédiatement arrêté et traduit devant un conseil de guerre; il en est de même s'il monte à bord d'un navire français. Le **déserteur** renonce donc nécessairement à la Patrie, et c'est peut-être là, pour un Français, une peine plus grave que les cinq années d'emprisonnement que la loi lui inflige s'il est repris.

Du reste, il est fort rare qu'un déserteur trouve à l'étranger une situation qui puisse, par ses avantages, lui faire oublier la Patrie à laquelle il renonce : le service militaire dans les marines de l'Amérique du Sud est certainement moins honorable qu'il n'est dans la marine nationale; l'homme n'est plus qu'un **mercenaire** qui vend son sang pour de l'argent; il perd l'estime de soi-même, la dignité, la fierté du marin qui défend la Patrie, il n'a plus le droit de saluer son Drapeau, il est méprisé de ceux-là mêmes qui l'emploient.

Si c'est un emploi civil que le déserteur a cherché, à peine son crime est-il accompli qu'il se trouve en butte à toutes les difficultés de l'existence en pays étranger, aux méfiances des uns, au mépris des autres : les belles promesses qu'on lui a faites s'évanouissent en fumée et il se voit forcé de gagner durement et péniblement sa vie jusqu'au moment où, plein de dégoût de lui-même, il se réclame de l'autorité consulaire française et se rend volontairement. Qu'on ne l'oublie pas : pour gagner sa vie à l'étranger après une désertion, l'homme a besoin d'une énergie sauvage ou de facultés intellectuelles tout à fait remarquables.

Les Américains du Nord pratiquent volontiers l'embauchage forcé pour compléter leurs équipages de pêche de la mer de Behring et de leurs navires baleiniers en général : c'est le plus souvent au moyen d'un narcotique qu'ils opèrent, puis ils transportent l'imprudent marin endormi à leur bord et le retiennent de force en prenant le large. L'innocent déserteur hésite souvent à se rendre aux autorités françaises à la première occasion favorable, ce en quoi il a tort, car, en pareil cas, l'acquittement est sûr. Pour échapper à une aussi pénible aventure, le marin de l'État doit se souvenir que la méfiance doit présider à ses relations avec les étrangers et qu'il doit surtout craindre ceux qui le recherchent le plus, car c'est bien rarement dans une bonne intention qu'ils tentent de capter sa confiance.

VIII. Devoirs du temps de guerre. — La Guerre est le but primordial de l'Armée, c'est sa raison d'être, c'est son point de direction, à la fois rayonnant et sombre, vers lequel elle tend obstinément. Il est donc raisonnable de croire que les devoirs du temps de guerre ne doivent pas différer sensiblement de ceux du temps de paix; autrement il serait impossible de préparer la guerre : en réalité la guerre entraîne pour l'Armée quelques devoirs nouveaux, mais elle ne supprime aucun de ceux de l'époque pacifique, elle ne fait que les rendre plus stricts et plus étroits.

Nous n'avons donc rien à ajouter à ce que nous avons déjà dit sur les devoirs envers les supérieurs, envers les égaux, envers soi-même; du moins tout ce que nous avons dit demeure exact. A la guerre, chacun sent qu'il a besoin du voisin, et ce sentiment fait disparaître l'égoïsme, exalte la fraternité d'armes, nivelle les grades, excite les dévouements. Des hommes qui ont marché ensemble au feu, qui ont couru pendant quelques heures les mêmes dangers, qui ont vu plusieurs de leurs camarades tomber sous les balles ennemies, ne sont plus après la lutte ce qu'ils étaient avant : ils ont senti naître et grandir en eux l'idée de **solidarité**; ils ont appris la nécessité de la cohésion; la mort a plané sur eux, ils l'ont entendue siffler avec les balles, rugir avec les obus et maintenant qu'ils ont échappé, ils se disent : « Eh quoi! n'est-ce que cela? » C'est avec joie qu'ils voient revenir sains et saufs ceux qui, quelques heures auparavant, leur étaient le plus indifférents; ils comprennent enfin la **fraternité militaire**. Tout à l'heure ils n'étaient encore que des apprentis, maintenant ce sont des **soldats**; ils le sentent, ils en sont fiers, et ce contentement intime se déverse sur leurs camarades survivants et sur les chefs qui les ont conduits au feu. La **guerre** a opéré la **fusion des cœurs**; tous battent à l'unisson maintenant, car le courage, la générosité, la grandeur d'âme, la pitié, l'abnégation, toutes les hautes vertus qui distinguent l'homme de la brute se sont fait jour brusquement, les unes pendant le combat, les autres après la victoire. La grande devise des corps militaires vraiment cohérents a flamboyé devant tous les yeux :

Tous pour un, un pour tous ! —

La **Guerre**, pour le Marin, peut se présenter sous des formes très différentes : son vrai rôle sera évidemment de se battre sur mer, à bord des bâtiments de combat, mais il peut être appelé également à servir à terre, soit dans les Colonies, en période de conquête ou d'insurrection, soit comme en 1870, dans des forts ou en rase campagne. Dans ces deux derniers cas, les devoirs du marin ne diffèrent pas de ceux du soldat : *courage, endurance, fidélité au drapeau* pendant la lutte ; *humanité, probité* après l'action.

1. ***Courage militaire.*** — Le courage est, par excellence, la vertu de l'homme de guerre. Il ne faudrait pas croire que cette vertu soit innée en nous ; bien au contraire. Comme l'**animal**, l'homme a l'instinct de conservation en vertu duquel son premier mouvement est de fuir le danger. Fort heureusement, l'homme possède sur l'animal cette supériorité de pouvoir imposer silence à ses instincts par la force de sa volonté. Non seulement il parvient à regarder la mort en face, à la voir venir sans terreur, mais encore il marche au-devant d'elle sans hésitation et sans faiblesse, sous l'empire d'une excitation spéciale produite par un certain nombre d'idées morales, au premier rang desquelles il faut placer le patriotisme et le sentiment du devoir et de l'honneur.

La véritable règle de conduite à la guerre se trouve dans ce précepte : *fais toujours ce que tu as peur de faire !* En l'appliquant, l'homme de guerre arrive à n'avoir plus de véritable **jouissance** morale qu'en présence du danger.

Le courage s'acquiert, et beaucoup plus vite qu'on ne le croit ; un danger connu n'inspire plus de crainte, du moment où on l'a affronté à plusieurs reprises. Il est vrai qu'un danger **dont la nature est inconnue** fait de nouveau apparaître l'instinct de conservation : c'est ainsi que de vieilles troupes qui affrontent avec un admirable sang-froid les assauts les plus terribles, peuvent être cependant prises de panique quand elles se trouvent en face d'un péril qu'elles ne connaissent pas.

Elles ont peur alors, sans savoir pourquoi, et jusqu'au moment où elles ont reconnu à quel genre de péril elles ont affaire ; dans ce cas c'est l'imagination qui agit sur le système nerveux ; les actions ne sont plus que des **réflexes** sans intervention de la volition. Le sentiment de la **peur** est de ceux qu'il faut savoir dompter et qu'on arrive en effet assez facilement à maîtriser, mais il n'a **rien de honteux** en soi. Les hommes de guerre les plus illustres ont connu cette faiblesse, témoin le maréchal de **Turenne** qui n'a jamais pu s'empêcher de trembler au feu et qui s'y exposait cependant, comme si sa vie eût été ni plus ni moins précieuse pour son armée que celle du plus humble de ses soldats. Ce qui est **honteux**, ce n'est pas d'**avoir peur** à un moment donné, c'est de **continuer à avoir peur**, parce que cela prouve que la volonté n'a pas de puissance sur le corps.

Les causes morales qui développent le **courage** militaire sont d'ordres divers : personnelles, comme l'habitude du danger, l'orgueil du grade, la volonté, le raisonnement ; impersonnelles, comme le patriotisme, le sentiment du devoir, la foi religieuse ; occasionnelles, comme le désespoir, la haine, la rage. Parfois même toutes ces causes peuvent se superposer, mais toutes ont pour point de départ **le sacrifice de la vie**, implicitement ou explicitement consenti. *Ne croyons pas qu'il faille à l'homme un rare courage pour défendre sa Patrie ; une seule force est nécessaire :* le **mépris de la mort...** » (Général Ambert.)

L'habitude rend tout familier, même le danger, même les anxiétés et les terreurs du combat ; les premières balles qui passent en sifflant au-dessus d'une troupe qui n'a pas encore vu le feu font baisser la tête aux jeunes officiers comme aux jeunes soldats, mais les uns et les autres s'habituent rapidement à cette musique et ne **saluent** plus les balles. Le raisonnement vient en aide à la volonté pour obtenir ce résultat : il est bien évident, en effet, qu'on n'entendra pas venir le projectile qui doit vous tuer et que le seul fait d'entendre siffler les balles indique qu'elles ne sont plus dangereuses.

L'orgueil du grade, la **volonté** bien arrêtée de donner l'**exemple**, l'image vive de l'infamie qui s'attache communément à la lâcheté sont des causes qui exaltent le courage au point que, peu à peu, de volontaire il devient naturel; il s'infuse dans le sang et dans les nerfs à ce point qu'on ne se souvient plus d'avoir eu peur et qu'on s'étonne même que quelques-uns puissent avoir peur.

Il est toujours souhaitable que le **courage** devienne ainsi **instinctif**, quoique, arrivé à ce point, il soit bien moins méritoire que lorsqu'il est régi par la volonté : s'il est **instinctif**, il laisse l'esprit complètement libre pour la conduite du combat; au contraire, un officier préoccupé de se montrer brave devant ses hommes perd une grande partie de ses moyens et, tout en montrant de la vigueur dans l'exécution, il n'est plus capable de conduire intelligemment sa troupe, ce qui est d'autant plus fâcheux que l'officier doit être avant tout un guide et un entraîneur d'hommes. La pratique de la guerre amène vite le résultat souhaité : le combat de la volonté contre l'instinct de conservation cesse vite et le sang-froid, la complète liberté d'esprit sous le feu de l'ennemi, si intense qu'il soit, sont les marques certaines auxquelles se reconnaissent les officiers et les troupes ayant fait la guerre; du **courage**, il n'est même plus question.

Les vétérans, officiers et soldats, montrent pour cette vertu guerrière un étonnant dédain : c'est qu'ils savent bien qu'elle n'est en réalité que la seconde en importance et que la première de toutes est l'**endurance** à la fatigue.

Qu'il nous soit permis, à ce propos, de citer ici un mot bien typique d'un vieil officier supérieur qui a laissé au Sénégal la réputation d'un vaillant cavalier et d'un honnête homme. Ce mot que nous eûmes la bonne fortune d'entendre, il y a près de vingt-cinq ans, de la bouche même de celui qui devint le **colonel Canard**, est frappé comme une médaille antique; il caractérise merveilleusement l'état d'esprit de ces vétérans pour lesquels le courage n'est pas même une demi-vertu.

Il était question devant le commandant Canard d'un brillant chef de contre-guérillas de la guerre du Mexique dont la probité était loin d'être à la hauteur de sa folle audace. Quelqu'un se prit à dire : *Mais il était très brave, n'est-ce pas, mon commandant?* — Le vieux soldat, bronzé par trente ans de combats, regarda de haut le jeune capitaine qui venait de parler, puis, avec un accent de dédain impossible à rendre : *Brave!... Brave!... qu'est-ce que cela? tout le monde est brave, monsieur. C'est honnête qu'il faut être!* L'ancien trompette de tirailleurs, devenu chef d'escadrons de spahis à la pointe de son sabre, avait le droit de parler ainsi, lui dont la vie ne fut qu'un long combat. Il savait bien que les hommes ne sont pas les pires ennemis du soldat et qu'à la guerre les fatigues et les maladies font plus de victimes que le fer et le feu.

Le sentiment de l'honneur et du devoir, le patriotisme, la foi religieuse sont des sentiments de même nature. Le patriotisme n'est que **la religion de la Patrie**; *l'honneur, c'est le respect de soi-même et de la beauté de sa vie porté jusqu'à la passion la plus ardente* (A. DE VIGNY). — L'esprit de devoir est lui-même une religion, celle du **bien** et du **beau** dans l'ordre moral. Ces sentiments ont été de tous temps les causes déterminantes d'actes de courage et de dévouement qui élèvent l'homme au-dessus de sa propre nature pour en faire un être exceptionnel.

C'est le **patriotisme** et la **foi religieuse**, incarnés dans la figure si rayonnante de **Jeanne d'Arc**, qui sauvèrent les destinées de la Patrie française en provoquant chez une pauvre jeune fille une bravoure lucide digne des plus illustres capitaines; c'est le patriotisme qui rendit le petit peuple suisse victorieux du plus célèbre chevalier de la chrétienté et de sa brillante et nombreuse noblesse, c'est encore lui qui, aidé par la foi religieuse, permit aux Hollandais de rejeter de leurs provinces inondées le Roi Soleil et sa belle armée commandée par des hommes tels que Turenne et Condé; c'est le patriotisme qui donna à la France la vigueur nécessaire pour lutter victorieusement contre l'Europe coalisée et étouffer en même temps la guerre civile en Vendée, à Lyon et à Toulon; c'est encore le patriotisme qui, dans Saragosse en flammes, faisait répondre à Palafox « guerre au couteau » aux propositions de capitulation des Français; c'est la foi religieuse qui soutint les pauvres paysans cévenols contre les armées de Berwick et de Villars; c'est le sentiment du devoir et de l'honneur qui dicta à Barbanègre sa conduite héroïque dans Huningue assiégé. Que d'exemples ne pourrait-on pas citer d'actions grandioses provoquées par la foi, le patriotisme, le devoir et l'honneur! C'est que, sous l'empire de l'excitation spéciale produite par l'un quelconque de ces sentiments, l'homme arrive, non seulement à mépriser la mort, mais encore à **mépriser la vie.** Dans un cas comme dans l'autre, le sacrifice de soi-même est aisé.

Enfin, la rage et le désespoir, en exaltant au suprême degré les forces humaines, en ne laissant subsister qu'un seul sentiment, **la soif de tuer,** rendent l'homme semblable au tigre blessé qui veut bien mourir, mais non sans avoir déchiré quelqu'un de ses assaillants et qui fond au plus épais des ennemis, effrayant, féroce, insensible à tout. Dans cet état, l'être humain lui-même inspire la terreur et l'on a vu souvent des poignées d'hommes résolus à mourir, percer des armées entières victorieuses, mais qui reculaient néanmoins devant leur farouche résolution et leur formidable audace. *Que de choses qui semblaie... impossibles ont été faites par des hommes résolus, n'... plus d'autres ressources que la mort!* (NAPOLÉON.)

2. **Endurance.** — *La première qualité du soldat est de supporter les fatigues et les privations; la valeur n'est que la seconde.* (NAPOLÉON.) Un pareil témoignage est capital, mais il n'est pas unique dans l'histoire militaire; presque tous les chefs de guerre ont exprimé la même idée, et c'est en nous basant sur ces opinions que nous avons réclamé la primauté pour l'entraînement physique du soldat et du marin; quand on demande à un organisme un certain effort, il est nécessaire tout d'abord que cet organisme soit apte à résister à cet effort. Ce point important est obtenu par l'éducation physique méthodique du temps de paix; sans doute il ne faut pas excéder les forces des troupes, mais il est indispensable de leur apprendre à faire tous les jours un effort de plus que le jour précédent et de leur persuader que les fatigues qu'on leur impose sont peu de chose à côté de celles que la guerre leur réserve. *A la guerre tu ne mangeras ni ne dormiras ton soûl, tu seras exténué : c'est la guerre. Le métier est parfois difficile pour le bon soldat; il est tout à fait pénible pour le soldat mou. Mais s'il est dur pour toi, il n'est pas plus facile pour l'ennemi; il est peut-être plus dur même que pour toi; seulement, tu vois ta peine et, celle de l'ennemi, tu ne la vois pas : elle existe pourtant toujours. Aussi ne te décourage pas; plus ça va mal pour toi plus tu dois combattre avec acharnement et en désespéré; tu battras, et aussitôt tu seras mieux et l'ennemi plus mal. Celui qui persévérera jusqu'au bout sera seul sauvé.* (Général DRAGOMIROW.)

On croit assez volontiers que la nécessité de l'endurance est moindre pour l'armée de mer que pour l'armée de terre. Il n'en est rien et la campagne de l'amiral Courbet en Chine a prouvé que ce n'est pas le combat qui impose aux équipages les pires fatigues. Sans aucun doute, le navire de guerre étant son propre convoi ne peut pas craindre que les vivres ne lui parviennent pas à temps, mais nul ne sait ce que sera la guerre navale de demain. Ce qui n'est pas douteux cependant, c'est qu'il faudra tenir la mer par tous les temps, faire du charbon très rapidement sur des rades ouvertes, peut-être même avec les embarcations du bâtiment; veiller attentivement pendant les nuits obscures, subir à tout moment des alertes, construire des estacades, mouiller des torpilles, etc.. etc. La vie du bord sera rendue très dure, tant au physique qu'au moral, et c'est au milieu d'une tension fébrile de tous que surgira **le combat**, la phase dernière de la guerre maritime, qui sera pour ainsi dire une fête en comparaison des anxiétés de la croisière. Du reste, qu'on n'oublie pas que la mer ne désarme jamais et que la lutte contre les éléments sera, en temps de guerre, d'autant plus pénible qu'on n'aura plus la ressource de les braver dans de belles rades fermées comme pendant la paix. Aussi les vrais hommes de mer voient-ils avec chagrin nos escadres se maintenir en permanence pendant l'hiver sur les côtes nationales pour des raisons budgétaires et ne plus affronter la mer que pendant l'été, ce qui tend à diminuer dans de grandes proportions l'endurance du personnel tout entier. Vienne la guerre, et l'on constatera vraisemblablement que ce n'est pas là une véritable économie.

Il y a du reste à bord un personnel nombreux qui aura besoin en temps de guerre d'une **endurance** physique exceptionnelle; comment l'obtiendra-t-on des mécaniciens et des chauffeurs si les périodes passées devant les feux n'outrepassent jamais quelques heures et par beau temps; n'est-il pas à craindre que ces hommes précieux pour lesquels la marine fait tant de sacrifices soient incapables de lui rendre, pendant la période d'hostilités, les services qu'on en attend?

3. *Fidélité au Drapeau*. — Dans un des précédents chapitres, nous avons déjà parlé de ce fétichisme spécial commun à tous les peuples guerriers : **l'amour du Drapeau**. La fidélité au Drapeau, c'est le culte de la Patrie divinisée; *c'est la foi vive dans ses destinées, c'est la vénération des siècles et des générations disparues. Le Drapeau, c'est tout pour l'homme qui comprend le saint mot de Patrie*, a dit Edmond About.

Rien n'est plus exact, en général, mais plus spécialement encore dans l'armée. Le **Drapeau** du régiment, c'est la relique des ancêtres, c'est le monument de leurs gloires, c'est l'héritage sacré de chacun de ses soldats, c'est le joyau précieux, propriété et orgueil de plusieurs milliers d'hommes, c'est quelque chose de leur chair et de leur sang; en lui résident, non seulement **l'honneur de la Patrie**, mais aussi le leur propre et le génie de notre race tout entière. Loin de la famille et de la Patrie, il est la famille et la Patrie.

Lorsqu'un jour de parade, devant les recrues du régiment réunies pour la première fois sous les armes, le drapeau étincelant d'or s'avance au centre d'un carré formé par les troupes, un silence solennel et oppressant s'établit tout à coup; quelque chose comme un souffle mystérieux passe sur la face de ces jeunes hommes pour lesquels, hier encore, l'emblème sacré de la Patrie n'était qu'un chiffon ornemental et banal à force d'être prodigué; à ce moment, la voix claire du colonel se fait entendre : « *Jeunes soldats, vous avez devant vous le Drapeau aux couleurs nationales que vos pères ont illustré tant de fois dans les guerres de la liberté et dans celles de la gloire. Ce Drapeau est maintenant le vôtre; c'est votre bien le plus précieux; la France vous en confie la garde et la défense. Il sera le témoin de votre bravoure, de votre fidélité au devoir, de votre dévouement à la Patrie, qui remet entre vos mains avec ce Drapeau la défense de son honneur, de son territoire et de ses lois!* » Le régiment présente les armes et une joyeuse fanfare éclate pendant que, le cœur bondissant sous la tunique, les yeux pleins de larmes, jeunes et vieux, en fixant le Drapeau, aperçoivent dans les plis lourds de la soie tricolore l'image chérie du foyer familial et le fantôme souriant des ancêtres disparus.

Quand, le jour de la bataille, le Drapeau marche en avant et que sa hampe, vigoureusement portée par un brave officier, entouré d'une garde d'honneur, s'incline vers les masses ennemies, un immense orgueil fait battre les cœurs. En avant!... en avant!.... Les balles percent et déchirent ses plis de soie, il avance toujours.... Soudain, le porte-drapeau, frappé d'un éclat d'obus, chancelle et meurt, mais le Drapeau, aussitôt ressaisi, continue sa marche; dix fois sa hampe échappe à la main défaillante de ses fidèles sur lesquels l'ennemi fait pleuvoir les balles, dix fois d'autres mains le relèvent.... il marche toujours, le régiment le suit. Qu'importe la mort; la patrie entière n'est-elle pas devant lui qui lui montre le chemin du devoir et de l'honneur?

C'est ainsi qu'en vertu de ce fétichisme sublime ces masses humaines, échappant aux fatalités de leur nature, dépouillant toute pensée d'égoïsme, marchent glorieusement vers la mort afin de maintenir intacts l'honneur et le territoire de la Patrie.

L'humble paysan, aussi bien que le riche possesseur du sol, éclatent en sanglots lorsqu'ils voient l'emblème sacré flotter sur les positions conquises; les cœurs se dilatent dans les poitrines haletantes et l'armée entière, les yeux fixés sur le Drapeau victorieux, s'écrie d'une seule voix : **Vive la France!** hommage spontané rendu au sol natal et à tous ceux qui ont contribué à constituer la Patrie française.

Le culte du Drapeau se confond avec le culte de la Patrie; il constitue le premier devoir de l'homme de guerre. Sur le champ de bataille il n'est pas besoin d'une autre religion que celle-là, car elle les contient toutes. A toutes les époques, la fidélité au Drapeau a inspiré les plus magnifiques dévouements. Les corps de troupes qui perdent cet emblème se considèrent eux-mêmes comme déshonorés; la pensée que l'ennemi a pu s'emparer du Drapeau et qu'il en fera un trophée fait monter le rouge de la honte au front des vieux soldats et plus d'un, ne voulant pas survivre à l'honneur du régiment, s'en va chercher la vengeance et la mort au plus épais de la mêlée.

4. *Le Pavillon de la marine.* — Nous l'avons déjà dit : le **Pavillon de la marine** a la même signification que le Drapeau de l'armée; il a droit au même respect, il doit être l'objet du même culte. Cependant, chose étrange à première vue, ce Pavillon que nous avons si souvent l'occasion de montrer en pays étranger et qui confère au navire de guerre le droit si important d'exterritorialité, ce Pavillon, disons-nous, n'est pas entouré par nous du même respect et du même amour que les soldats professent pour le Drapeau du régiment. Cela tient à ce que le Pavillon de poupe n'est pas la propriété du bâtiment qui le porte; c'est un objet de matériel qu'on rend lorsqu'il est avarié ou sali, il n'est pas appelé à suivre partout le navire, il n'est pas comme le Drapeau une **personne morale** qui préside à la vie du navire de guerre.

Le cérémonial dont le Pavillon est entouré serait imposant s'il n'était répété trop souvent et devenu par cela même banal, ce qui est fâcheux à plus d'un titre. Le culte du Pavillon doit être cependant aussi développé chez nos marins que l'est celui du Drapeau dans l'armée et pour les mêmes raisons : si l'auréole glorieuse de la victoire a bien souvent accompagné celui-ci, bien souvent aussi les plis de celui-là se sont déroulés au-dessus d'actions héroïques et de combats sublimes.

Nous voudrions qu'une magnifique enseigne de soie aux couleurs nationales fût délivrée solennellement à chaque bâtiment de guerre au moment où, ses essais étant terminés, il armerait définitivement; elle porterait le nom d'**enseigne de combat** et serait, en temps ordinaire, renfermée chez le commandant dans un coffret artistique de bois précieux. Chaque dimanche, aux jours de fêtes ou de solennités nationales, en présence de l'équipage entier massé sur l'arrière, le Pavillon de combat du navire serait hissé en grand apparat. Le Pavillon accompagnerait le bâtiment pendant toute sa vie nautique, il porterait comme le Drapeau des régiments, les noms des combats glorieux livrés par lui ou par ceux qui, portant le même nom que lui, l'auraient précédé dans la carrière. De cette manière, le culte du Pavillon deviendrait aussi grandiose que l'idée qu'il représente, que le passé militaire qu'il remémore. Certes, nous savons que nos marins n'ont pas besoin des cérémonies pompeuses que nous réclamons pour défendre jusqu'à la mort, le cas échéant, les couleurs saintes de la Patrie, mais nous estimons que la **religion** de la terre natale a, comme toutes les autres, besoin de s'affirmer par un culte extérieur plein de magnificence et de noblesse.

5. *Marques distinctives.* — A toutes les époques et chez toutes les nations maritimes, les amiraux ont eux-mêmes conduit au feu leurs escadres. On peut citer quelques exceptions, mais ces exceptions à la règle : l'amiral au **plus fort du feu!** n'ont pas été heureuses. Les **marques distinctives** des officiers généraux de l'armée de mer ne sont donc pas de simples **fanions** comme ceux des généraux de l'armée de terre. En réalité on peut dire que les amiraux sont les **porte-drapeaux** des forces navales et que leurs marques distinctives sont les Drapeaux des régiments de mer. A ce titre, elles ont droit à la vénération et au dévouement absolu de tous ; soutenir ce qu'on nommait autrefois les **bâtiments-pavillons** de tout leur pouvoir et de toutes leurs forces, est un **devoir** absolu pour tous les commandants. Une flotte qui aurait le malheur de laisser aux mains de l'ennemi ses **porte-drapeaux** serait déshonorée.

6. *Pendant le combat, tout sacrifier à la victoire.* — Lorsque l'action est engagée, il ne reste plus qu'une seule pensée ayant une valeur pratique, **il faut**

vaincre ; tout ce qui, directement ou indirectement, doit contribuer à la victoire est **légitime** ; tout sentiment qui, directement ou indirectement, peut retarder ou empêcher la victoire doit être rejeté.

C'est qu'en effet les maux qui fondraient sur la Patrie en cas de défaite sont immenses : les pertes subies par une troupe qui donne l'assaut à une position ne sont rien à côté de celles qui l'attendent si elle est ramenée par l'ennemi ; si bien conduite que soit une retraite, elle est toujours meurtrière et désastreuse. La seule façon pour un soldat de diminuer ses chances de mort, c'est de **marcher à l'ennemi.** Il semblerait que ceci fût un paradoxe et cependant les écrivains militaires sont unanimes sur ce point. Comme leur opinion n'est pas basée sur des raisons de sentiment, mais bien sur des faits précis, nous ne pouvons faire autrement que de l'adopter en entier : **Tout doit être sacrifié à la victoire.**

Dans son admirable livre de la **Nation armée,** le général von der Goltz insiste sur ce fait que le commandant en chef doit être doué d'une certaine dose de dureté, sans quoi il hésitera à ordonner les sacrifices nécessaires et verra la victoire lui échapper. **L'humanité n'a plus de place pendant l'action,** elle ne reprend ses droits qu'**après la victoire. Le Maître** incontesté dans l'art militaire, **Napoléon,** parle ainsi : *Plus vous ferez de résistance, plus vous tuerez de monde à l'ennemi et moins il en aura, le jour même ou le lendemain, pour se porter contre les autres corps de l'armée.* Le général **Dragomirow,** dont la compétence en pareilles matières n'est pas contestable, dit dans ses conseils aux soldats : *Frappe toujours, ne t'amuse pas à parer. Ta baïonnette se rompt, frappe avec la crosse ; la crosse te manque, frappe avec les poings ; les poings sont meurtris, accroche-toi avec les dents. On ne bat que si on lutte en désespéré et jusqu'à la mort.* On voit par ces citations qu'à un siècle de distance les nécessités cruelles de la guerre sont demeurées les mêmes et qu'il ne peut plus être question de sentiments humains dès que l'action est engagée.

Sans doute, il est affreux de voir tomber autour de soi ses camarades et de ne pouvoir soulager les blessés, les aider à bander leurs plaies, les relever et les mettre à l'abri des nouveaux coups, mais, si pénible qu'il soit de les abandonner, on doit se dire que **les hommes ne sont rien**, que **la victoire est tout**. A la veille de la bataille d'Austerlitz, Napoléon avait bien soin de dire dans son ordre du jour : *Que sous prétexte d'enlever les blessés on ne dégarnisse pas les rangs, car il importe de vaincre ces stipendiés de l'Angleterre, etc..., etc...* Ainsi, tout est là : **Il faut vaincre!** Après la victoire, les blessés seront relevés; jamais l'intérêt général ne doit être sacrifié à l'intérêt particulier.

L'histoire des guerres est remplie d'actes héroïques accomplis sur le champ de bataille par des officiers ou des soldats, gravement atteints, et refusant de se laisser secourir pour ne pas dégarnir les rangs. Qu'importe en effet la vie d'un homme déjà mis hors de combat en regard du résultat final!

7. *Dévouement.* — Si l'humanité perd ses droits sur le champ de bataille, en revanche le **dévouement** et la **fraternité militaire** trouvent mainte occasion de s'y produire. D'instinct, au moment du danger, les hommes se rallient autour de celui qui a qualité pour leur montrer la voie à suivre, pour les commander; d'instinct aussi ils cherchent à protéger sa vie, car ils comprennent que, sans lui, ils ne peuvent rien. Le dévouement pour les officiers pendant le combat est donc moins une affaire de sentiment qu'une affaire de logique et de raisonnement. Le chef n'est-il pas là pour donner une direction intelligente aux affaires de tous ; n'est-ce pas de lui surtout qu'on doit attendre la victoire? Entourer les officiers, les suivre pas à pas, les protéger, parer ou recevoir les coups qui leur sont destinés, c'est là un dévouement raisonné qui peut n'avoir rien de commun avec l'affection. Bien souvent, au moment de la mêlée,

on ne reconnaît que l'uniforme. Conserver les chefs jusqu'au dernier moment, c'est augmenter les chances de victoire, c'est faire œuvre de patriotisme intelligent; hâtons-nous d'ajouter que si l'**affection** se joint au **dévouement** militaire, elle rend le **devoir** plus facile et plus doux et donne à la troupe une vigueur et un entrain **irrésistibles**. Heureux les chefs qui, en remplissant strictement tous leurs devoirs de discipline, ont su pendant la paix s'attirer l'affection de leurs soldats!

8. *Fraternité*. — La fraternité militaire se développe sur le champ de bataille par le sentiment qu'ont les soldats d'être les éléments **inséparables** d'un ensemble compact dont la cohésion constitue la force principale : **qui te touche me touche**, peut dire chaque homme, et cette pensée si féconde de **solidarité** prend à la guerre une importance exceptionnelle. Le soldat n'est pas long à s'apercevoir qu'une **unité** n'est rien à la guerre et que *les hommes ne valent que par leur réunion étroite et leur marche simultanée vers un même but*. Aussi est-il à peine besoin de lui recommander de porter secours aux camarades en danger, car, d'instinct, tout le monde se sent les coudes. *Ne pense pas à toi, pense à ton camarade, les camarades penseront à toi; toi-même péris, mais dégage ton camarade*. Ces belles paroles du général Dragomirow répondent à un sentiment qui s'infuse naturellement dans le sang du véritable soldat et nous l'avons dit plus haut, *tous pour un, un pour tous*, telle est la devise des armées dignes de ce nom.

9. *Après l'action, achever la victoire*. — Quand la victoire a enfin couronné les efforts de tous, quand l'ennemi délogé de ses positions bat en retraite, il semblerait qu'il n'y eût plus qu'à songer aux malheureux qui gémissent dans leur sang et que le premier devoir des survivants fût de les relever et de les soigner. Les armées modernes sont toujours en effet accompagnées d'ambulances et d'un service chirurgical très complet, mais le personnel d'ambulanciers dont on dispose est

toujours insuffisant. On réquisitionne alors pour ce service les habitants des localités voisines. Quant aux troupes que la mort a épargnées, elles ont un autre devoir, plus impératif que le devoir d'**humanité** : se reformer rapidement et poursuivre l'ennemi sans merci, sans trêve, sans repos; **achever la victoire**, en un mot. C'est à ce moment que les troupes à qui leurs chefs ont su, pendant la paix, donner la qualité d'**endurance**, sont précieuses ; c'est en cet instant où tout le monde aspire au repos et où il faut cependant marcher encore pour ne pas perdre le plus beau fruit de la victoire, que les soldats comprennent que le **courage** sur le champ de bataille est chose simple et facile et qu'il est bien plus aisé de se battre que de dompter la fatigue du corps et le sommeil accablant qui suit les violents efforts, pour marcher, marcher encore. C'est là un devoir impérieux que tous les généraux vieillis dans la guerre connaissent bien et auquel ils ne manquent jamais. Ces efforts suprêmes que l'on n'obtient que des troupes aguerries et entraînées, épargnent dans l'avenir d'autres travaux pénibles, de nouveaux combats contre un ennemi reformé et renforcé; ils épargnent aussi des milliers d'existences humaines, ils achèvent ce que la victoire a commencé : la démoralisation, la dispersion, la ruine de l'ennemi.

En 1807, la seule victoire d'**Iéna** mit la Prusse à la merci de Napoléon : elle avait, il est vrai, été meurtrière pour l'armée ennemie, mais c'est principalement à la poursuite acharnée que les troupes victorieuses, merveilleusement entraînées, donnèrent aux débris de l'armée prussienne qu'il faut attribuer le résultat final.

10. *Humanité*. — Lorsque la résistance a été rude, lorsque la victoire a été chèrement achetée, il arrive quelquefois que la fureur s'empare des troupes assaillantes et que la victoire elle-même ne peut l'assouvir. L'homme alors n'est plus qu'une bête fauve qui tue par ivresse du sang, pour venger ses camarades tombés pendant l'action. Dans cet état violent il n'est plus

accessible à aucun sentiment de pitié ou d'humanité. C'est aux chefs qu'il appartient de faire entendre la voix de l'honneur militaire à leurs soldats, de calmer cette fureur bestiale qui fait commettre aux hommes les plus doux les crimes les plus odieux. C'est à eux de la faire dévier et de sauver l'honneur de leurs troupes, les malheureux blessés de l'ennemi et principalement les populations inoffensives affolées.

Rien n'est plus honteux pour une armée, que de se laisser aveugler par la fureur et, après avoir déployé au feu les plus merveilleuses qualités de bravoure intelligente, de commettre sur de pauvres êtres sans défense d'indignes lâchetés. On doit toujours se souvenir que la bravoure d'un ennemi, si elle augmente les difficultés de la victoire, augmente aussi l'honneur et la gloire de l'armée victorieuse. D'ailleurs, suivant la belle parole de **Duguay-Trouin** : *Quiconque n'est pas capable d'aimer et de respecter la valeur dans son ennemi ne peut avoir le cœur bien placé.* En fusillant les survivants de Bazeilles et les défenseurs de Châteaudun, l'armée allemande a déshonoré ses drapeaux.

Ce n'est pas non plus parce qu'on fait la guerre à des sauvages ou, pour mieux dire, à des hommes d'une civilisation moins avancée, qu'il faut se montrer cruel après la victoire sous prétexte de terroriser les populations. Dans nos guerres coloniales, trop souvent, on a eu à refréner la férocité de nos auxiliaires; parfois même, les troupes européennes ont oublié que leurs ennemis étaient des hommes comme eux, qui avaient, comme eux, le droit et le devoir de défendre par tous les moyens leur indépendance; trop souvent, les femmes, les vieillards, les enfants, ont été englobés dans ces massacres impossibles à justifier. Ce sont là des taches ineffaçables à l'honneur d'un corps.

Le propre des vieilles troupes est de garder toujours leur sang-froid, dans la victoire comme dans l'action, dans la retraite comme dans la victoire. Les excès odieux qui déshonorent quelquefois les armées sont presque toujours le fait de soldats trop jeunes, que le succès enivre, que la défaite affole; les vétérans gardent toujours le respect d'eux-mêmes, de leur uniforme, de leur Drapeau, de leur Patrie.

Toucher à un ennemi désarmé ou blessé est l'acte d'un lâche; toucher à une femme, à un enfant, à un vieillard sans défense, est plus qu'une lâcheté : c'est une infamie, un crime odieux qui doit appeler sur le coupable une mort ignominieuse.

Du reste l'**intérêt** seul militerait en faveur d'une humanité intelligente. Les populations non armées peuvent être redoutables cependant si elles sont exaspérées par la violence, mais elles sont très utiles si elles sont rassurées par la douceur et la modération des vainqueurs. L'armée bien disciplinée et sévèrement conduite ne fait pas le vide devant elle, les ressources en vivres ne lui font pas défaut, ses traînards ne sont pas inquiétés, ses blessés sont soignés, ses convois ne sont pas interceptés; au cas où la retraite deviendrait pour elle une nécessité, comme elle n'a pas soulevé sur ses pas de haines irréconciliables, elle peut espérer qu'un soulèvement général des populations ne transformera pas cette retraite en désastre.

11. *Probité*. — Au temps des armées mercenaires, le pillage des villes conquises n'étonnait personne; bien souvent, au lieu de solde les chefs donnaient en paiement à leurs troupes une place à mettre à sac. Très souvent l'incendie et le viol accompagnaient le vol : en quelques heures une cité populeuse n'était plus qu'un monceau de ruines sanglantes; c'est ainsi que les soldats de Wallenstein comprenaient la guerre.

Les mœurs se sont heureusement modifiées peu à peu et si l'on peut encore parfois reprocher aux armées modernes de l'Europe de douloureux excès, au moins ces excès ne sont jamais **approuvés** par les chefs. En particulier, la propriété privée est considérée comme inviolable. L'armée victorieuse n'en vit pas moins, en général, sur le pays qu'elle occupe, mais par des

réquisitions régulières dont les charges sont réparties le plus équitablement possible par les **autorités civiles indigènes**. Chacun y trouve son compte; les troupes obtiendront plus vite ce qui leur est nécessaire et le lourd fardeau de la guerre pèse plus également sur les épaules de tous sans écraser personne; enfin, l'**orgueil** des populations est moins atteint puisqu'elles ne reçoivent d'ordres que de leurs **chefs légitimes**. De plus l'enregistrement officiel des réquisitions faites permet, après la conclusion de la paix, d'en comprendre la valeur dans les frais de la guerre qu'on fait payer à l'ennemi, s'il est vaincu, ou à la Nation entière sous forme d'impôt s'il a été victorieux. Cette manière d'opérer, inaugurée au moment des guerres de la République française, constitue ce qu'on peut appeler de la **probité officielle**; on ne peut nier que les maux de la guerre n'en soient atténués dans une grande proportion; il y a **consommation** de la richesse publique, mais il n'y a pas **destruction** ou **gaspillage**. Cette probité officielle est donc nécessaire, mais la probité personnelle de chaque soldat ne l'est pas moins au point de vue des populations conquises; elle l'est bien plus encore si l'**honneur** d'une armée est bien réellement le facteur essentiel de sa force. Tout homme qui s'empare d'un objet qui ne lui appartient pas est un **voleur**, ceci ne fait de doute pour personne; le fait de s'en emparer par la force ne peut modifier ni atténuer ce qualificatif.

Le **devoir** strict de l'homme de guerre est de demeurer les **mains nettes** du bien d'autrui; celui de ses chefs est de lui donner l'exemple de la plus scrupuleuse probité et de réprimer sévèrement toute infraction à ce devoir. C'est la Patrie qui doit, s'il y a lieu, récompenser le soldat de son dévouement, de son courage, des fatigues endurées, des souffrances subies; elle seule a qualité pour le faire. « Le moindre vol est un crime capital dans un homme de guerre chargé de la sécurité publique » (MARÉCHAL FABERT). Les généraux de la République française et les représentants du peuple aux armées avaient admirablement compris ce devoir de probité et la sévérité impitoyable dont ils firent preuve envers les pillards et les rôdeurs fut d'un excellent effet sur le moral des troupes de cette époque, **les plus honnêtes que la France ait jamais eues.**

12. ***Conditions particulières de la guerre navale.*** — L'expérience des guerres du passé ne peut aider à prévoir quelles sont les conditions nouvelles de la guerre navale. Les guerres contemporaines elles-mêmes ne peuvent fournir à cet égard que des renseignements insuffisants, puisqu'un des éléments les plus redoutables de la guerre maritime, la torpille, n'y a joué aucun rôle. Il est possible cependant, en examinant attentivement les conditions matérielles d'une lutte maritime, [de prévoir que le **sang-froid** et l'**audace** seront toujours les qualités primordiales à exiger du véritable marin de guerre. Les anxiétés de la lutte proprement dite ne seront que fort peu de chose, au regard de celles qui précéderont la lutte; on accueillera certainement le combat comme une délivrance.

Mais comment développer le sang-froid? comment développer l'endurance de nos équipages? En n'hésitant pas à les mettre aux prises avec les vraies difficultés de la mer, en ne fuyant ni les mauvais temps ni les rades foraines, en exécutant tous les exercices dans des conditions aussi rapprochées que possible de celles du temps de guerre; en assouplissant et renforçant leurs muscles et leur intelligence par des soins de tous les instants, physiques et moraux; en leur inspirant estime et confiance pour les chefs à tous les degrés de la hiérarchie, en faisant de chaque bâtiment de guerre un agglomérat bien cimenté par la communauté de devoirs, d'aspirations et de sentiments, en faisant de toute la Marine une famille étroitement unie n'ayant qu'un seul cœur, un seul mobile : **l'honneur de la Marine et de la Patrie.** Entraînement physique, entraînement nautique, entraînement moral et patriotique, voilà ce qu'il faut rechercher pour nos marins, mais toute recherche dans ce sens serait illusoire si nous ne **prêchions pas d'exemple.** C'est en nous-mêmes que nous devons trouver le sang-froid, l'endurance, le courage, le patriotisme de nos équipages ; c'est à nous de les faire jaillir par l'exemple du **devoir** courageusement et scrupuleusement accompli à toutes les minutes de la vie militaire.

TITRE II

ÉDUCATION PATRIOTIQUE

CHAPITRE I

LA PATRIE

Avertissement. — La forme sous laquelle ce chapitre est écrit n'est pas celle que nous avons employée dans le reste du travail. Nous avons prévu qu'on nous demanderait de donner un exemple de ces causeries simples dont nous réclamons la vulgarisation, et comme la définition de la Patrie est une des plus abstraites, c'est précisément celle-là que nous avons choisie pour la développer dans une langue appropriée à l'instruction de notre auditoire de marins. Elle laisse certainement beaucoup à désirer, mais au moins ne pourra-t-on pas nous accuser d'avoir reculé devant la difficulté.

L'introduction du chapitre est le texte littéral de l'allocution faite par nous aux marins de l'*Amiral-Chaner* en ouvrant la série de nos conférences. Il est inutile d'ajouter que nous ne reproduisons pas ici cette allocution comme un modèle mais seulement comme un exemple.

Introduction. — Mes amis, si le commandant en

chef a autorisé les conférences que nous commençons aujourd'hui, ce n'est pas, ainsi que vous pourriez peut-être le croire, pour augmenter la somme de travail que vous avez à fournir à bord des bâtiments de l'État; ces conférences seront de simples **causeries**. Or, une causerie dont l'objet est une chose intéressante, une chose que l'on aime, ne peut évidemment être désagréable à personne : elle ne constitue donc pas un travail supplémentaire, elle serait plutôt un délassement et je me flatte même que vous y pourrez trouver un certain plaisir.

Du reste, tous les hommes sont semblables par bien des points : ils écoutent volontiers ceux qui leur parlent d'eux-mêmes, de leur famille, de leur pays; ils aiment à causer de tout ce qui les touche de près. Or, de quoi donc ai-je l'intention de vous parler? précisément de ce qui vous touche de plus près : de notre Patrie, à qui appartiennent nos premières pensées, notre première affection, notre premier dévouement. En effet, c'est à nos parents que nous devons de voir le jour, mais c'est à la Patrie et à ses lois que nous sommes redevables de pouvoir le conserver sans avoir constamment à défendre notre vie; si ce n'est pas à la Patrie que nous devons notre qualité d'**êtres intelligents**, c'est à elle, à ses efforts, à ses douleurs, à ses gloires, à ses grands citoyens, à ses grands souvenirs que nous sommes redevables d'être des hommes fiers et libres.

Je vous parlerai ensuite de notre métier de **marin**, le plus noble et le plus beau de tous, parce qu'il nous met constamment en contact avec le danger, en paix comme en guerre, et que le sentiment que nous avons de ce danger a pour conséquence d'élever nos cœurs et de fortifier nos âmes. Vous parler de notre métier et des grands devoirs qu'il nous impose, c'est encore vous entretenir de vous-mêmes.

J'espère donc que ces causeries ne vous ennuieront pas et que vous m'entendrez sans impatience vous dire les grandeurs de votre Patrie dans le passé et ses espérances dans l'avenir; vous m'écouterez quand je vous prouverai que vous êtes les fils d'une grande Nation et quand je vous dirai que la France compte sur vous comme sur ses enfants les plus vigoureux et les plus dévoués, aujourd'hui que vous êtes jeunes et actifs, mais qu'elle espère aussi que vous saurez élever vos fils dans les mêmes sentiments de patriotisme et d'honneur qui vous animent, pour qu'ils remplissent dignement votre poste quand vos cheveux auront blanchi.

1. La Patrie primitive. — La **Patrie** est plus facile à comprendre qu'à définir; nous allons cependant essayer d'en donner une idée précise. Il nous faut pour cela remonter bien haut dans l'histoire de l'Homme.

Dans les temps extrêmement reculés dont les savants de ce siècle sont parvenus à dévoiler quelques-uns des secrets, nous trouvons d'abord les hommes groupés par **familles** autour des plus âgés et, par conséquent, des plus expérimentés d'entre eux. A cette époque bien lointaine, la terre était couverte de vastes forêts, de grands lacs, d'immenses marécages qu'habitaient des animaux de forte taille, herbivores ou carnassiers : ceux-ci étaient pour l'homme des ennemis qu'il lui fallait éviter ou combattre à l'occasion; ceux-là, dont la chair fournissait sa nourriture, il était forcé de les rechercher, de les poursuivre, de dépister leurs ruses ; des hommes groupés y réussissaient plus aisément que des hommes isolés, et comme les plus âgés connaissaient mieux que les jeunes la manière de s'y prendre, ils étaient naturellement les chefs de ceux-ci dans toutes les expéditions de chasse. Du reste, tous ces hommes étaient du même sang, avaient les mêmes habitudes, les mêmes procédés de chasse ou de pêche, parlaient le même langage. La nuit venue, tous se retiraient dans la même caverne et prenaient leur repas autour d'un feu unique. Cette **caverne** profonde qui servait d'abri à toute une **famille**, depuis l'ancêtre à barbe blanche jusqu'à l'enfant à la mamelle; le territoire de chasse environnant, le lac voisin dont les poissons fournissaient aussi une partie de la nourriture quotidienne, représentaient alors la **Patrie**, mais cette patrie était vagabonde comme la famille elle-même. Quand les subsistances tirées de la forêt voisine ou des eaux riveraines se faisaient plus rares, que les hôtes des bois et des rivières étaient devenus trop rusés, la famille entière, conduite par l'aïeul, levait le camp et s'en allait chercher plus loin un autre abri, un autre territoire, une autre Patrie.

Il est difficile de croire que, dans les conditions de lutte perpétuelle où vivaient les hommes de cette époque, leur affection l'un pour l'autre fût très vive, mais il existait certainement dans ces familles quelque sentiment comparable à l'amour des animaux pour leurs jeunes. Ces êtres sauvages et brutaux avaient besoin l'un de l'autre, ils avaient même façon de penser et d'agir; il est même probable qu'ils pratiquaient d'une manière analogue le culte des puissances mystérieuses de la Nature. C'est dans ces similitudes qu'il faut voir l'origine de l'idée de **Patrie**, qui n'est, en réalité, qu'une extension de l'idée de **famille**.

Ces familles s'accroissaient sans doute lentement, car beaucoup de leurs membres succombaient prématurément à la chasse ou dans les disputes avec les familles voisines. Un jour vint cependant où la même caverne ne put contenir à l'aise tous les descendants du même patriarche et la famille se scinda : un nouveau groupe se rangea sous la conduite d'un homme d'âge et d'expérience et alla s'établir dans un canton peu éloigné, emportant les coutumes, le langage, les traditions et le culte de la famille souche. Ces familles de même origine se reconnaissaient sans doute comme aujourd'hui certaines peuplades africaines : à des marques spéciales faites sur la peau de la face ou des bras, ou bien même à des façons d'agir identiques; elles se respectaient l'une l'autre et s'entr'aidaient au besoin contre des ennemis communs. La tribu était née.

La **tribu** était déjà moins nomade que la **famille**, car les cultures agricoles, les animaux domestiqués, en permettant d'assurer la subsistance d'un grand nombre d'hommes sans changer aussi souvent de place, tendaient à rendre les hommes plus sédentaires. En même temps qu'ils devenaient moins errants, ils arrivaient à prétendre à l'exploitation exclusive des terres qu'occupaient leurs tribus et celles-ci commençaient à dire : **ceci est à nous!** Puis les souvenirs naissaient, se perpétuaient par la légende; les grands chasseurs et les grands guerriers excitaient, leur vie durant, une admiration craintive, qui se transformait en culte après leur mort et le respect dont leurs tombes étaient entourées attachait de plus en plus la tribu au sol qui renfermait leurs ossements. La **Patrie** allait ainsi se fixant et s'agrandissant.

Les **tribus** ne perdaient pas de vue d'ordinaire leur communauté d'origine : la similitude de leurs mœurs suffisait à les faire se reconnaître comme sœurs et elles ne manquaient pas de porter secours à celles qu'un grand danger menaçait. C'est ainsi que les tribus gauloises dont nous, Français, nous descendons, arrivèrent à se coaliser contre César. A cette époque la **Patrie** et la **Nation** gauloises — avec la signification que nous donnons aujourd'hui à ces deux termes — existaient déjà.

II. **La Patrie moderne.** — Qu'est donc devenue aujourd'hui cette idée de **Patrie** dont nous venons de saisir les origines? La **Patrie**, c'est d'abord le lieu de notre naissance, habité par ceux que nous aimons et qui nous aiment, auprès de qui nous avons grandi; c'est le village dans les rues duquel nous avons joué et dont le clocher a sonné pour nos joies et pour nos douleurs, dont le cimetière contient les tombes de nos aînés; c'est encore le champ, le pré, le coteau planté de vignes ou bien la lande sauvage qui ont vu nos premiers essais d'indépendance, le pommier auquel nous avons dérobé tant de pommes vertes ou le noyer où

nous avons gaulé tant de noix mal mûres ; c'est encore
la ville voisine où habitent des hommes de notre sang ;
c'est enfin le territoire très étendu où nous entendons
parler la langue que nous parlons nous-mêmes, énoncer
des idées qui nous sont familières ; où les mêmes actions
nous sont permises, où les mêmes nous sont interdites ;
où l'on vénère les mêmes grands hommes, admire les
mêmes grandes actions, condamne et flétrit les mêmes
crimes ; où l'on souffre et l'on pleure des mêmes douleurs. La **Patrie**, c'est cet ensemble de croyances, de
traditions, de souvenirs, d'idées, de manières de voir,
de sentir et d'agir qui tiennent à notre chair par des
milliers de fils invisibles que l'hérédité a constitués et
dont un seul, en se brisant, nous cause une souffrance
aiguë.

    III. Amour de la Patrie. — L'amour de la Patrie
est de même nature que celui que nous portons à notre
famille ; il se justifie de même, mais il a un caractère
plus grand et plus saint parce que l'intérêt personnel
y tient moins de place.

    Comment ne pas aimer ceux qui nous ont mis au
monde, qui nous ont donné, non seulement leur sang,
mais encore leurs soins de tous les jours ; qui ont
entouré notre enfance d'une protection de tous les instants ; qui ont travaillé durement pour nous élever,
nous instruire, faire de nous des êtres pensants, intelligents, utiles, pour nous apprendre à gagner notre
vie ?

    Comment aussi ne pas aimer ces frères, ces sœurs,
que nous avons vus grandir autour de nous, qui ont
partagé nos jeux, que nous avons appris à protéger,
que nous avons peut-être contribué à instruire ou que
même nous avons nourris de notre travail, jusqu'au
moment où ils ont été en âge de vivre du leur ? On
aime toujours **ce que l'on a fait**, on en est fier car
c'est la preuve palpable de notre habileté, de notre
intelligence, de notre valeur d'homme en un mot. Un

frère ou une sœur qu'on a élevé est à la fois notre œuvre et un peu notre propriété, c'est-à-dire un peu de nous-mêmes et nous aimons toujours ce qui est nous.

Comment ne pas se sentir attaché à cette maison — riche ou pauvre — qui nous a vus naître, dont nous connaissons tous les coins, les plus petites lézardes; à ce jardin, à cet enclos dont chaque pierre, chaque motte, chaque brin d'herbe est un ami pour nous; à ces rues, à ces places, à ce clocher, à ces échoppes qui nous sont l'occasion de mille souvenirs joyeux ou tristes; à cette falaise, à cette plage, à ces rochers sur lesquels, pendant toute notre enfance, nous avons vu le flot se briser et qui ont assisté à nos premiers essais de marins!

Quel est celui qui, revenant d'un long voyage ou même après une absence de quelques mois, revoit sans émotion le toit de la maison paternelle? Quel est celui qui ne sent pas battre son cœur plus fort et son sang couler plus rapide quand il aperçoit le paysage familier que ses yeux d'enfant ont si souvent contemplé sans le voir; quand il salue sur la route ces vieillards qu'il a connus verts et robustes; quand il reconnaît dans des arbres touffus les arbustes qu'il a plantés de ses mains? Eh bien, tout cela : le foyer, la plage, le clocher, la famille, les amis, le canton, c'est la petite **Patrie** dans la grande; c'est bien une partie de nous-même, puisque l'image en est si vive dans notre cerveau qu'elle nous émeut quand nous l'évoquons et qu'elle appelle des larmes dans nos yeux. Comment n'aimerions nous pas ce qui est **nous**?

Voici un Provençal que ses affaires et ses intérêts ont appelé à vivre à Paris pendant de longues années; il s'y est créé des relations, ses fils y ont fait leurs études, ses filles s'y sont mariées; il est devenu citoyen de la grande ville, il ne songe plus au beau ciel bleu, au grand soleil d'or de sa province.... Un beau jour, le voilà forcé de prendre le chemin de fer pour aller voir un vieux parent qui n'a pas quitté le pays du mistral;

c'est un gros dérangement pour notre homme, il est maussade, il songe aux affaires qu'il laisse derrière lui ; il s'installe dans un coin et s'endort. Il s'éveille aux premières lueurs de l'aube : le train est stoppé dans une gare ; le voyageur se penche à la portière et aperçoit au milieu de la foule un élégant petit bonnet de velours et de dentelles perché sur le sommet d'une petite tête brune au teint mat, aux yeux de braise : aussitôt, son cœur tressaille, son œil brille.... « C'est une **coiffe de chez moi** », murmure-t-il. Et, en même temps, il revoit le vieux « mas » paternel, les tamariscs au feuillage fin, les « aubes » magnifiques aux feuilles tremblotantes doublées de blanc et le Rhône majestueux roulant ses eaux limoneuses ; son enfance entière lui passe sous les yeux avec ce petit bonnet de velours. Quelques gares plus loin, ce n'est plus un, c'est dix, c'est cinquante petits bonnets que notre provençal aperçoit ; les gens deviennent plus bruyants, ils s'interpellent de loin, causent tout haut de leurs affaires avec un accent bien caractérisé ou même dans un langage qui n'est presque plus du français. Notre voyageur n'est plus maussade, il écoute, il sourit aux compatriotes, il ne résiste pas au plaisir de parler à l'un d'eux dans cette langue sonore des félibres qu'il croyait avoir oubliée ; il est de plus en plus **chez lui.**

Ce qui l'émeut si délicieusement, ce n'est pas d'être en France, puisqu'il ne l'a jamais quittée, c'est de revoir cette France plus petite, qui lui tient tant au cœur cependant, par la similitude complète du langage, de coutumes, de costumes et de productions avec ceux qui ont entouré sa jeunesse d'homme. L'affection qu'il porte au toit paternel, il l'étend en ce moment à toute sa province, car les fils invisibles qui, sans qu'il s'en doutât peut-être, le rattachaient à ce morceau de la grande **Patrie,** vibrent énergiquement sous l'influence des lointains souvenirs brusquement renouvelés.

Voici maintenant un marin du Finistère : il est embarqué loin, bien loin, sur un bâtiment français mouillé sur rade de Hong-Kong. Sous ses yeux vivent, agissent, se meuvent des multitudes d'hommes très différents de lui et parlant un langage étrange; sur la rade, outre une douzaine de navires de guerre anglais, à robe blanche immaculée, circulent des centaines de bâtiments de commerce de toutes les nations et aussi des milliers de coquilles de noix qui ressemblent à de gros sabots et que des femmes jaunes et laides font mouvoir à l'aide d'une longue godille. Descendu à terre, il traverse une campagne remplie de plantes inconnues, il croise des Chinois, des Indiens, des Malais; tous ces êtres ne lui inspirent que de la répulsion. Une chaleur lourde l'accable; tristement assis au bord de ces flots couleur de plomb, il songe à cette côte, sans cesse battue de la tempête où vivent encore ses vieux parents, où ses frères font la pêche; il rêve de ce ciel brumeux si mélancolique et si doux qui s'étend au-dessus du clocher pointu, en dentelle de pierre, de son village natal; il revoit ces longues files de coiffes aux ailes blanches, de corsages tout raides de broderies qui, sous un soleil voilé, se rendent chaque été au « pardon ». Ses yeux, à ces souvenirs lointains, se remplissent de larmes brûlantes au travers desquelles la **Patrie** lui apparaît comme le bien suprême et la contrée bénie entre toutes. La reverra-t-il un jour, cette douce contrée amie, et n'est-il pas condamné à vivre perpétuellement au milieu de ces « canaques » aux faces jaunes?

L'heure du retour sonne enfin; notre marin a terminé sa campagne, il gravit allègrement, son sac sur le dos, l'échelle du paquebot français qui va le ramener en Europe : le paquebot, c'est déjà la France; notre Breton se sent plus alerte et plus joyeux. Trente jours s'écoulent...; un matin, en montant sur le pont, il aperçoit une côte aride que surmonte un sémaphore dont la silhouette bien connue éveille dans son cœur une idée de **chez moi**. « C'est un sémaphore **comme chez nous** », dit-il. Eh oui! c'est la France, puisque c'est la Corse. Le steamer franchit les Bouches de Bonifacio. — Ce soir, on sera à Marseille! — Le soleil baisse, on entend dans le lointain les cloches des églises, la rumeur d'une grande ville qu'une brume rougeâtre recouvre comme d'un manteau de pourpre sombre; le paquebot entre à la Joliette. C'est un Français que ce douanier qui monte à bord; français aussi le remorqueur qui déhale le bâtiment vers le ras; française aussi cette foule compacte qui, sur le quai, veille l'accostage, afin de monter à bord embrasser parents et amis.

Personne n'attend notre Breton, mais qu'importe? n'est-il pas en France? n'est-il pas chez lui? il regarde chacun avec bienveillance, il a la joie dans les yeux et dans le cœur. Aujourd'hui seulement il comprend pleinement ce que c'est que la **Patrie**, ce grand foyer familial, cette grande province, ce quelque chose d'indéfinissable qui est **nous** et que nous chérissons par cela même.

Oui, l'amour de la Patrie c'est en réalité l'amour que nous nous portons à nous-mêmes, c'est le plus naturel, le plus légitime, le plus vrai de tous les sentiments humains; mais il est pour l'homme instruit des raisons plus nobles qui lui font vénérer sa terre natale. Si petit que soit un pays, si peu de place qu'il occupe à la surface de la terre, il arrive toujours un moment où il est **grand** dans l'histoire, soit par l'intelligence, soit par les armes, soit par le dévouement de quelques-uns de ses citoyens. Ce sont ces souvenirs qui gonflent d'orgueil patriotique le cœur des hommes de notre époque : les Suisses se vantent d'être les descendants des vainqueurs de Granson et de Morat; les Portugais s'enorgueillissent d'être les fils d'Albuquerque, de Vasco de Gama et de Magellan; les Suédois font sonner bien haut les gloires de Gustave-Adolphe et de Charles XII, etc. En un mot, les grands hommes de guerre, les grands écrivains, les grands philosophes, les grands artistes anoblissent jusqu'au plus modeste de leurs concitoyens à venir.

Quand on a le bonheur, comme nous Français, d'appartenir à une Nation qui a été et qui est encore grande par les armes, la science et les arts, par la valeur guerrière et la valeur intellectuelle, on a le droit d'être fier de cette Patrie, et cette fierté légitime est un lien de plus, le plus fort peut-être, qui nous attache à la France. — Cela est si vrai que des Français, détachés de la Patrie depuis cent vingt ans par la force des armes, ont continué à former au milieu de leurs conquérants une Nation forte, indépendante de mœurs et de coutumes, vraie fille de la vieille Nation française. Les Canadiens tressaillent encore aujourd'hui de joie et d'orgueil quand l'ancienne Patrie fait quelque chose de grand, car ils peuvent se dire avec fierté : **Et nous aussi, nous sommes Français!** Celui qui n'a pas vécu en pays étranger ne connaît pas le regret poignant de la terre natale, de la langue et des coutumes des ancêtres, il ignore les tristesses qui nous saisissent parfois, nous, marins, dans les plus belles rades du monde, dans les plus merveilleux pays de la terre; il n'a jamais éprouvé ce choc galvanique qui nous secoue quand, subitement, nous entendons parler notre langue, et cet épanchement de joie dont le plus humble de nos compatriotes est alors l'objet de notre part : c'est un ami, un frère, un être presque sacré auquel nous prodiguons, sans le connaître, nos sourires, notre affection, notre dévouement. C'est que ce Français, pour nous, exilés, c'est un morceau de la Patrie, c'est-à-dire un peu de nous-mêmes.

IV. Anecdote. — N. B. Les anecdotes doivent tenir une place importante dans l'enseignement, car elles ont l'avantage de fixer les idées par un fait précis. Dans cet ordre d'idées, les anecdotes personnelles au conférencier doivent avoir la préférence sur toutes les autres, parce qu'elles ont naturellement dans sa bouche un accent de véracité que ne peuvent avoir celles que l'on puise dans les livres. Nous reproduisons

ci-dessous, à titre d'exemple, un de nos souvenirs personnels.

Le jardinier de Bloëmfontein. — C'était en 1888.
L'amiral R***, accompagné de plusieurs officiers de
l'*Aréthuse*, au nombre desquels je me trouvais, se rendait de Cape-Town à Kimberley par le railway. Le
train s'étant arrêté pour prendre de l'eau à une station
du désert pierreux qui s'étend en plateau au sud de
l'Orange, nous vîmes, de la plate-forme du wagon, à
nos pieds, un jardin de quelques ares d'étendue, super-
bement fourni de légumes. « Voilà, dit l'un de nous,
quelque chose de phénoménal et, quel qu'il soit, on
peut dire que le jardinier qui sait faire pousser d'aussi
belles salades dans ce lieu désolé doit être un fier travailleur. La colonie devrait bien, en récompense, le
gratifier du Mérite agricole. » L'éloge était mérité et
chacun en tomba d'accord dans des termes d'une sincérité absolue. Tout à coup, une voix près de nous
s'écria : « Est-ce que vous êtes Français, messieurs? »
Et nous vîmes un homme robuste encore, quoique voûté
par le travail de la terre, qui s'avançait vers nous les
mains tendues, nous regardant avec des yeux pleins
de larmes. « Mais certainement nous sommes Français;
et vous? — Moi aussi, mais voilà trente ans que je
n'ai entendu parler ma langue maternelle! C'est moi
le propriétaire de ce jardin et, puisque vous trouvez
mes salades si belles, il faut que vous en tâtiez. » —
Ce disant, tremblant d'émotion et presque chancelant,
il se précipita dans son enclos pour le mettre à sac.
Nous eûmes beau lui crier de n'en rien faire, en un
clin d'œil il eut tordu le cou à une douzaine de ses plus
belles laitues qu'il nous apporta en riant et pleurant
tout à la fois.

Toute émotion est communicative et celle-ci nous
remua profondément : nous serrâmes avec effusion les
mains calleuses du brave jardinier et, en échange de
ses salades, nous lui fîmes accepter deux fines bouteilles de vin de Bordeaux. Nous aurions voulu le faire

causer, mais le train repartait : ses deux bouteilles sous
le bras il nous regarda partir et, avec nous, le rayon
venu de la Patrie lointaine. Lui et nous avions le cœur
serré de cette rencontre inopinée et de ce départ si
rapide, et quand nous eûmes perdu de vue le jardinier
de Bloëmfontein, chacun se plongea silencieusement
dans ses pensées : à deux mille lieues de distance,
nous venions d'avoir la vision de la France. Pour moi,
j'ai souvent réfléchi à cet incident et j'ai compris nettement la place que tient dans le cœur de ses fils,
presque sans qu'ils s'en doutent, cette vieille Patrie
dont la langue sonore et douce est capable de remuer
aussi profondément l'âme d'un rustique, évidemment
bien pauvre, bien absorbé par le souci de la vie matérielle et qui, depuis plus de trente ans, n'entendait
parler et ne parlait plus lui-même qu'anglais.

V. Folie de l'internationalisme. — Aujour-
d'hui, quelques-uns veulent prétendre que la Patrie
est un mot vide de sens ou plutôt que la terre est une
grande Patrie dont tous les habitants sont frères. Sans
doute, c'est là une pensée généreuse, mais l'amour de
l'humanité est bien difficile à pratiquer : la terre, si
petite qu'elle soit, en réalité, est bien grande pour que
tous les hommes qui vivent à sa surface puissent
s'accorder; les différentes races humaines n'ont ni les
mêmes aptitudes physiques, ni les mêmes qualités
intellectuelles. Il sera toujours bien difficile à un blanc
de reconnaître pour son frère un nègre de Guinée; pour
un Turc digne de ce nom, tous les chrétiens sont des
« chiens »; tout récemment les Américains massacraient chez eux les Chinois dont le seul crime était de
travailler plus et à meilleur compte que les ouvriers
blancs; ceux-là mêmes qui prêchent l'abolition de la
Patrie et la fraternité des peuples seraient bien mal à
leur aise au milieu des Touaregs du Sahara.

Il se passera vraisemblablement bien des siècles
avant que la grande idée de Patrie soit devenue inu-

tile, avant que l'**humanisme** ait pu prendre la place du **patriotisme**, car celui-ci n'est que le développement naturel de l'affection que chaque homme porte à soi, à ceux dont il a reçu les soins, à ceux qui pensent comme lui, aux objets qui lui sont familiers, à la langue dont il a l'habitude, aux grands hommes dont il peut avec orgueil se dire le descendant.

Laissons donc nos voisins, s'ils le veulent, prêcher la fraternité humaine et gardons fidèlement le culte et l'amour de la Patrie française.

CHAPITRE II

LA PATRIE FRANÇAISE

I. Avertissement. — En écrivant ce chapitre « la Patrie française », ce n'est pas, à proprement parler, un cours d'histoire que nous avons voulu faire : il eût été absurde de notre part de prétendre substituer notre mince bagage historique aux ouvrages remarquables qui abondent et qu'on est toujours à même de consulter. Notre but a été, au contraire, de dépouiller l'histoire de notre Patrie de tous les faits qui empêcheraient d'en saisir les grandes lignes; nous avons présenté les grands événements et les grandes périodes de l'existence de la France de manière à détruire chez ceux de nos marins qui lisent et qui pensent les préjugés politiques qui font les sectaires.

La littérature d'une certaine classe et une partie de la presse présentent volontiers la France comme datant de 1789; les immenses services rendus à leur heure par l'Eglise, la féodalité, la monarchie y sont trop souvent passés sous silence ou entièrement dénaturés. Il nous semble nécessaire que les officiers qui se chargent de faire ces conférences prennent à cœur de démontrer que les institutions humaines ont toutes leur origine dans une **nécessité**, obscure parfois, mais vraie toujours; qu'elles s'accroissent, prospèrent, déclinent, meurent enfin à l'heure précise où elles ne sont plus d'aucune utilité; que les révolutions ne font presque toujours qu'enrayer momentanément l'évolution politique et sociale. Enfin, tout en citant, tout en exaltant les grands noms dont notre histoire est pleine, nous croyons qu'il est utile de détruire chez les Français le fétichisme du grand homme et de proclamer cette vérité trop oubliée : que les grands hommes sont les produits normaux des grandes Nations, c'est-à-dire une résultante naturelle de l'évolution des peuples.

De même qu'un sauvageon ne portera jamais un fruit exquis s'il n'est greffé et cultivé, de même qu'un arbre trop vieux ne donne plus que des produits médiocres et pierreux, quelquefois même véreux, de même un peuple trop jeune ne donne naissance qu'à des hommes dont la sauvagerie et la brutalité constituent les principaux mérites et une Nation en décadence ne produit plus que de faux grands hommes, dont l'histoire impartiale ignorera même les noms.

Nous avons donc essayé de faire un peu de philosophie historique, car il nous a semblé oiseux, dans un enseignement **moral**, de n'entretenir nos auditeurs que des batailles ou des maîtresses de nos grands rois : **il y a une morale à extraire de l'histoire.** N'ayant en politique que des opinions purement philosophiques, nous espérons avoir réussi à demeurer dans le domaine de l'impartialité absolue.

II. **Introduction.** — Nous avons défini et justifié l'amour de la Patrie tel que les Nations modernes le connaissent; ce sentiment a inspiré dans tous les temps et chez tous les peuples les actions les plus véritablement grandes et nobles de la part des plus humbles comme des plus puissants citoyens. Il n'est pas nécessaire que la Patrie soit belle, riche et fertile pour être l'objet d'une affection dévouée de la part de ses enfants : ainsi les Hellènes d'aujourd'hui habitent un territoire naturellement aride et rocailleux qui fut tellement ravagé jadis par les Turcs, qu'il y a soixante ans à peine, c'était pour ainsi dire un désert; ce pays qui fut autrefois un centre de rayonnement intellectuel si puissant qu'il nous éclaire encore aujourd'hui, après vingt siècles écoulés, a toujours été un pays pauvre. Cependant, c'est pour l'amour de cette contrée rocheuse que les Hellènes soutinrent presque seuls, animés par le souffle puissant du patriotisme, une lutte d'une sauvagerie inouïe qui, en 1827, leur mérita l'estime et l'admiration de l'Europe.

On dirait que moins le sol de la Patrie est fécond, plus il faut à ses fils de travail et de peine pour en tirer leur subsistance et plus la Patrie leur est chère : c'est donc bien elle qu'ils aiment et non les délices qu'elle leur procure.

Il n'est pas non plus nécessaire que la Patrie soit bien gouvernée et puissante au dehors pour susciter d'admirables dévouements : nul pays n'était tombé plus bas dans l'estime universelle et n'était plus affaibli que l'Espagne en 1808; cependant le vaillant peuple espagnol, galvanisé par l'invasion étrangère, lutta avec une effrayante énergie contre les envahisseurs, qui étaient cependant les premiers soldats du monde : les vétérans de Napoléon. La fortune de l'empereur se brisa contre le patriotisme espagnol.

C'est que, pour les hommes de cœur, une mère malade et infirme est encore plus digne de respect et d'affection que lorsqu'elle est jeune et vigoureuse; il en est de même de la Patrie : le malheur et la douleur la font plus sacrée pour ses enfants que la puissance et la richesse.

Nous autres Français, nous avons le bonheur d'être nés citoyens d'un pays que la nature a comblé des biens

les plus précieux, au point qu'on a pu dire qu'il était
**le plus beau royaume du monde après celui du
ciel.** La France a régné sur toutes les Nations par la
puissance de ses hommes d'État, de ses hommes de
guerre, des écrivains et des artistes nés au milieu de
son peuple, mais la meilleure raison que nous puissions
avoir pour l'aimer de tout notre cœur, pour la vénérer
et lutter pour elle de toutes nos forces, ce n'est pas
cette gloire éblouissante dont le rayonnement dure
encore et nous remplit d'orgueil, ce sont ses malheurs
eux-mêmes. N'oublions jamais qu'il y a vingt-huit ans
la France a été victime de la plus terrible catastrophe
et qu'elle est à peine remise de ses dures épreuves : si
donc nous pouvons être, à juste titre, fiers de sa grandeur d'autrefois, nous devons nous souvenir de ses
malheurs, non pour les pleurer comme des femmes,
mais pour chercher comme des hommes forts à en faire
disparaître la trace.

III. La France. — Si nous jetons les yeux sur une
carte d'Europe, nous serons frappés de la situation
exceptionnelle de notre Patrie : à cheval sur deux
grandes mers, elle regarde à la fois l'ouest et le sud et
l'immensité de l'Océan, dont les vagues vertes battent
furieusement les côtes granitiques de la Bretagne, aussi
bien que les profondeurs bleues de la Méditerranée
semblent faites pour solliciter le génie d'un peuple
aventureux. Une frontière terrestre, d'un développement à peu près égal à celui de ses frontières de mer,
en fait aussi un pays continental; les riches régions du
Pô et du Rhin qui l'avoisinent ont d'ailleurs souvent
exercé sur les instincts guerriers de son peuple une
attraction irrésistible, dont les résultats ont été tantôt
glorieux, tantôt funestes.

Le sol de la France s'étend en pentes douces autour
d'un massif montagneux assez élevé d'où s'écoulent des
fleuves et des rivières qui serpentent naturellement,
sans colères ni violences, au milieu de campagnes fer-

tiles où prospèrent les cultures les plus variées parmi celles qui servent à la nourriture de l'homme, à sa boisson, à son habillement. Des prés verdoyants, des vignobles renommés, d'immenses plaines où les blonds épis du froment ondulent comme les flots de la mer, de superbes forêts aux essences diverses, tout se trouve à la surface de ce sol béni. La France ne connaît ni le steppe, ni le marécage aux miasmes délétères, ni les vagues mouvantes des déserts de sable. Des entrailles de ce même sol d'autres richesses sont extraites, parmi lesquelles le fer et la houille ; d'autres jaillissent spontanément sous forme de sources minérales et thermales qui fournissent à la médecine et à la chirurgie une aide puissante pour adoucir les maux de l'humanité. Les productions de la France sont si bien équilibrées et si variées qu'elle est à peu près le seul pays du vieux continent qui, sans l'aide d'aucun autre, peut suffire à tous les besoins réels ou artificiels de sa population.

La France possède de beaux ports naturels, aussi bien sur l'Océan que sur la Méditerranée, avec des rades profondes et sûres ; plusieurs de ses fleuves sont navigables à une grande distance de leur embouchure et leurs bassins ne sont séparés les uns des autres que par des seuils de faible élévation qui ont permis, sans exiger des travaux trop coûteux, de les faire communiquer entre eux par des canaux et de faciliter ainsi la circulation des produits du sol. Le climat moyen de la France n'est jamais excessif et les étés torrides y sont aussi rares que les hivers glacés ; si les fleuves sont parfois pris par les gelées, ce n'est que pour peu de jours et jamais ils ne tarissent ; enfin les tremblements de terre sont rares et sont généralement faibles. Sa configuration, le relief de son sol, la distribution de ses eaux, tout prédestinait la France à devenir le séjour d'un peuple puissamment organisé et aggloméré. Il y a plus de dix-huit cents ans, le géographe grec Strabon écrivait ces lignes prophétiques : *Il semblerait qu'un Dieu tutélaire ait pris soin d'élever ces chaînes de montagnes,*

*de tracer le contour de ces rivages, de diriger le cours de
ces nombreuses rivières pour faire un jour de la Gaule
le pays le plus florissant de la terre.* Oui, certes, notre
Patrie est belle et douce et on comprend aisément,
quand on la connaît bien, les pleurs que versait la jeune
belle reine Marie Stuart en quittant pour jamais **ce
tant plaisant pays de France**, dont elle avait été la
souveraine.

IV. Le peuple de France. — Il y a environ deux
mille cinq cents ans, ce qui est aujourd'hui la France
était habité par des hommes de race blanche, grands,
vigoureux, au teint clair, aux yeux bleus, aux cheveux
rouges, venus d'Asie à travers l'Europe entière, répan-
dant sur leur passage la terreur et la dévastation et
semant sur leur route un certain nombre de colonies.
Ces **Gaulois** — ou **Galls** — se fixèrent entre la Manche
et les Alpes, entre l'Océan et la Méditerranée et ce pays
prit d'eux le nom de Gaule.

Ces hommes étaient avant tout des guerriers farouches, aimant les combats, braves jusqu'à la folie et
animés de la soif des aventures à ce point qu'à cette
époque, partout où il y avait à donner ou à recevoir des
coups d'épée, on retrouvait les **Gaulois**. S'ils avaient
su s'organiser et se gouverner, leur mépris de la mort
en eût fait les maîtres du monde, mais leurs tribus
étaient continuellement en guerre les unes contre les
autres, et ils n'assignaient d'autre but à la guerre que
le pillage des villes ennemies. C'est ainsi qu'ils envahirent d'abord le nord de l'Italie où ils se fixèrent, puis,
descendant vers le sud, ils se heurtèrent, quatre siècles
environ avant la venue du Christ, à un petit peuple,
très solidement organisé, établi depuis quatre cents
ans sur les bords du Tibre : les **Romains**. Ceux-ci furent
épouvantés à la vue de ces guerriers presque nus ou
couverts de peaux de bêtes sauvages, qui se ruaient à
la bataille en poussant des cris affreux : ils furent
vaincus, Rome fut prise et saccagée et le Peuple romain

n'échappa à la destruction qu'en payant à ses vainqueurs une énorme rançon en or.

Les Romains n'oublièrent ni cette humiliation, ni les paroles hautaines du **Brenn** gaulois — d'où **Brennus.** — « **Malheur aux vaincus !** » s'était écrié le farouche vainqueur en jetant dans la balance où l'on pesait l'or de la rançon de Rome, son épée et son baudrier. Dès que leur ville fut rebâtie et fortifiée, les Romains songèrent à se venger : leur discipline, leur organisation militaire remarquables eurent raison du courage irraisonné des Gaulois indisciplinés. Peu à peu, ils les refoulèrent, les chassèrent de l'Italie, puis, passant les Alpes, ils commencèrent cette terrible conquête des Gaules que **Jules César** acheva par sept années de combats journaliers. Comprenant enfin — mais trop tard — que leur indépendance était en jeu, les tribus gauloises s'étaient toutes coalisées contre l'envahisseur, sous les ordres de **Vercingétorix,** mais leurs dernières espérances sombrèrent sous les murs d'Alésia et la Gaule devint province romaine. Vercingétorix fut mis à mort après le triomphe de César; une statue colossale de l'ancien chef gaulois s'élève sur l'emplacement d'Alésia, et sur son socle on a gravé ces mots du conquérant de la Gaule qui peuvent aujourd'hui servir de leçon au peuple de France : *La Gaule unie, formant une seule Nation, animée d'un même esprit, peut défier l'univers.*

A partir de ce moment et pendant cinq siècles, l'histoire de la Gaule fut l'histoire de l'Empire romain. Sans perdre de leurs qualités guerrières, les Gaulois ne les utilisèrent plus que dans les armées impériales; ils aidèrent leurs vainqueurs à conquérir ce qu'on appelait alors le monde. Puis, quand vint la période des invasions germaniques, c'est encore avec l'appui des légions recrutées dans les Gaules que l'Empire chancelant retarda le moment fatal de sa destruction et de sa ruine. Mais des hommes que la civilisation romaine avait amollis ne pouvaient se flatter d'arrêter dans

leurs courses dévastatrices les sauvages guerriers que
les forêts de la Germanie poussaient incessamment
sur le territoire des Gaules. Celles-ci finirent pas subir
la loi de leurs nouveaux vainqueurs, au nombre desquels se trouvaient les **Francs**.

Les restes de la domination romaine furent balayés
dans les plaines de Soissons par l'épée de **Clovis** — ou
Klodowig — chef d'une des plus importantes tribus
franques. Clovis, devenu chrétien, en suite de son
mariage, fut baptisé et couronné à Reims par l'évêque
Rémy, qui le salua **Roi des Francs**. Ses sauvages
compagnons de guerre imitèrent son exemple en grand
nombre; convertis au christianisme, ils commencèrent
dès lors à considérer la Gaule comme une nouvelle
Patrie et à la nommer **France**. C'est donc de Clovis,
c'est-à-dire à peu près de l'an cinq cents après la
venue du Christ, que date la France en tant qu'État;
elle a aujourd'hui quatorze siècles d'existence politique.

De ce que la Gaule a été inféodée pendant cinq
siècles à l'Empire romain, il ne faudrait pas conclure
que le sang gaulois ne s'est pas conservé dans les
veines des habitants de la Gaule. Malgré les désastres
de la conquête romaine la population de ce vaste
pays était trop nombreuse encore, même après Jules
César, pour que l'élément latin pût influer sérieusement sur les qualités natives de la race. Le sang
du peuple romain n'avait déjà plus la richesse suffisante et les habitants de la Gaule demeurèrent Gaulois;
ils ne prirent de Rome que son organisation et, peu à
peu, ses coutumes, sa religion, ses sciences et ses arts.
La **Provence** seule, qu'on appelait alors la **Province**,
s'infiltra profondément de sang latin, phénicien ou
grec.

C'est bien des Gaulois que la grande majorité de la
Nation française tient ses brillantes qualités aussi bien
que ses défauts. A coup sûr, les invasions germaniques
ont laissé des traces, mais les Francs étaient relati-

vement peu nombreux : guerriers farouches, ils s'adoucirent peu à peu par le christianisme, mais ils ne se fondirent pas avec la masse gauloise; ils demeurèrent des conquérants possesseurs du sol et formèrent cette noblesse batailleuse, mais ignorante autant que vaillante et brutale, qui n'eut, pendant des siècles, d'autre métier que celui des armes, qui combattit brillamment sur tous les champs de bataille du monde et, par sa bravoure indisciplinée, mit à plusieurs reprises la France à deux doigts de sa perte. Les vrais fils du sol demeurèrent **Gaulois**.

Il faut ajouter cependant qu'à la longue, dans les provinces frontières spécialement, il se produisit un mélange sensible des sangs. Aussi, le caractère du peuple français s'est-il formé, par modifications successives, du caractère gaulois soumis à l'influence latine d'abord, puis à celle des Germains conquérants et enfin à celle des Arabes, dans toute la partie méridionale de la Gaule.

Aux Gaulois, leurs vrais ancêtres, les Français sont redevables de l'amour de la gloire, de leurs instincts remuants, de leur caractère léger et versatile, prêt à toutes les grandes actions mais faciles au découragement; aux Romains, ils ont emprunté l'esprit provincial et l'esprit de cité, l'organisation à outrance, la soif des fonctions publiques, le goût des discours et l'amour de l'éloquence; aux Germains, ils ont pris la droiture, la loyauté, la générosité et l'équité; des Arabes enfin, venus les derniers, ils ont retenu le goût des arts, l'aptitude aux sciences naturelles, mais aussi ce quelque chose de hâbleur, cette vantardise ingénue, cette exagération instinctive qui sont parmi les défauts de l'Oriental. Quant aux instincts de commerce et de lucre, ils ont été pendant longtemps inconnus aux Français.

Comme on voit, le caractère de notre Nation est un mélange de qualités brillantes et nobles — parmi lesquelles dominent la loyauté, la générosité, l'équité —

et de défauts qui ne font de mal qu'à elle : la vanité, la turbulence et la soif des fonctions publiques. Les bons instincts l'emportent donc de beaucoup sur les mauvais; sans en être fiers, nous avons le droit de le constater.

Nous avons vu plus haut que c'est seulement de Clovis, c'est-à-dire de l'an 500, que datent et la France et la monarchie française; nous allons suivre rapidement l'une et l'autre dans leurs carrières glorieuses, afin de passer en revue les grandes actions et les grands hommes nés de l'évolution politique et sociale d'une Nation qui peut passer pour la plus illustre de toutes parmi celles qui peuplent l'Europe aujourd'hui.

V. L'Histoire de la France. — 1. *La Royauté franque*. — La royauté de l'époque de Clovis ne ressemblait en rien à ce qu'elle fut douze siècles plus tard. Le **Roi** était, avant tout, un chef militaire qui n'avait autorité sur les Francs que lorsqu'il les menait au combat : il était nécessairement le plus vaillant guerrier de son armée. Sa vaillance lui assurait, bien plus que son titre, la meilleure part du butin recueilli et le faisait plus riche que ses rudes compagnons de guerre. Cependant, comme la coutume des Francs était de toujours choisir leurs rois dans la même famille, il arriva naturellement que les descendants de Clovis, dégénérant peu à peu, ne furent plus à même de remplir leur fonction héréditaire de Chef d'armée. Devenus mous et efféminés, ils n'en continuèrent pas moins de porter le titre de **Roi** et les cheveux longs caractéristiques de leur dignité. Un vaillant homme, pourvu de la charge de **Maire du palais**, exerça l'autorité royale en leur nom et conduisit à la guerre l'armée des Francs.

Toute l'histoire de cette époque, qui n'est du reste connue que par des chroniques où l'on s'occupe fort peu des événements et des idées, mais beaucoup des faits et gestes des grands personnages, est remplie de guerres, de meurtres et d'attentats monstrueux. Encore que chrétiens d'étiquette, les Francs n'étaient en réalité que des barbares. Les deux cent cinquante années qui s'écoulèrent depuis la mort de Clovis jusqu'à l'extinction de sa race présentent donc un affreux spectacle et le sol de la France d'alors fut constamment ensanglanté par des guerres sauvages dont les évêques avaient bien de la peine à adoucir les horreurs.

Il est nécessaire de dégager nettement ici le rôle joué par l'Église chrétienne au milieu de ce chaos de passions barbares et en présence de cette royauté primitive; ce rôle fut constamment subalterne. Il n'en pouvait être autrement, mais on remarquera cependant que l'Église, fidèle à ses origines, prit le faible sous sa protection; elle sut se constituer **protectrice** en face d'une puissance **déprédatrice** : cette règle de conduite toute évangélique devait nécessairement, un jour ou l'autre, l'amener au sommet de la hiérarchie sociale.

2. *L'Invasion arabe.* — Ce qui atténue, dans une grande mesure, la surprise qu'on éprouve en constatant l'indulgence de l'Église chrétienne à l'égard des Francs, c'est que ceux-ci, presque seuls au milieu des sociétés barbares nées de l'invasion, se montrèrent résolument les **soldats du Christ.** Un homme de génie, né en Arabie en 570 : **Mahomet**, avait fondé en Orient une religion imitée de la religion chrétienne, bien que fort inférieure à elle au point de vue de la morale sociale. Alors que le Christ recommandait la conversion des peuples païens par la douceur, l'exemple et la pratique de la vertu, Mahomet prêchait la propagation de sa doctrine par le sabre et admettait que la vaillance dans la guerre sainte était la première de toutes les vertus. Mahomet fut entendu par ces races ardentes et guerrières de l'Orient et, dès qu'il fut mort, les Arabes commencèrent la conquête de l'ancien monde romain : l'Asie Mineure et la Perse, l'Égypte et tout le nord de l'Afrique furent conquis en moins de cent ans; les cavaliers du désert envahirent alors l'Espagne et s'en emparèrent, puis, sans se laisser arrêter par les

Pyrénées, ils s'avancèrent dans les Gaules comme un incendie dévorant, précédés par la terreur de leurs exploits. Ils allaient atteindre la Loire lorsque, dans les plaines de Poitiers, ils se heurtèrent à un mur : c'était l'armée des Francs, commandée par **Karl**, le maire du palais, et couverte par la protection de Saint Martin de Tours, dont la chape bleue lui servait de Drapeau.

L'instant était solennel : si les Mahométans étaient victorieux, c'en était fait de la domination franque et des débris de la civilisation romaine ; l'Europe ne serait pas chrétienne, elle serait musulmane. Aujourd'hui, nous pouvons aisément juger de l'étendue d'un pareil désastre en constatant l'état d'abêtissement et d'inertie où sont tombés l'un après l'autre les pays soumis à la religion de Mahomet. La brillante valeur des Arabes fut impuissante contre la ténacité des Germains : ils furent vaincus et leur émir **Abderraman** tué. L'invasion était arrêtée ; lentement refoulés vers l'Espagne, les Orientaux demeurèrent cependant assez longtemps dans le midi de la France pour que leur sang ait eu une influence sensible sur le caractère général de notre race.

Le chef des Francs avait vaillamment conquis sur le champ de bataille de Poitiers le surnom de **Martel** — marteau. — La France a retenu le nom de **Charles-Martel** comme celui du sauveur de ses destinées glorieuses ; récemment et par reconnaissance pour l'illustre guerrier franc, elle a baptisé de ce nom le plus beau de ses navires de guerre.

Le nom des Francs acquit à la bataille de Poitiers un tel lustre que la renommée de ce vaillant peuple s'étendit dans l'Europe entière ; le seul bruit de l'approche d'une armée de Francs suffit à faire lever aux Sarrasins le siège de Constantinople. Il sembla dès lors évident que la domination sur l'Europe occidentale leur reviendrait par la force des choses, et c'est en effet ce qui se produisit sous **Charles le Grand** ou **Charlemagne**.

3. *Charlemagne (771-814)*. — Jusqu'alors les Francs, bien que possesseurs du sol, avaient vécu dans la Gaule comme dans un camp ; il n'y avait ni organisation politique, ni organisation civile en dehors des cités qui avaient conservé les coutumes romaines ; le bon plaisir de soldats brutaux réglait tout et c'est à grand peine que l'autorité ecclésiastique parvenait à faire tempérer les rigueurs de **maître à serf.** Le long règne de Charles permit à ce grand homme d'introduire un peu d'ordre dans cet immense désordre, de substituer dans une certaine mesure l'équité et le droit au bon plaisir et de faire reconnaître à tous, petits et grands, l'autorité du monarque.

On ne sait ce qu'on doit admirer le plus dans Charlemagne, de l'habileté et de la vigueur du chef de guerre ou de la profondeur de vues du souverain. Charles n'est pas seulement le premier soldat de son armée ; il est revêtu d'une dignité suprême devant laquelle tout le monde s'incline ; le roi est devenu une sorte de providence visible vers qui s'élèvent les yeux et les cœurs des faibles et des opprimés et dont la volonté courbe les forts et les oppresseurs. Ce qui semble extraordinaire c'est la somme de travail fournie par cet homme puissant, roi, jurisconsulte et guerrier tout à la fois, pendant les quarante-trois ans qu'il régna seul sur les Francs : il faut noter en effet que cette période fut remplie pour la plus grande part par cinquante-trois expéditions de guerre.

La plus importante des guerres de Charlemagne fut celle qu'il soutint, en qualité de **soldat du Christ,** contre la nation de fer des Saxons et qui ne dura pas moins de trente-trois ans : ce fut une lutte d'extermination. Quand le pays fut ruiné, percé de routes, couvert de forteresses franques et que la moitié de la Nation saxonne eut été détruite par le fer, la guerre finit et ce qui restait de Saxons se convertit au christianisme.

Les Arabes d'Espagne, après la bataille de Poitiers, étaient naturellement demeurés les ennemis des Francs ;

ils faisaient dans les Gaules de fréquentes incursions. Charlemagne les refoula en Espagne et les battit chez eux à plusieurs reprises. C'est au retour d'une de ces expéditions que mourut, dans le val de Roncevaux, le fameux **Roland**, préfet des marches de Bretagne, que les romans et les poèmes du moyen âge ont immortalisé. Le nom de Roland personnifie la bravoure guerrière dans ce qu'elle a de plus héroïque et la générosité dans ce qu'elle a de plus magnanime. C'est à ce double titre que ce nom, plus légendaire qu'historique, a le droit de briller en lettres d'or à l'arrière d'un de nos bâtiments de guerre : **Roland**, tel que la légende l'a fait, est, à coup sûr, un bon modèle à proposer à nos marins.

Les expéditions de Charlemagne en Italie eurent surtout pour but de protéger l'évêque de Rome — le Pape — contre les peuples encore barbares établis dans le nord de la Péninsule. Leur résultat fut la constitution d'un royaume d'Italie, sous l'autorité de **Pépin**, fils de Charlemagne; le pouvoir temporel du Pape fut augmenté et ce dernier, autant par admiration que par reconnaissance, sacra à Rome, en l'an 800, Charlemagne **empereur d'Occident**. Le chef de la Nation franque devenait ainsi l'héritier des Césars.

4. *Démembrement de l'Empire franc.* — L'immense empire de Charlemagne était bien lourd pour son faible successeur; l'humanité ne produit pas souvent d'aussi puissants esprits et la France dut attendre dix siècles pour en retrouver un de cette trempe. Si solide que parût l'Empire, même sous son fondateur, il n'était en réalité qu'une monarchie militaire que la gloire immense et la volonté du Prince tenaient seules debout. Charles disparaissant, il était certain que les Peuples, soumis mais frémissants sous sa domination, allaient s'efforcer de recouvrer leur indépendance politique. En effet, dès que le grand empereur fut mort, le faisceau d'États que sa forte main tenait réunis se délia et la guerre ensanglanta de nouveau le domaine de la monar-

chie franque. Le démembrement fut prompt : il fut déterminé par la sanglante bataille de **Fontanet** entre les petits-fils du grand Charles, et consacré par le traité de **Verdun**, le premier document officiel écrit en langue française que nos archives nationales aient en leur possession.

Pendant plus de deux siècles, aucun homme fort ne se révéla, aucun grand prince ne tenta même de relever l'épée de Charlemagne. Les peuples se donnèrent alors des chefs de leur race et le morcellement devint tel que le roi de France ne posséda plus qu'une très petite partie de l'ancienne Gaule; quant au titre d'Empereur, il fut constamment attribué à des princes allemands.

5. *La féodalité.* — Cette époque n'est cependant pas dénuée d'intérêt, parce que ce fut pendant ces deux siècles que s'organisa et se consolida par toute l'Europe ce régime spécial que l'on a nommé l'État féodal, régime admirablement approprié à la situation morale des peuples de cette époque. C'est grâce aux principes de la hiérarchie féodale que, par une conséquence absolument inattendue, s'est constituée l'unité française.

Pendant les six siècles de la domination franque, les habitants des Gaules n'étaient pas encore parvenus à former une Nation; il n'existait encore sur ce sol qu'un mélange confus de peuples étrangers les uns aux autres et qui ne regardaient pas le pays où ils vivaient comme leur Patrie commune. A l'époque où nous en sommes arrivés, on commence cependant à entrevoir qu'il existera bientôt une Nation française : les mœurs, les institutions, les langues ont de la ressemblance et nous n'ignorons pas que c'est de cette ressemblance que naît l'idée de **Patrie**. Le noyau encore bien faible de l'unité politique, c'est le **duché de France** ou comté de Paris, dont le seigneur porte encore le titre de **roi**, autrefois donné à Clovis. Nous allons voir que c'est autour du possesseur de ce titre que vont peu à peu se grouper toutes les provinces de l'ancienne Gaule qui constitueront enfin la **Patrie française.**

Dans l'état **féodal**, il n'y avait que deux classes
d'hommes libres : l'aristocratie guerrière et l'aristocratie
ecclésiastique; le reste de la Nation, n'ayant pas d'existence politique, **ne comptait pas. La possession de la
terre** était la caractéristique des deux aristocraties :
l'une était l'héritière des conquérants, le demeurant de
la Nation franque après la bataille de Fontanet; l'autre,
dans laquelle l'élément conquis — gaulois ou romain
— s'était introduit dans d'assez fortes proportions,
recevait chaque jour des fidèles des dons territoriaux
considérables. En résumé, la **terre** était tout, elle donnait valeur à l'homme qui, sans elle, **n'avait même
pas de nom.**

Parmi les innombrables petits États dont l'ensemble
composait la Gaule de cette époque, **huit** seulement
étaient **souverains**, c'est-à-dire qu'ils ne dépendaient
d'aucun autre État; les chefs de ces huit territoires
étaient **pairs**, c'est-à-dire égaux en droits. Toutefois,
à cause des traditions glorieuses qui s'attachaient à
son titre, la suprématie du **roi de France**, chef du
comté de Paris et héritier de Clovis, était reconnue —
assez faiblement, il est vrai — par les sept autres.
Ces huit États avaient chacun pour **vassaux** un certain
nombre d'États plus petits dont les seigneurs — égaux
en droits — devaient **hommage** pour leur **fief**, ou terre,
à leur **seigneur suzerain.** Dans une mesure dont ils
étaient eux-mêmes juges, ils lui devaient aussi assistance contre ses ennemis. Ces États secondaires avaient
eux-mêmes des territoires vassaux et ainsi de suite
jusqu'aux plus petits domaines.

Les liens de la vassalité n'avaient rien de régulier ni
d'uniforme; rarement ils étaient étroits et, en dehors
de l'**hommage** — reconnaissance solennelle et publique
faite par le vassal du lien qui l'unissait à son suzerain,
de qui il tenait tel territoire **à fief**, — celui-ci n'était uni
à celui-là que par le fait d'une reconnaissance réciproque
et d'une fidélité mutuelle. Il n'était pas rare qu'un
vassal, se croyant lésé et ne pouvant obtenir justice

de son **suzerain**, partît en guerre contre ce dernier et appelât à son aide ses propres vassaux ; ceux-ci, d'ailleurs, ne répondaient à son appel que si sa cause leur semblait juste ou simplement profitable.

On comprend aisément qu'avec des **droits** aussi faibles et des **devoirs** aussi peu impératifs entre les différents États, il fût très difficile d'obtenir une cohésion quelconque et de constituer l'unité d'une Nation. Si donc la féodalité française n'avait eu au milieu d'elle un principe supérieur, la France ne fût probablement jamais arrivée à son unité et fût demeurée une agglomération informe, du genre de celles que formaient encore récemment l'Allemagne et l'Italie. Ce principe supérieur — nous l'avons fait pressentir plus haut — c'était précisément ce respect accordé, instinctivement pour ainsi dire, au titre de **roi de France** que Clovis avait porté. Ce titre assura la suprématie morale de son possesseur sur tous les autres seigneurs féodaux et l'engagea à se poser en protecteur naturel des opprimés, de sorte que, peu à peu, tous les yeux se tournèrent vers lui et qu'après de longs et persévérants efforts il arriva à constituer l'unité française, **malgré les efforts contraires de la féodalité**. Cette dernière avait cependant rendu à la royauté ce service inappréciable de **hiérarchiser** fortement la Nation.

Les possesseurs du sol, avons-nous dit, étaient seuls quelqu'un ; ils se considéraient comme étant tous du même niveau social ; ils étaient libres. Au-dessous d'eux se trouvaient les descendants de la nation conquise ou **vilains** qui cultivaient les terres des seigneurs et leur payaient des redevances pour le produit de leur ferme ; ils exerçaient également des métiers dans les villes et, quand le commerce les eut enrichis, ils acquirent à prix d'argent des droits et des franchises et formèrent la **bourgeoisie** avec laquelle les seigneurs les plus hautains, les rois eux-mêmes, durent très souvent compter — en Flandre notamment.

Les vilains étaient attachés au fief et, lorsque le seigneur partait en guerre, ils formaient souvent l'infanterie de son armée. Enfin, au-dessous des vilains étaient les **serfs**, propriété absolue de leur seigneur qui pouvait en faire ce que bon lui semblait, hors les déplacer. — Évidemment, la condition des serfs eût été très dure si l'Église ne s'était souvent interposée entre eux et leur seigneur au nom de la religion du Christ, qui proclame tous les hommes égaux devant Dieu. Cette servitude n'était donc pas l'esclavage des anciens : ce qui le prouve, du reste, c'est que l'esclavage romain détruisit les populations, au lieu que le servage les augmenta. Le serf, d'ailleurs, ne devait pas le service militaire considéré comme trop noble pour lui.

Le **seigneur** était tout sur sa terre et ne trouvait aucun obstacle à sa fantaisie, si ce n'est quelquefois l'Église. Il rendait la justice, faisait la guerre et battait monnaie; chaque fief formait donc un État à peu près indépendant et autonome, ayant sa vie propre et régi par un pouvoir absolu et despotique. Dans de pareilles conditions, tout déplacement étant d'ailleurs rendu difficile par l'absence de voies de communication, l'homme s'attacha très fortement à la terre qu'il cultivait et au manoir qui le protégeait, jusqu'au moment où la royauté, apparaissant à tous comme le recours suprême contre toute injustice et contre toute violence, fit naître l'esprit **national** et l'amour de la grande **Patrie**.

En même temps que la féodalité — institution d'origine purement laïque — prenait de la force et, née en France, poussait de vigoureuses racines dans l'Europe entière, une autre puissance — autrefois humble servante des rois barbares — grandissait au-dessus des peuples et des princes. L'Église, réformée dans ses mœurs par des papes pleins de hautes vertus, sut prendre une immense influence sur ces hommes, brutaux, mais profondément croyants, qui composaient la **chevalerie** féodale. Pour la première fois depuis bien des siècles on s'aperçut que la force n'était pas tout. Les services rendus à cette époque par l'Église furent immenses :

outre que ce qui restait de science, de lettres et d'arts en Europe trouva un asile sûr dans les couvents, la morale publique, tant de fois outragée par les passions violentes des seigneurs, fut vengée par les censures ecclésiastiques et, plus d'une fois, **l'excommunication** frappa les princes coupables et les força de s'humilier.

La protection des faibles et des opprimés était alors le monopole de l'Église qui sut imposer la **trêve de Dieu** à tous ces turbulents batailleurs : en vertu de cette trêve, qui fut rigoureusement observée en Europe pendant deux siècles, toute attaque fut défendue du mercredi soir au lundi matin de chaque semaine, pendant les jours de fête et le carême, de sorte qu'il ne resta plus que quatre-vingts jours par an où il fut permis de batailler. Une pareille mesure n'aurait évidemment aujourd'hui que de très faibles chances de réussir, mais l'Église possédait alors dans l'excommunication une arme morale d'une efficacité absolue. La foi chrétienne de cette époque avait une vigueur digne des premiers siècles du christianisme.

Pendant longtemps, on avait cru, sur la foi d'un passage fort obscur de l'Apocalypse de saint Jean, que le monde finirait en l'an **mil**; la date fatale arriva et le monde ne finit pas! Un élan d'immense reconnaissance précipita tous les cœurs au pied des autels; de merveilleuses églises s'élevèrent sur le sol des Gaules et de l'Allemagne, une soif intense de combattre et de se dévouer pour la cause de Dieu se fit jour dans tous les rangs de la société féodale; depuis le plus humble serf jusqu'au plus puissant seigneur, tous brûlaient du désir de prouver au Ciel leur foi et leur gratitude.

6. Les Croisades. — De ce magnifique et universel élan des âmes chrétiennes naquit le grand mouvement religieux des Croisades, dans lequel la France, sa chevalerie et son peuple eurent le rôle prépondérant. Le renom de bravoure et de piété qu'ils y acquirent fut si grand qu'aujourd'hui encore les populations de l'Orient de la Méditerranée n'ont qu'un nom pour désigner les Européens : celui de **Francs**.

Les **Croisades** ne furent autre chose que la lutte de la Chrétienté contre la religion de Mahomet, dans le but de recouvrer sur les infidèles le berceau du Christ : la Palestine. Combattre les Musulmans rachetait toutes les fautes, effaçait tous les péchés ; le Paradis était assuré à quiconque trouvait la mort en combattant pour la Croix. On comprend aisément que cette chevalerie batailleuse, qui avait bien des péchés à se faire pardonner, se soit lancée à corps perdu dans des entreprises lointaines qui flattaient ses goûts d'aventures, sa passion pour les grands coups d'épée et assuraient de plus son salut éternel.

Au dixième siècle comme aujourd'hui, les Chrétiens d'Orient étaient persécutés par les Musulmans et le récit de leurs souffrances, colporté par les pèlerins qui venaient de Jérusalem, excitait en Occident une indignation et une douleur profondes qu'avivait encore la pensée que le tombeau du Christ était aux mains des Infidèles. Ceux-ci, du reste, après un temps d'arrêt dans leurs conquêtes, commençaient à redevenir menaçants pour l'empire de Constantinople. Il n'en fallait pas tant pour provoquer la guerre sainte : un peu avant 1100 elle éclata, provoquée par le Pape et prêchée par **Pierre l'Ermite**, qui revenait de Palestine.

Les Croisades furent sans aucun doute des guerres sauvages, mais elles furent aussi des guerres de défense et de propagande chrétiennes. Si l'on se transporte par la pensée à cette époque de foi vigoureuse, on verra qu'elles furent absolument légitimes et ne firent que continuer le grand effort fait sur le champ de bataille de Poitiers. Le mouvement fut irrésistible : les seigneurs vendirent aux églises et aux villes leurs biens et leurs droits féodaux pour acheter des armes et des vivres ; des chaumières aussi bien que des châteaux descendaient des multitudes de pèlerins qui encombraient les routes ; hommes, femmes, enfants, vieillards et malades se mettaient en chemin à pied, sur des charrettes, sur des bœufs, sans vivres, sans armes, sans guides, ignorant les chemins, ignorant l'Asie et les Sarrasins, ignorant tout et n'ayant cependant qu'une pensée et qu'un cri : **Dieu le veut!**

La **première** croisade coûta plus d'un million d'hommes, presque tous Français. Après des misères inouïes et une guerre de quatre années, elle aboutit cependant à la délivrance de Jérusalem et à la fondation d'un royaume franc en Palestine et en Syrie.

La **deuxième** croisade, à laquelle collaborèrent les Français et les Allemands, eut lieu en 1148 : elle coûta quatre cent mille hommes et n'eut aucun résultat.

En 1187 Jérusalem retomba sous le joug musulman, douloureux événement qui provoqua une **troisième** croisade, à laquelle prirent part les plus grands princes de la Chrétienté : le roi de France, le roi d'Angleterre et l'empereur d'Allemagne. Beaucoup de sang fut versé, on déploya de part et d'autre un héroïsme extraordinaire, mais Jérusalem demeura captive.

Le peu de succès obtenu par d'aussi gigantesques expéditions avait sa raison d'être dans l'essence même de la féodalité : les chevaliers, à vrai dire, ne reconnaissaient aucun chef et ne pouvaient s'astreindre à l'unité d'action sur les champs de bataille. Les multitudes qui se ruaient follement sur l'Asie Mineure étaient des hordes et non des armées. Ce n'était pas là, du reste, la seule cause de ces insuccès répétés; il y avait encore et surtout l'odieuse perfidie des empereurs grecs de Constantinople qui, tout en faisant mille caresses aux Croisés, les trahissaient constamment au profit des Musulmans. Si aveuglés qu'ils fussent par leur loyauté native, les Français n'étaient pas sans s'apercevoir qu'ils étaient dupés; aussi la **quatrième** croisade eut un résultat assez inattendu : Constantinople, prise d'assaut, fut livrée aux horreurs du pillage; les Grecs furent massacrés sans distinction d'âge ni de sexe et l'Empire d'Orient fut partagé entre les princes croisés.

La France prit encore la part la plus considérable à la **cinquième** croisade, dirigée contre l'Égypte et dont le résultat fut désastreux. La **sixième** fut moins une expédition de guerre qu'une négociation. La **septième** et la **huitième**, enfin, dirigées par Louis IX, roi de France, portèrent très haut la renommée du grand prince et lui méritèrent le nom de **Saint**, mais elles se terminèrent l'une comme l'autre par un désastre.

En 1291, c'est-à-dire deux cents ans après le départ des premiers Croisés, les Chrétiens ne possédaient plus rien des pays qui avaient coûté tant de sang et d'or à conquérir et à défendre.

Et maintenant, nous pouvons nous demander à quoi ont servi les Croisades. De cette brillante épopée longue de deux siècles, dans laquelle la France a joué le rôle principal, que reste-t-il aujourd'hui ? A quoi ont servi ces efforts gigantesques ? Qu'est-ce que la France a reçu en échange de son sang répandu à flots ?

Au point de vue matériel, cela est certain, notre Patrie n'a rien retiré de ses sacrifices : c'est la destinée de la France de semer ainsi sur le monde les gouttes du sang de ses fils pour faire naître, partout où elles tombent, de nobles et généreuses idées. Sans doute, elle n'a recueilli de son dévouement que l'orgueil de s'être dévouée, mais c'est assez pour elle ; elle ne recherche aucune autre récompense.

Aussi, la France aura sans doute depuis longtemps disparu des cartes politiques, en vertu de l'évolution inéluctable des Nations, que le souvenir de sa gloire, de ses grandes actions, de ses bienfaits subsistera toujours dans les contrées où sa domination aura passé.

Son patrimoine, à elle, n'est pas borné par ses frontières ; il s'étend sur la Terre entière. Partout où l'épée de la France a brillé, de nobles pensées ont germé et fructifié dans les sillons sanglants qu'elle a ouverts et c'est pourquoi, malgré ses malheurs, malgré ses fautes, elle demeurera respectée et bénie.

Les Croisades eurent d'autres résultats que d'élever aux nues le nom de la France : en premier lieu, elles affaiblirent les Musulmans et usèrent en partie leur enthousiasme religieux ; il en résulta que, cent soixante ans plus tard, lorsqu'ils furent suffisamment reconstitués et qu'ils reprirent leur marche en avant, ils trouvèrent la civilisation occidentale si vigoureusement assise qu'ils ne purent dépasser le Danube. L'Europe — grâce à la France et aux Français — demeura donc chrétienne et échappa à l'anéantissement intellectuel et moral auquel sont condamnés sans espoir les peuples musulmans.

Les Croisades affaiblirent la féodalité, tout en fortifiant la Royauté et en élevant la condition des vilains : les seigneurs qui partirent pour la Croisade étaient les plus turbulents et les plus batailleurs ; leur activité brutale, qui eût provoqué en France des luttes perpétuelles, alla s'user plus utilement en Palestine et jeta sur le nom de la France un incomparable éclat. D'autre part, pour se procurer des ressources, ils vendirent aux villes des droits et des privilèges que celles-ci défendirent jalousement dès qu'elles les eurent acquis à prix d'or et **sous la garantie du roi de France.** De là un double profit : l'élévation de la condition morale des vilains et l'augmentation du prestige de la royauté par ce seul fait que la signature ou le sceau du Prince étaient nécessaires à la validité des **chartes communales. Les sujets des seigneuries les plus lointaines, dans leurs différends avec leurs princes, prirent l'habitude de tourner les yeux vers le Roi, comme vers un protecteur naturel, et cette reconnaissance tacite et presque instinctive d'une autorité d'un ordre supérieur précipita la formation de la **Patrie française.**

Enfin, les Croisades eurent pour résultat d'élargir

les vues politiques, de perfectionner la civilisation de l'Occident par l'échange obligé des idées, par le développement du commerce, par l'acquisition des langues, des sciences et des arts de l'Orient.

CROISADE DES ALBIGEOIS. — Une croisade dont nous n'avons pas encore parlé parce qu'elle eut lieu, non en Orient mais en France même, eut pour celle-ci des résultats plus immédiats et plus considérables que toutes les prouesses de la chevalerie en Palestine : ce fut la Croisade dite des Albigeois. Le midi des Gaules qui avait subi l'invasion arabe superposée à l'influence fortement enracinée des idées romaines, avait une tendance manifeste à vivre d'une existence à part et à répudier l'autorité de l'Église. Plus instruits, plus raffinés, plus intelligents et moins croyants que les hommes du Nord, les Méridionaux raillaient volontiers ces derniers de leur ignorance et de leur grossièreté ; ils vivaient — chose affreuse à cette époque de foi chrétienne — en bonne intelligence avec les Juifs et rejetaient, avec la langue latine, la messe et les sacrements. Les Papes prêchèrent contre eux la guerre sainte.

La guerre des Albigeois — d'**Albi**, centre de résistance des Méridionaux — dépassa en horreurs toutes les luttes contre les Musulmans. C'est dans le sang que **Simon de Montfort** et les chevaliers du Nord éteignirent la religion, la civilisation, la langue, l'indépendance de la Gaule méridionale, mais, malgré ces moyens atroces, cette croisade à laquelle — fort habilement du reste — ne voulut pas prendre part le roi de France, avança probablement de plusieurs siècles l'agglomération des provinces méridionales sous la protection de ce souverain.

7. *Philippe-Auguste et saint Louis.* — Deux hautes figures dominent l'histoire de la royauté française pendant les deux siècles de Croisades : Philippe II, dit Philippe-Auguste, et Louis IX ou saint Louis.

Philippe-Auguste fut avant tout un esprit droit et bien pondéré; il sentit les besoins sociaux de son époque et s'occupa activement de les satisfaire, se gardant bien de laisser à un autre pouvoir qu'au pouvoir royal l'initiative du progrès et s'intéressant à tout ce qui pouvait améliorer le bien-être matériel et moral du peuple. Il sut rendre la Royauté populaire en la faisant à la fois bienveillante aux faibles et dure aux puissants.

Le plus grand événement **national** de ce long règne de quarante-trois ans est la bataille de **Bouvines** que Philippe gagna sur Otton, empereur d'Allemagne.

Cette lutte célèbre est remarquable à plus d'un titre et ce n'est pas sans raison que l'on a récemment donné le nom de **Bouvines** à l'une de nos unités de combat.

Pour la première fois les **milices communales** aidèrent puissamment les chevaliers sur le champ de bataille; pour la première fois depuis l'époque romaine la victoire fut due à des mouvements **tactiques** sur le terrain et non à la seule bravoure des combattants; enfin la bataille de **Bouvines** est d'autant plus intéressante à noter qu'elle est la première en date dans la lutte entre la royauté et la grande vassalité. En un mot, la bataille de Bouvines marque l'avènement de **l'infanterie** dans les armées du moyen âge, le renouvellement de la **tactique** de guerre et elle prélude à la **guerre de Cent Ans.**

Louis IX, petit-fils de Philippe-Auguste, synthétise tout ce que l'époque féodale a produit de plus noble et de plus beau. Elevé par sa mère **Blanche de Castille,** dans des sentiments d'une grande et sincère piété, il ne se cantonna pas cependant dans ses devoirs de chrétien et sut être à la fois un roi profondément pénétré du sentiment de ses responsabilités vis-à-vis de ses sujets, un preux chevalier et un grand saint. Aucune figure royale ne rayonne dans l'histoire comme celle de **Saint Louis.**

Saint Louis est **réellement** un grand prince, un roi

unique dans l'histoire des Nations : souverain féodal, il abaissa la féodalité parce qu'elle était oppressive; chrétien exalté, il résista à la papauté et abaissa le clergé parce que l'une comme l'autre lui parurent des puissances envahissantes; il éleva la Royauté au-dessus de toute domination et, à l'abri du pouvoir royal, il ne craignit pas de donner au peuple une petite place; sous la seule impulsion de sa conscience il acquit une vigueur et une hauteur de vues politiques remarquables et fit plus pour la Royauté par ses vertus que ses prédécesseurs par leurs guerres. Il donna au monde l'exemple d'un pouvoir idéal, le meilleur de tous les gouvernements humains à coup sûr, si Louis IX n'était pas, par malheur, une exception dans l'humanité.

Ce grand prince mourut à Tunis, où sa tombe, creusée sur l'emplacement de la citadelle de l'ancienne Carthage, est visitée avec émotion par tous les vrais Français. En ce lieu s'élève une église cathédrale mise par la France sous le patronnage du noble souverain, le plus populaire et le plus respecté qu'elle ait jamais eu. Notre marine militaire a toujours eu le souci de rendre hommage à la mémoire du saint roi en donnant son nom à un de ses navires de ligne : le *Saint-Louis*, récemment lancé, sera un de nos plus puissants cuirassés.

Les progrès de la royauté française ne s'arrêtèrent pas sous les successeurs de Saint Louis; pendant soixante ans encore son pouvoir ne cessa de se fortifier aux dépens de la noblesse féodale et du clergé; on vit s'accroître le domaine royal par des conquêtes ou des successions et, en même temps, on vit s'établir une administration et une justice régulières et **permanentes** composées de **gens du roi** et de gens de loi. Le commerce et l'industrie se développèrent, les villes devinrent riches et populeuses, la condition matérielle du peuple s'améliora dans une grande mesure et l'affranchissement des serfs contre argent donna une vigoureuse impulsion au travail individuel.

8. *La guerre de Cent-Ans. Jeanne d'Arc.* —
A la veille de la lutte plus que centenaire soutenue par
les rois de France contre leurs vassaux trop puissants
— les rois d'Angleterre, ducs de Normandie, — nulle
souverain n'était plus respecté en Europe que Philippe VI, le premier de la dynastie des Valois. La lutte
avec l'Angleterre, l'incapacité des princes, les crimes
et l'ineptie des nobles allaient précipiter la France dans
un abîme de misères où sa fortune et son honneur
manquèrent de sombrer. Il ne lui fallut rien moins
qu'un miracle pour lui permettre de poursuivre ses
glorieuses destinées, et ce miracle fut l'œuvre — non,
comme on pourrait le croire, d'un grand capitaine ou
d'un grand politique — de la Nation elle-même person-
nifiée par une pauvre jeune fille simple, ignorante et
douce, soutenue par la foi chrétienne la plus sincère et
le patriotisme le plus ardent : **Jeanne d'Arc**, la figure
la plus pure et la plus rayonnante de toute notre histoire.

La **guerre de Cent-Ans** a duré, en réalité, cent
seize ans — de 1337 à 1453. — Ses causes peuvent se
résumer comme il suit. En 1066, Guillaume, duc de
Normandie et, par conséquent, **vassal** du roi de France,
avait conquis l'Angleterre sur les Saxons. Depuis cette
époque, les ducs de Normandie se trouvaient, en réalité,
aussi puissants que leur suzerain. Les rois de France
n'avaient pas cessé de faire la guerre à leurs redoutables vassaux, dans le but de les priver de leurs domaines
de France et, grâce à leur persévérance, ils y avaient à
peu près réussi, mais les princes anglais n'avaient
jamais renoncé à leurs droits. En effet, l'Angleterre
avait besoin de ses possessions de France pour subsister, de même qu'aujourd'hui elle ne saurait renoncer
à ses colonies. La guerre de Cent-Ans comprend deux
périodes séparées par une trêve de trente-cinq ans. La
première période s'ouvre par la bataille de **Crécy** (1346),
dans laquelle quarante mille Français furent détruits
par moins de seize mille Anglais, bien commandés et

intelligemment armés ; elle se continue par le désastre
de **Poitiers** (1356), où Jean II, roi de France, fut fait pri-
sonnier et son armée dispersée. Ces deux terribles
défaites n'eurent d'autres causes que la bravoure
aveugle et l'incurable ignorance de la chevalerie française.

La sagesse de Charles V, fils de Jean II, et la vigueur
intelligente du chevalier breton **Bertrand Duguesclin**,
connétable de France, rétablirent les affaires et, lorsque
ces deux grands hommes moururent, les Anglais,
vaincus partout, ne possédaient plus en France que
Calais, Bordeaux, Bayonne et Dax.

La deuxième période de la guerre de Cent-Ans s'ouvrit
en 1415 par la bataille d'**Azincourt**, perdue par l'armée
française, toujours grâce à l'indiscipline et la folle bravoure de la chevalerie. Les sanglantes querelles des
grands et la folie de Charles VI amenèrent le traité de
Troyes par lequel le roi de France reconnaissait comme
héritier de la couronne son gendre Henri V, roi d'Angleterre, à l'exclusion de son propre fils Charles. C'est
à la reine Isabelle de Bavière, femme adultère et
dépravée de Charles VI, qu'était due cette incroyable
exhérédation que, du reste, la majorité de la Nation
refusa de reconnaître.

En 1422, la France semblait être dans une situation
telle qu'aucune foi dans ses destinées ne lui était plus
permise : les Anglais étaient parvenus au cœur du
royaume; le Roi légitime était méconnu d'une partie
de la Nation; la Reine mère et le premier prince du
sang trahissaient la Patrie!

De quel côté était le droit? Le Peuple hésitait : des
deux partis il recevait même traitement et sa misère ne
pouvait s'accroître. La France allait-elle donc périr?

Oui, le Peuple hésitait, mais il ne doutait pas cependant : au nord, au midi, au centre, tout le monde
avait conscience d'être Français en présence de ces
Anglais qui, depuis quatre-vingt-dix ans, avaient
accablé la France de tant de maux; on sentait vague-

ment que la Nation française est indestructible, on espérait un miracle, et ce miracle fut Jeanne d'Arc.

Jeanne d'Arc naquit en 1412, le jour des Rois, à Donrémy en Lorraine; son père, Jacques d'Arc, et sa mère, Isabelle Roméo, étaient de simples paysans très pauvres. Jeanne était douce et timide mais d'une piété fervente. Lorsque l'Anglais s'approcha de sa ville natale, précédé par la terreur de ses dévastations, elle crut entendre des voix qui lui commandaient, au nom de Dieu, de s'armer et de courir au secours de la France. Elle obéit à l'écho de sa foi et de son patriotisme et fit croire à tous ce qu'elle croyait sincèrement elle-même. Les Français reprirent confiance, les Anglais furent remplis de terreur; il n'y eut aucun autre miracle dans ce réveil du sentiment national qu'elle suscita et dont elle fut la plus admirable manifestation.

Les Anglais assiégeaient Orléans; le roi de France, Charles VII, réfugié à Chinon, y demeurait sans volonté, sans force, entouré de chefs de bandes, bien plus brigands que soldats. Jeanne d'Arc ne put tenir contre l'élan de son cœur : elle alla trouver le sire de Baudricourt qui commandait à Vaucouleurs et demanda à être conduite au roi; la population entraînée par elle lui fournit une armure, un cheval, une escorte; elle traversa la moitié de la France occupée par les bandes ennemies et arriva à Chinon. Là elle séduisit à grand peine le roi et son entourage, puis, suivie de la confiance de tous, elle entra dans Orléans le 29 avril 1429. Sa présence, sa foi, son patriotisme exalté excitèrent un enthousiasme indescriptible; les vieux soudards se déclaraient prêts à la suivre partout où il lui plairait de les conduire; pour lui complaire, ils renoncèrent d'eux-mêmes à leurs habitudes d'ivrognerie et aux blasphèmes dont ils étaient coutumiers! Le 8 mai — dix jours après son arrivée — Orléans était délivré!

Personne ne douta plus dès lors que Jeanne ne fût l'envoyée de Dieu; l'élan populaire devint indescriptible : partout les Anglais étaient refoulés, enfoncés, détruits. Le 17 juillet, Jeanne faisait sacrer Charles VII à Reims et cette consécration religieuse du droit politique du souverain avait pour conséquence immédiate d'entraîner les hésitants sous la bannière du prince français. Poursuivant le cours de ses succès, Jeanne attaqua Paris, où elle fut blessée et qu'elle ne put emporter; le 24 mai 1430, elle fut prise en combattant devant Compiègne et vendue aux Anglais.

Tout ce que la rage d'hommes vaincus par une femme peut inventer de lâche et d'infâme fut mis en œuvre par les Anglais pour perdre Jeanne; toutes les subtilités de la procédure ecclésiastique furent mises en action afin de prouver au peuple qu'elle avait sauvé que l'héroïne était une sorcière. Il se trouva des juges, un cardinal, un évêque pour condamner au feu une douce jeune fille de dix-neuf ans, dont le principal crime, à leurs yeux, était d'être la vertu même. Jeanne fut brûlée vive à Rouen le 30 mai 1431, sans que Charles VII eût fait en sa faveur une seule démarche.

Jeanne morte en martyre était plus puissante encore que Jeanne vivante. Charles VII, tiré enfin de sa torpeur, marcha résolument à la conquête de son royaume, et bien entouré, bien servi, puissamment aidé par le patriotisme surexcité des campagnes, chassa les Anglais de Paris, de Normandie et enfin de la France. Plein de remords, il se hâta de faire casser par la cour de Rome la sentence du tribunal ecclésiastique de Rouen et de réhabiliter la chaste et noble héroïne à laquelle il devait son royaume. L'Eglise a béatifié Jeanne d'Arc il y a quelques années, mais la France n'avait pas besoin de ce tardif hommage rendu à la douce martyre pour aimer et respecter en elle ce que l'idée de Patrie a produit de plus noble et de plus grand. Comme saint Louis, Jeanne d'Arc est unique dans l'histoire du monde.

9. *Luttes de la Royauté contre la grande féodalité.* — Il semblerait qu'après cette terrible guerre, après tant de ravages et de désastres la France dût être

épuisée d'hommes et d'argent : la misère du peuple était en effet bien grande, mais les plaies de la guerre se cicatrisent vite chez une Nation victorieuse et les règnes qui suivirent celui de Charles VII furent, dans une certaine mesure, des règnes de réparation nationale. Ce prince contribua du reste largement à rendre à la France la prospérité en la débarrassant des bandes de soldats pillards : un grand nombre d'entre eux furent incorporés dans les **compagnies d'ordonnance** et bien soldés ; les autres allèrent se faire tuer par les Suisses à la bataille de la Birse.

La guerre de Cent-Ans n'était, en réalité, qu'un épisode de la lutte commencée à Bouvines entre la royauté française et la grande féodalité ; cette lutte reprit avec une ardeur redoublée sous Louis XI. Le roi avait pour lui le peuple, qui commençait à mépriser ces grands seigneurs brutaux, si vains, si ignorants même dans le métier des armes ; il se souvenait que cette chevalerie incapable avait compromis l'honneur de la France à Courtray, à Crécy, à Poitiers, à Azincourt. Le chef reconnu de la féodalité était alors le comte de Charolais, plus tard duc de Bourgogne, **Charles le Téméraire**, un des princes les plus riches et les plus puissants de la chrétienté, dont la morgue, l'insolence et la fatuité dépassaient de beaucoup ce qu'un suzerain, même patient, pouvait supporter.

Louis XI, fils et successeur de Charles VII, n'était certainement pas un prince aimable et sympathique ; la légende en a même fait quelque chose comme une bête féroce : il y a beaucoup d'exagération dans cette opinion, qui n'est que le reflet des rancunes de la noblesse contre un roi qui n'avait rien de chevaleresque et qui s'en vantait. Louis XI faillit deux fois succomber au cours de la lutte, mais, à force de ruse et d'habileté et sans même engager sa magnifique armée, il réussit à faire détruire son trop puissant vassal par les Ligues suisses dans les batailles de Granson et de Morat, où la froide bravoure et la ténacité des montagnards eurent raison

de l'impétuosité et de la folle audace de la chevalerie
bourguignonne. Charles le Téméraire mourut misérablement au siège de Nancy.

A coup sûr, Louis XI n'eut ni générosité, ni scrupules de conscience, ni respect de la parole donnée,
mais ce fut un politique habile qui, presque sans combattre, sut agrandir le royaume de France de plusieurs
provinces, écraser les grands vassaux, développer le
commerce et l'industrie, assurer la sécurité et être le
souverain le plus puissant et le mieux obéi de la chrétienté.

Louis XI est une sombre figure dans notre histoire,
mais c'est lui qu'on doit considérer comme le véritable
fondateur de l'unité nationale. Quant à ceux qui furent
victimes de sa froide cruauté, ils avaient vingt fois
mérité la mort avant de la subir et leur sort n'eut tant
de retentissement que parce qu'ils appartenaient à la
haute noblesse. Louis XI savait ce qu'il faisait en frappant à la tête.

A la fin du xvᵉ siècle, la grande féodalité était détruite
en France. Dès la mort de Louis XI, dont la main de
fer contenait leur humeur batailleuse, les princes
essayèrent cependant de provoquer une réaction. à la
faveur de la jeunesse du nouveau roi. Ils comptèrent
sans l'hostilité de la Nation et sans l'habileté de la
régente de France, **Anne de Beaujeu**, fille aînée de
Louis XI, héritière de ses idées politiques. La tentative
des seigneurs échoua misérablement, le pouvoir royal
s'en accrut et, pour achever l'œuvre de Louis XI en
fermant toute notre frontière maritime à l'étranger, la
Bretagne fut réunie au domaine royal par suite du
mariage de Charles VIII avec la duchesse Anne.

10. *Les guerres d'Italie.* — A ce moment où la
France était si puissante et si vigoureusement unie,
s'ouvrit une période de soixante-cinq ans — de 1494 à
1559 — presque entièrement remplie par la guerre.
Sous quatre de leurs rois : Charles VIII, Louis XII,
François Iᵉʳ et Henri II, les Français franchirent les

Alpes et marchèrent à la conquête de l'Italie. De brillantes victoires, des revers honorables furent les seules conséquences de ces guerres, dont le profit fut nul, alors que la France aurait pu, en dépensant moins de sang et moins d'argent, continuer l'œuvre de Louis XI en acquérant et consolidant ses frontières naturelles vers l'est et le nord.

L'enthousiasme de la Nation pour ces expéditions aventureuses dans lesquelles les périls étaient certains et les gains aléatoires, apparut comme dangereux au reste de l'Europe : la France était décidément trop forte! Des coalitions se formèrent contre elle; aucune de ses conquêtes en Italie ne put être conservée et le territoire national fut envahi à plusieurs reprises. Toutefois, au point de vue intellectuel, cette période de guerres impolitiques et ruineuses eut de sérieux résultats. Le contact des Français avec l'Italie, qui était alors le plus ardent foyer des arts, des sciences et des lettres, développa dans notre pays l'instinct artistique qui est demeuré jusqu'à nos jours le plus glorieux apanage de notre Nation. La littérature, l'architecture, la sculpture allaient bientôt briller du plus vif éclat sous la protection éclairée de nos rois. C'est ce qu'on a appelé la **Renaissance** des lettres et des arts ou, plus simplement, la Renaissance.

La royauté, du reste, malgré la guerre, continuait à remplir dignement et intelligemment son rôle de puissance protectrice; elle développait avec persévérance toutes les forces vives du pays et achevait de concentrer et d'agglomérer la Nation française. La noblesse, par contre, avait beaucoup perdu de son lustre et de son autorité morale : toujours brave et brillante, toujours animée de l'esprit chevaleresque, elle remplissait sa fonction héréditaire avec honneur et surtout avec plus de discipline que pendant la guerre de Cent-Ans, mais elle ne formait plus l'élément essentiel des armées. L'infanterie avait lentement conquis la place prépondérante, c'était déjà la **reine des batailles**; en outre,

le développement rapide d'une arme née au début de
la guerre de Cent-Ans, le **canon**, allait bientôt rendre
inutiles les pesantes armures des chevaliers. La noblesse
n'était plus guère pour la royauté qu'un ornement,
mais elle conservait jalousement ses richesses et ses
privilèges, bien qu'elle ne fût plus seule à payer l'impôt
du sang.

L'autorité morale de l'**Église** était bien diminuée; la
richesse scandaleuse et la corruption élégante des pré-
lats nuisaient à leur prestige et surtout à celui de
l'Église. Déjà grondait sourdement l'orage terrible de la
réforme religieuse.

La bourgeoisie, par son instruction, ses richesses et
l'accaparement graduel de toutes les fonctions publiques, était devenue la véritable Nation. Le peuple n'existait pas encore au point de vue politique, ni même au
point de vue social; néanmoins, les serfs s'affranchis-
saient peu à peu par leur travail et la condition du cul-
tivateur de la terre devenait de jour en jour meilleure.
Ces soixante-cinq années de guerre au delà des monts
n'eurent donc pas sur la Nation l'influence déprimante
qu'on pourrait croire; d'ailleurs le xvie siècle est l'époque
des troupes mercenaires, qui transforment la guerre en
une plaie d'argent qui n'atteint pas les forces vives
d'un pays.

Les figures françaises empreintes d'un réel caractère
de grandeur furent rares à cette époque : la principale,
celle de **Bayard**, le chevalier **sans peur et sans reproches**, est populaire à juste titre dans un pays où la
droiture et la bravoure sont si fort en honneur. Né en
1476, au château de Bayard, en Dauphiné, Bayard fut
avant tout un homme de guerre vaillant, loyal, humain ;
il servit la France sous Charles VIII, Louis XII et François Ier, arma chevalier ce dernier sur le champ de
bataille de Marignan et sauva la France en 1521 par
son héroïque défense de Mézières. Il mourut en 1524,
le soir d'une défaite, le visage tourné vers l'ennemi,
après avoir donné au connétable de Bourbon, traître

à sa Patrie, une dure leçon d'honneur militaire. Sa calme résignation chrétienne devant la mort porte en elle des enseignements plus nobles encore que ceux que sa bouillante valeur et sa loyauté chevaleresque avaient fournis pendant toute sa vie. Au point de vue militaire, il n'est pas de plus beau modèle que Bayard et c'est à juste titre que la marine française a honoré cette grande mémoire en donnant le nom du bon chevalier à l'une de ses unités de combat.

Parmi les hommes de guerre de cette époque, il faut encore citer le jeune **Gaston de Foix**, le vainqueur de Ravennes, mort enseveli dans son triomphe, et **François de Guise**, l'illustre chef de la maison ducale de Lorraine qui, par sa vigoureuse défense de **Metz**, arrêta l'invasion de l'empereur **Charles-Quint** et parvint, en 1558, à enlever aux Anglais leur dernière possession française : Calais.

Il ne faut pas s'étonner qu'un siècle aussi actif que le xvie siècle ait produit aussi peu d'hommes faisant relief dans l'histoire. Cette époque est, en effet, remarquable par un mouvement intellectuel généralisé ; elle a produit beaucoup d'hommes illustres dans les sciences, les lettres et les arts, mais peu de grands hommes de guerre ; le xvie siècle est à la fois le siècle de la Renaissance et celui de la Réforme religieuse ; il ne ressemble à aucun autre : les souverains et les capitaines y cèdent le pas aux penseurs et aux artistes.

11. *Les guerres de religion.* — A peine les Anglais étaient-ils définitivement chassés de France par la prise de Calais que s'ouvrait la sombre et douloureuse période des guerres de religion.

A mesure que la société devenait moins brutale et plus policée et que l'instruction se propageait dans les rangs de la bourgeoisie, la puissance de l'Église diminuait et la foi se faisait plus raisonneuse. Les causes de cette évolution étaient de plusieurs sortes ; nous allons les indiquer.

Nous avons dit qu'à l'époque féodale, l'Église, fidèle

à ses origines, s'était faite la protectrice des faibles et s'était érigée en pouvoir modérateur. Ce qui restait des connaissances acquises par les hommes s'était réfugié dans les couvents : la pensée humaine n'avait plus alors d'autre asile que le sanctuaire de la foi. Mais, quand les progrès de la **Royauté** eurent fait de celle-ci le pouvoir protecteur par excellence, quand les **gens du roi** eurent remplacé dans l'ordre judiciaire les **gens d'église** et les prévôts féodaux, quand l'Université de Paris, les écoles et les universités provinciales eurent donné à leur enseignement une plus grande étendue, quand les guerres en Orient eurent fait retrouver les ouvrages des philosophes et des savants de l'antiquité, **l'Église cessa d'être l'unique source de lumières.** Il se trouva même qu'étant seule à n'avoir pas fait un pas en avant, elle n'avait cependant, en aucune manière, abandonné la prétention de tout régler, d'imposer les opinions qu'elle croyait bonnes, de condamner et de détruire par tous les moyens qu'elle avait en son pouvoir les doctrines qui n'étaient pas les siennes. Heureusement, un des privilèges de l'esprit humain est de supporter malaisément les entraves dont on tente de gêner son essor et le xvie siècle s'apprêtait à secouer des chaînes dont la légitimité ne lui semblait plus évidente et que ne justifiaient plus les services rendus aux humbles.

Les hommes qui prétendent à conduire et à régenter leurs semblables, à leur indiquer et, au besoin, leur **imposer** la voie à suivre au point de vue moral, doivent, eux aussi, marcher dans la voie qu'ils indiquent comme la seule bonne, sous peine de perdre toute autorité sur les âmes s'ils adoptent pour eux-mêmes une route différente. L'Église continuait bien à prêcher la foi, la pauvreté, la charité et la chasteté, mais beaucoup de ses membres — et malheureusement les plus élevés dans la hiérarchie ecclésiastique — étaient trop souvent sceptiques, durs au pauvre monde, scandaleusement riches et de mœurs dissolues; ils oubliaient trop souvent le royaume des cieux pour celui de la terre : c'est ainsi qu'ils perdirent une grande partie de leur ascendant sur la partie instruite de la Nation.

L'Église tenta de reconquérir par la force l'influence que ses désordres et ses faiblesses lui avaient fait perdre et elle demanda imprudemment à l'Inquisition et à ses supplices de soumettre au joug ecclésiastique cet esprit de libre discussion qui perçait de toutes parts à travers la foi religieuse, encore très vive du reste. Comme il était facile de le prévoir, la persécution produisit son effet ordinaire; elle précipita et aggrava le mouvement de résistance; beaucoup de princes prirent la tête des révoltés et alors commença dans toute l'Europe occidentale une lutte acharnée et sauvage entre le catholicisme intolérant et le parti de la **réforme** ou de la **protestation.** (D'où les noms de **réformés** ou de **protestants** donnés aux dissidents.) Les deux chefs intellectuels de ce mouvement furent l'Allemand **Martin Luther** et le Français **Calvin** de qui procèdent les deux principales sectes du protestantisme : les Luthériens et les Calvinistes.

La royauté française devait nécessairement prendre parti entre le catholicisme et la réforme : les traditions de la France, son unité déjà réalisée, la foi catholique toujours très vive dans le peuple, tout repoussait les nouvelles doctrines. Un souverain digne de ses hautes fonctions aurait pu, en provoquant un synode national pour poser les bases d'une réforme catholique, épargner peut-être à la France une crise sanglante, mais notre pays était alors gouverné par une femme d'esprit subtil et retors, Italienne de naissance et imprégnée des principes politiques de la république florentine. Souveraine de courtes vues et de petits moyens, **Catherine de Médicis** ne sut pas prendre une résolution virile; son esprit de tolérance, aidé de la haute sagesse du chancelier **Michel de l'Hospital**, retarda longtemps la guerre civile, mais ne put l'empêcher d'éclater en 1562 et alors son astuce florentine eut pour conséquence d'en aggraver les horreurs.

Catherine gouverna la France sous trois de ses fils :
François II, Charles IX et Henri III : ce fut pour le
malheur de notre Patrie et la honte de la Royauté.
Rusée, cruelle, vindicative, demandant souvent au poi-
gnard ou au poison ce qu'elle n'osait pas demander à
la force, déshonorant la cour de France par la corruption morale qu'elle y développait de parti pris, elle
marqua la royauté des Valois du stigmate sanglant de
l'assassinat, car ce fut elle qui eut la plus grande part
morale au massacre de la Saint-Barthélemy. Malgré
son intelligence incontestable, Catherine de Médicis
mérite donc, plus qu'aucun de nos rois peut-être, les
sévérités de l'histoire parce que le but de ses combinaisons politiques ne fut jamais **national**; elle n'eut
qu'une pensée : sauvegarder le trône de ses fils et
régner sous leur nom. Le résultat de ce machiavélisme
maternel fut un changement de dynastie, celle des
Valois s'étant enfin éteinte dans le vice et dans la honte
sous le couteau de **Jacques Clément.**

Les guerres de religion furent acharnées, impitoya-
bles; catholiques et protestants se signalèrent par les
mêmes atrocités et la même intolérance, les deux partis
n'eurent pas honte d'appeler l'étranger à leur secours;
l'assassinat devint un moyen de propagande. Du reste,
le prétexte religieux cachait des ambitions inavouables :
si une grande partie de la noblesse se trouvait dans le
camp protestant, c'est qu'elle voyait dans la guerre
civile un moyen d'affaiblir le pouvoir royal et de reconquérir son ascendant politique perdu; si la puissante
maison de Lorraine — **les Guise** — se montrait plus
catholique que le roi lui-même, c'est qu'elle entendait
se substituer sur le trône à la race abâtardie des Valois
ou se tailler en France une souveraineté séparée. La
guerre religieuse ne fut en somme qu'un nouvel effort
de l'esprit provincial et particulariste contre l'unité
nationale.

Les passions politiques acquirent, au cours de cette
déplorable lutte, une violence telle qu'on vit le Souve-

rain Pontife, ce représentant sur la terre d'un Dieu de bonté, féliciter le roi de France Charles IX de l'abominable massacre de la Saint-Barthélemy, et ne pas craindre de mettre ce crime odieux sur le même pied que la victoire navale de **Lépante** gagnée par l'illustre don Juan d'Autriche sur la redoutable marine des infidèles !

La ville de France qui se signala le plus par son ardeur à la guerre civile, fut précisément la capitale elle-même. On se tromperait en attribuant uniquement à l'intolérance religieuse la rebellion des Parisiens envers leur roi. Alors comme aujourd'hui, Paris, foyer de lumières et d'industrie, fier de sa nombreuse population et de ses richesses, visait à une indépendance complète. Cerveau de la France, il prétendait faire la loi à toute la Nation et, inconsciemment, il trahissait la Patrie commune en se déclarant pour l'ambitieuse famille des Guise. L'instinct municipal dominait Paris ; le pouvoir central y était détesté et la grande ville n'admettait dans ses murs ni les troupes royales, ni les gens du roi. Paris, qui fut, lors de la guerre de Cent-Ans, le dernier boulevard de la domination anglaise en France, fut également le dernier foyer de la guerre religieuse qu'il prolongea de cinq années par sa résistance désespérée. On vit à cette époque la fière cité ne pas craindre — chose monstrueuse — d'admettre dans ses murs une **garnison espagnole** !

Henri IV, prince de la maison de Bourbon et descendant direct de **Saint Louis,** monta sur le trône de France après l'assassinat du dernier Valois. Désireux de mettre fin aux luttes religieuses qui ruinaient et dépeuplaient la France, il abjura pour son compte le protestantisme, reconquit son royaume et accorda aux protestants l'**édit de Nantes** qui posait les bases de la **liberté de conscience** (1598). En réalité, la lutte ne prit fin que sous le successeur de Henri IV, mais elle n'eut plus ce même cachet de fanatisme qui avait caractérisé le début de la crise ; elle fut plutôt politique que

religieuse et peut être considérée comme la dernière
convulsion de l'esprit féodal étouffé par l'unité nationale. Dans le reste de l'Europe occidentale, la guerre
religieuse continua ses horreurs, mais les haines politiques, plus encore que les divergences entre les différentes confessions, poussaient les peuples les uns contre
les autres. En fin de compte la liberté de conscience
triompha partout.

Par sa faute, l'Église catholique avait été mise à deux
doigts de sa perte; un tiers des fidèles était passé dans
le camp de la réforme. Les Papes comprirent trop tard
que le relâchement des mœurs du haut clergé et des
ordres monastiques, non moins que le commerce honteux des indulgences, avaient été les causes déterminantes de ce dangereux esprit de libre examen, avivé
par l'orgueil des découvertes de **Kopernic** et de **Galilée**;
trop tard aussi une **réforme catholique** fut jugée
nécessaire et, grâce à elle, l'Église put se rétablir peu à
peu dans l'estime des peuples, mais la majestueuse
unité des temps anciens avait vécu : la science était
dégagée définitivement des entraves théologiques et
métaphysiques.

12. *La Renaissance.* — Ainsi que nous l'avons
dit plus haut, la sanglante période des guerres de religion est aussi la brillante époque de la Renaissance des
lettres et des arts.

La langue française du XVe siècle n'était pas cette
langue claire et précise que nous possédons aujour-
d'hui; au lieu de donner à **l'idée** une netteté de con-
tours et une transparence telles que les moindres cise-
lures dont elle est ornée ressortent avec vigueur sur un
fond brillant, elle était encombrée de tournures latines
fort peu en rapport avec le caractère simpliste de la
Nation. La **phrase**, généralement pittoresque, se présentait longue et entortillée et ses ornements ne faisaient que l'alourdir. Les grands écrivains du XVIe siècle
aidèrent puissamment à l'évolution de la langue. Quelques-uns, comme **Ronsard** et les poètes de la **Pléiade**,

tentèrent de l'enrichir par la diffusion exagérée des racines latines ou grecques; cette tentative n'a heureusement laissé que de faibles traces, mais on doit à Ronsard et à ses émules la finesse, la délicatesse, la grâce dans l'expression de la pensée. **Malherbe**, au contraire de la Pléiade, ne songea qu'à simplifier et à anoblir les formes de l'idée : il a tracé la voie aux grands écrivains du xvii° siècle par la sobriété, la pureté, la noblesse et la solennité encore un peu roides de ses œuvres.

Parmi les prosateurs, les deux plus connus sont **Rabelais** et **Montaigne** : le premier a été porté aux nues, même de son temps. Mais il exige aujourd'hui, pour être compris, une connaissance profonde et minutieuse à la fois des événements de son époque, sans compter beaucoup de réflexion et d'érudition, au lieu que le bon sens, la sincérité et la bonhomie spirituelle du second sont goûtés de tous sans efforts et comportent des enseignements moraux très faciles à dégager. Ces quatre noms : **Ronsard, Malherbe, Rabelais** et **Montaigne** sont ceux des plus illustres écrivains de la Renaissance, mais on en pourrait citer beaucoup d'autres très remarquables comme penseurs et comme écrivains.

La **peinture** française du xvi° siècle n'est pas à comparer avec les œuvres italiennes qui, jusqu'à ce jour, sont demeurées sans rivales : en revanche, les architectes français de cette époque ont élevé les plus beaux monuments civils que la France ait jamais possédés : le Louvre et les Tuileries à Paris; les châteaux de Blois, d'Amboise, de Chaumont, de Chenonceaux, de Chambord, d'Azay-le-Rideau sur les bords de la Loire et du Cher, dans cette Touraine charmante qu'on a surnommée avec raison le « jardin de la France ». Ces œuvres sont remarquables, moins par leur grandeur que par la suprême élégance et le charme de leurs proportions et de leurs détails, par l'exquise fantaisie de leur ornementation. Il faut donc retenir les noms de **Pierre Lescot**, de **Philibert Delorme**, de **Jean Bul-**

lant comme ceux d'artistes incomparables. Des sculpteurs comme **Jean Goujon** et **Germain Pilon** pouvaient rivaliser avec les plus grands génies italiens; quant à **Léonard Limousin** et **Bernard Palissy**, ils furent, l'un dans l'émail, l'autre dans la céramique, des artistes uniques. La vie nécessiteuse et pénible du dernier montre tout ce qu'une volonté ferme peut faire supporter de misères et d'insuccès apparents dans la conviction du succès définitif.

Ainsi, la France du XVIe siècle, après s'être mise à l'école de l'Italie, pouvait déjà opposer de grands noms à ceux des plus illustres maîtres de ce pays; mais l'Italie va s'épuiser rapidement au lieu que la France, grâce à sa forte unité, grâce à ses princes amis des arts, va voir au contraire le génie de ses fils prendre, dans les deux siècles suivants, un prodigieux essor. En France la vitalité est plus forte, le goût plus sûr et plus délicat; l'art, la science, les lettres s'y renouvellent de siècle en siècle et, de François Ier jusqu'à nos jours, la grandeur intellectuelle de notre pays n'a subi, pour ainsi dire, aucune atteinte, aucune éclipse.

13. *Henri IV*. — Au sortir de trente années de guerre civile, la surface de la France n'était plus qu'une plaie douloureuse; jamais la Nation n'avait été plus près de sa ruine et jamais non plus elle ne se releva plus rapidement grâce à son roi, qu'elle avait accepté du reste de fort mauvaise grâce. **Henri IV**, esprit compliqué, politique subtil, vaillant soldat autant que grand capitaine, était doué d'une grande finesse de pénétration, en même temps que d'une bonhomie gasconne pleine de séduction. Avant tout, ce fut un **patriote**. Tout naturellement, dès qu'il ne fut plus seulement un chef de parti, il fut roi, dans toute la force du terme; sacrifiant à la France ses goûts guerriers, il ne songea plus qu'à cicatriser les plaies que le fanatisme religieux et le brigandage féodal avaient faites; il se consacra tout entier aux travaux de la paix.

Il sut — qualité royale entre toutes — admirablement choisir ses collaborateurs, dont le principal fut Maximilien de Béthune, baron de Rosny, puis duc de Sully, que la postérité ne connaît guère que sous ce dernier nom. **Sully**, financier habile, homme de guerre, ingénieur, administrateur, se mêla de tout et réussit également bien en toutes choses. Henri IV eut en lui un conseiller précieux qui lui donnait toujours son avis sans précautions oratoires et sans flatteries.

Le premier soin de Sully fut de faire rendre gorge aux financiers véreux du règne précédent, puis de faire des économies et de réduire l'impôt direct. Malgré cet esprit d'épargne, il faisait pourtant percer des routes, creuser des canaux, bâtir des ponts, élever des forteresses et des châteaux. Il réorganisa l'Armée, fit fondre une belle artillerie, approvisionna en munitions les arsenaux et les places fortes. En même temps, il protégea l'agriculture pendant que Henri IV subventionnait le commerce et l'industrie. Ces deux grands hommes se complétaient l'un par l'autre et marchaient pour ainsi dire la main dans la main, n'ayant d'autres buts que la grandeur et la prospérité de la Patrie.

Cependant, le roi de France songeait à venger sur l'Espagne les griefs du roi de Navarre : c'étaient en effet le sombre roi Philippe II, son or et ses soldats qui avaient entretenu en France la guerre religieuse et forcé Henri à conquérir son royaume province par province. D'ailleurs, la guerre contre la catholique Espagne s'imposait par des raisons d'équilibre européen : la maison d'Espagne et son alliée la maison d'Autriche, par leurs immenses domaines, formaient autour de la France un cercle formidable qu'il était indispensable d'affaiblir, en le divisant en tronçons indépendants sinon hostiles. Henri IV, voyant son royaume prospère, ses finances rétablies, son armée prête et les mécontents enfin domptés, allait donner le signal de cette lutte vraiment politique et nationale, quand il fut assassiné par **Ravaillac** (14 mai 1610).

Henri IV a été certainement Henri « le bien servi », mais il a été aussi Henri **le Grand** parce qu'il a beaucoup aimé sa Patrie et qu'il a travaillé de toutes ses forces à sa vraie grandeur. Il fut victime du fanatisme catholique, non encore éteint, et sa mort prématurée jeta la France dans une période de troubles et de guerres civiles qu'un roi mineur et une régente, sans intelligence et sans noblesse, ne surent pas éviter. L'abaissement de la maison d'Autriche, la constitution d'un équilibre européen et le règne de la tolérance furent retardés d'un demi-siècle.

14. *Richelieu*. — La noblesse et la Régente se hâtèrent d'épuiser à leur profit le trésor amassé par Henri IV et Sully en vue de la guerre contre l'Espagne, puis le règne des favoris commença. Des intrigues de cour et la guerre civile remplirent les quatorze premières années du règne de Louis XIII. A partir de 1624, Armand Duplessis, plus tard cardinal et duc de **Richelieu**, devint premier ministre et demeura dans ce poste jusqu'à sa mort, qui ne précéda que de quelques jours celle de Louis XIII.

Ce prince qui fut, comme son père, un vaillant soldat, n'avait ni la vigueur physique ni l'énergie morale du Béarnais; il avait le sentiment de ce qu'il fallait faire et grand souci du bien de l'État mais, à lui tout seul, il eût sans doute été incapable d'une décision virile. Il a droit cependant à l'estime de l'histoire pour avoir conservé et secondé son grand ministre, en dépit de toutes les intrigues de cour. Quant à Richelieu, sa personnalité est une de celles qu'un bon Français peut admirer sans réserves, car aucun de nos hommes d'État n'a été possédé, à un degré aussi élevé que ce grand ministre, de la religion de la Patrie.

A l'intérieur, Richelieu acheva la ruine du parti protestant et de la féodalité par la prise de la Rochelle, le démantèlement des châteaux féodaux et le supplice de quelques-uns des plus grands seigneurs coupables de haute trahison. A l'extérieur, puissamment aidé par le père Joseph du Tremblay, il reprit le plan de Henri IV, pour l'abaissement de la maison d'Autriche et conquit à la France, l'Artois, le Roussillon et l'Alsace. Sa rigueur à l'égard de la noblesse a été souvent blâmée, mais on la comprend aisément si on se met à la place d'un grand ministre dont les plans, merveilleusement élaborés, étaient à chaque instant traversés par les folies de quelques jeunes gens brouillons. Au reste, tous ceux qu'il frappa étaient au moins coupables d'alliance avec l'ennemi étranger. Le propre frère du roi, Gaston d'Orléans, prince sans intelligence et sans honneur, aurait sans doute payé de la tête ses trahisons constantes envers son roi s'il n'avait été du sang de France.

15. *Mazarin. La Fronde.* — Louis XIV n'avait que cinq ans lorsque son père mourut; malgré le testament de ce dernier, la reine Anne d'Autriche, sa mère, devint Régente de France et prit comme premier ministre le cardinal Jules **Mazarin** : au point de vue de la politique extérieure de la France, cet étranger fut un digne continuateur de Richelieu, mais étant Italien et de petite naissance, il ne put jamais exercer l'autorité à l'intérieur avec la même vigueur que son illustre prédécesseur. Son caractère, d'ailleurs, dans lequel l'habileté, l'astuce et la persévérance l'emportaient de beaucoup sur l'énergie, lui faisait toujours redouter les mesures rigoureuses. Mazarin fut soutenu pendant toute sa vie par la Reine mère, laquelle, bien qu'étrangère et détestée de son époux, avait su devenir très française de cœur : grâce à cet appui, il régna véritablement sur la France en souverain absolu.

Le seul vrai défaut de Richelieu avait été de ne jamais se préoccuper des finances : il laissa donc à son successeur une situation embarrassée, les revenus de l'État grevés, des impôts lourds et vexatoires. Mazarin, dont le vice favori était une avarice sordide, n'était pas homme à rétablir la prospérité : il tripota honteusement, acquit aux dépens de la France une

immense fortune et livra les finances à des hommes
sans scrupules et sans probité. On avait déjà sur les
bras la guerre étrangère, bientôt allait s'y joindre la
guerre civile.

Le poids écrasant des impôts, les ambitions confuses
et tumultueuses des nobles qui espéraient bien, sous
un roi mineur, secouer enfin le joug de fer que la
main de Richelieu avait mis sur leurs épaules ; les
malversations scandaleuses de Mazarin, la haine qu'il
inspirait aux princes en tant que parvenu et à la population parisienne en tant qu'étranger ; la turbulence
coutumière de la capitale, enfin la fausse idée que le
parlement de Paris se faisait de ses attributions politiques, tout se réunit pour amener une crise révolutionnaire qui mit un instant en péril le pouvoir absolu.
C'est cette crise qu'on a appelée la **Fronde**.

Ce qu'il y eut de vraiment étrange dans ce mouvement c'est qu'il n'eut pour ainsi dire pas de chef ;
chacun combattait pour son propre compte et sans se
soucier des autres. Les grandes dames faisaient la guerre
pour s'amuser, les grands seigneurs pour obtenir des
pensions et des gouvernements, le parlement pour
arracher des réformes financières et le renvoi de
Mazarin, le peuple de Paris par instinct révolutionnaire. Les deux plus grands capitaines de l'époque, le
maréchal de **Turenne** et le prince de **Condé** passèrent
successivement de l'un à l'autre camp ; l'un et l'autre
combattirent même dans les rangs de l'ennemi étranger
contre leur Patrie et cela sans savoir au juste pour
quelles raisons. Le parlement seul avait un but bien
défini et ses meneurs étaient réellement soucieux du
bien public, qui était parfaitement indifférent aux
autres révoltés.

Cette guerre sans chefs et sans but fut pauvre en
grands événements : la régente, obligée deux fois de
quitter Paris avec la cour et le jeune roi, se vit forcée
à deux reprises d'exiler Mazarin pour complaire aux
factieux, mais le ministre, du fond de l'exil, con-

tinua à gouverner la France. Il revint enfin triomphant et la guerre finit comme elle avait commencé, sans qu'on sût au juste comment ni pourquoi; elle n'avait pas été très sanglante, mais elle avait été ruineuse.

En somme, la révolution avait échoué misérablement. La Fronde eut pour résultat de consolider ce qu'elle avait l'obscure intention de détruire : le **Pouvoir absolu**. Avec la majorité de Louis XIV, ce pouvoir arrivait à l'apogée. Le parlement, qui avait voulu censurer les actes du pouvoir central, alors que ses attributions étaient uniquement de l'ordre judiciaire, perdit toute influence pour avoir inconsidérément tenté d'étendre son rôle politique; l'aristocratie, qui avait voulu reconstituer à son profit des gouvernements provinciaux indépendants, fut mise à la chaîne auprès du Prince et dut se résigner à n'être plus qu'une noblesse de cour, une brillante domesticité. Quant au peuple, il paya une fois de plus les frais de la guerre civile, aux maux de laquelle vinrent se joindre la peste, la famine, l'invasion étrangère, les rapines des gens de guerre et la dépopulation des campagnes. La misère de la France, à la fin de la Fronde, était aussi grande qu'au début du règne de Henri IV.

La guerre contre l'Espagne et la maison d'Autriche avait repris après la mort de Richelieu, mais il est aisé de comprendre que, dans les conditions où se trouvait la France, cette lutte ne pouvait avoir des résultats bien décisifs. Fort heureusement, la régente avait à sa disposition deux hommes de guerre véritablement incomparables : le prince de **Condé**, d'abord duc d'Enghien, battit à **Rocroy** et à **Lens** les meilleures troupes espagnoles, tandis que le maréchal de **Turenne** gagnait contre les Impériaux les batailles de **Fribourg** et de **Nordlingen** et menaçait Vienne. Les **traités de Westphalie** mirent fin à la guerre contre l'Autriche, mais celle contre l'Espagne, dans laquelle Turenne eut pour adversaire Condé lui-même, ne se termina qu'en 1659 par le **traité des Pyrénées**. Louis XIV épousa alors l'Infante d'Espagne : Marie-Thérèse. Ce mariage, dicté par des raisons purement politiques, devait avoir dans l'avenir de redoutables conséquences.

16. *Louis XIV et le despotisme royal.* — Le demi-siècle qui s'était écoulé entre la mort de Henri IV et le commencement du gouvernement personnel de Louis XIV, avait été une période de monarchie absolue, en ce sens que toute autorité émanait du roi ou du ministre qui gouvernait en son nom et que noblesse, clergé, bourgeoisie, peuple n'avaient plus ou n'avaient encore aucun rôle politique. Richelieu avait posé le principe : **Tout par l'État et pour l'État**, très défendable en somme quand celui qui détient le pouvoir suprême a plus de souci des services publics que du sien propre, quand la dignité de la Nation lui est plus chère que la sienne propre. Ce fut précisément le cas de Richelieu et aussi, dans une certaine mesure, celui de Mazarin, véritables monarques tous deux, régnant sous les noms de Louis XIII et de Louis XIV. Nous allons voir maintenant cette monarchie absolue devenir **despotisme**, l'État se fondre en entier dans la seule personne du roi, le principe de Richelieu se transformer et devenir dans la pensée sinon dans la bouche de Louis XIV : **L'État, c'est moi**, principe qui ne serait tolérable que sous un prince absolument parfait.

La forte main de Richelieu avait bâti les assises de ce despotisme en abaissant tous les pouvoirs autres que celui du souverain, mais il faut ajouter que la sottise et l'infatuation de la noblesse l'aidèrent singulièrement dans sa tâche. Depuis longtemps, la noblesse française avait perdu le souci de ses devoirs pour ne garder que celui de ses privilèges; ses plus illustres chefs n'étaient que des politiciens à courtes vues. Le pouvoir royal a écrasé l'aristocratie de naissance parce que celle-ci, ne s'étant jamais souciée de la Nation, n'a pas été soutenue par elle; devant tout à la royauté, le peuple ne connaissait qu'elle et ce culte du Prince dura jusqu'en 1789.

Le règne de Louis XIV peut être apprécié de deux manières bien différentes, suivant qu'on l'envisage dans ses résultats immédiats ou qu'on réfléchit à ses conséquences lointaines. Les conséquences lointaines de cette longue période de cinquante-quatre ans qui s'étend de la mort de Mazarin à celle de Louis XIV furent la ruine des finances, par suite des guerres perpétuelles du règne, grâce à la folie des constructions de luxe, à la prodigalité du roi et de sa cour; la banqueroute, la chute de la monarchie, la révolution de 1789 avec tout ce qu'elle a coûté de sang à la France, avec ses conquêtes et ses gloires, mais aussi avec ses horreurs et ses folies. Les conséquences immédiates de ce règne furent au contraire la gloire militaire, la conquête de plusieurs provinces, l'unité dans la foi religieuse, la domination intellectuelle de l'Europe par la France et un reflet incontestable de noblesse et de grandeur jeté sur la Nation par ce roi si majestueux, si maître de lui, si profondément imbu du caractère divin de la royauté, si grand au milieu des plus cruels désastres.

Louis XIV ne fut pas, comme l'avaient été son père ou son grand-père, un vaillant soldat ou un grand capitaine; s'il assista quelquefois à des actions de guerre, ce fut au milieu du faste de sa cour, de l'éclat de sa brillante maison militaire et avec l'assurance complète que la victoire ne saurait être indécise. La guerre, ainsi pratiquée, n'était qu'une parade merveilleuse au milieu d'un décor d'opéra; elle flattait les instincts de majesté du Prince, mais les généraux n'étaient tranquilles que lorsque le roi avait quitté l'armée, sa présence entravant nécessairement toute opération un peu sérieuse.

Louis XIV fut un protecteur éclairé pour les artistes, mais il leur demanda surtout d'immortaliser sa personne sacrée par des monuments impérissables très coûteux et souvent très inutiles. Les sommes effrayantes englouties dans Versailles, Trianon et Marly furent, de l'aveu même de Louis XIV, mal utilisées, sinon follement gaspillées. Si Louis XIV aima et protégea les grands écrivains, ce fut à la condition qu'ils s'emploieraient à chanter sa gloire et que leur plume n'aurait aucun écart, aucune liberté pouvant porter atteinte au prestige de l'absolutisme.

Si Louis XIV se montra catholique au point de laisser commettre par ses intendants provinciaux les plus grandes infamies à l'égard des protestants, c'est qu'il espérait racheter ainsi les crimes sans nombre de sa jeunesse licencieuse. Certes, Louis XIV aima la France, mais ce ne fut pas d'une affection filiale; il l'aima comme sa propriété, comme sa chose; s'il souffrit de l'humiliation de son Drapeau c'est que ce Drapeau était le sien, mais il n'aima jamais son peuple, lequel à vrai dire, devant son égoïsme hautain, n'existait même pas. En un mot, Louis XIV a été l'incarnation haïssable du **moi**, dans la plénitude de son orgueilleux développement. Par bonheur, il n'eut pas d'instincts bas, de sorte que, malgré ses faiblesses, ses fautes et ses crimes il est demeuré dans la mémoire des hommes comme le type achevé du roi absolu.

Le règne **personnel** de Louis XIV peut être divisé en trois parties : celle des **succès** qui va de 1661 à 1678; celle des **fautes** qui s'étend de 1678 à 1697 et enfin celle des revers qui comprend le reste du règne jusqu'en 1715.

Pendant la **première période**, Louis XIV, appuyé sur les grands ministres que lui avait légués Mazarin : **Colbert, Louvois, Hugues de Lionne**, soutenu par l'épée des **Turenne, Condé, Duquesne** et de leurs élèves, entouré du rayonnement intellectuel de Molière, de Racine et de Bossuet, alors dans le complet épanouissement de leur génie, brilla au milieu de sa cour et de l'Europe comme le soleil, qu'il avait pris pour emblème, brille au milieu d'un ciel sans nuages. Une partie de cette période fut remplie par une guerre, injuste autant qu'impolitique, contre la République de Hollande. Cette guerre détermina une coalition formidable contre la France : l'Allemagne et l'Espagne s'unirent à la Hollande pour arrêter Louis XIV. La paix de **Nimègue** humilia l'Empire et l'Espagne et donna à la France la Franche-Comté.

La **deuxième période**, celle des fautes, contient aussi une grande guerre injuste et impolitique. Louis XIV, enflé par les succès de la période précédente, avait pris de sa valeur une idée tellement haute qu'aucune observation n'était plus permise, même aux plus dévoués de ses serviteurs; sa volonté écrasait toutes les résistances et rebutait tous les conseils. Au reste, les grands ministres étaient morts, les grands capitaines avaient disparu et les élèves qu'ils avaient laissés n'avaient ni leur valeur ni leur prestige. La **Révocation de l'Édit de Nantes**, décidée et imposée par le Roi, amena l'émigration de la partie la plus instruite, la plus industrieuse, la plus riche de la Nation française et l'imprégna d'une haine vigoureuse contre son ancienne Patrie; **l'incendie du Palatinat** déshonora nos armées; enfin la folle et insolente prétention du roi d'imposer à l'Angleterre une famille princière qu'elle avait chassée du trône, assura à la France la haine irréconciliable du peuple anglais et de ses souverains. La paix de **Ryswick** clôtura cette période. Malgré de belles victoires, malgré les efforts de Luxembourg, Vendôme, Vauban, Catinat, Tourville, Château-Renaud, la France ne gagna rien à ce traité. Elle avait dépensé en pure perte beaucoup de sang et beaucoup d'argent et semé autour d'elle beaucoup de haines dont les effets ne tardèrent pas à se faire sentir.

La **troisième période** — celle des **revers** — est encore entièrement remplie par une guerre, aussi injuste que les précédentes, mais moins impolitique cependant, puisqu'elle avait pour but de placer l'Espagne

et ses immenses domaines d'outre-mer sous le sceptre
d'un petit-fils de Louis XIV. A cette guerre, dans
laquelle la France luttait contre toute l'Europe, vint se
joindre une guerre civile religieuse que la révocation
de l'Édit de Nantes avait provoquée.

Dans la guerre pour la succession d'Espagne, nos
ennemis avaient dans leurs rangs deux des plus illustres hommes de guerre de l'Europe : **Malborough**, le
Prince Eugène de Savoie.

Malgré de terribles désastres, malgré le talent de nos
ennemis, malgré l'épuisement du pays en hommes et
en argent, les victoires décisives de **Villaviciosa**, de
Denain et de **Fribourg** sauvèrent la France d'un
démembrement : la paix d'**Utrecht**, signée en 1713,
laissait à Philippe V le trône d'Espagne et les possessions américaines de cette couronne; la France perdait
Terre-Neuve et les vastes territoires de la baie d'Hudson.
Grâce à **Villars** et à **Berwick**, l'honneur était sauf,
mais le « grand roi » avait été forcé de s'humilier deux
fois devant la coalition et c'est le dévouement du
peuple — auquel Louis XIV avait enfin consenti à
faire appel — qui, cette fois, avait sauvé la Patrie.

A la fin du règne de Louis XIV, la France s'était
agrandie de cinq provinces, avait acquis un fort bel
empire colonial et lutté victorieusement contre trois
formidables coalitions; en réalité elle s'était affaiblie,
car l'Angleterre, sa rivale, était maintenant au premier
rang, grâce à l'union étroite qui s'était accomplie
en 1688 entre la royauté de Hanovre, l'aristocratie et
le peuple anglais. Les fautes du « roi-soleil » avaient
amené ce triste résultat. Si nous ajoutons que le commerce, l'industrie et les finances étaient ruinés, que
l'agriculture périclitait, que la France se dépeuplait,
que la population rurale souffrait de maux sans
nombre et que **la dixième partie de la Nation était
réduite à la mendicité**, on conviendra avec nous que
l'auteur responsable de tant de malheurs ne mérite à
aucun point de vue le nom de « grand » que ses flat-

teurs lui ont donné pendant sa vie et que, seule, la postérité aurait eu le droit de lui accorder.

17. *Le XVII° siècle.* — La période que Voltaire et, après lui, cet être irresponsable et irréfléchi qu'on nomme « tout le monde » ont appelée le **siècle de Louis XIV**, est certainement la plus brillante dans l'histoire intellectuelle de la France; elle a communiqué au règne du fils de Louis XIII un incomparable éclat, bien loin qu'elle en ait emprunté quoi que ce soit au roi-soleil. **Le génie ne se crée pas** et les grands écrivains, les grands orateurs, les grands artistes, les grands hommes d'État, les grands capitaines de terre et de mer de cette époque ne sont pas nés des regards de Louis XIV. Les uns furent protégés par lui : ce ne furent pas les plus grands; les autres eurent le malheur de lui déplaire : ils n'en sont que plus illustres; il ne choisit pas davantage Colbert et de Lionne qu'il n'eut à distinguer Turenne, Condé et Duquesne; sa protection ne fut certainement pas inutile à quelques-uns, mais être tombé dans sa disgrâce ne diminua en rien le mérite de quelques autres; s'il ne sut donner aucun talent militaire à Villeroy, il fut également impuissant à communiquer du génie à Boileau; ses courtisans, il est vrai, tentaient de lui faire croire que les grands hommes naissaient sous ses pas, et son orgueil immense acceptait volontiers ce phénomène, mais nous avons, nous, le devoir de n'en rien croire, parce que cela est contraire à la logique et à l'expérience. Il ne faut pas oublier, du reste, que la valeur intellectuelle de Louis XIV n'était pas — il s'en fallait même de beaucoup — à la hauteur de son incommensurable vanité.

Si la France du xvii° siècle fut si féconde, c'est que, d'une part, le contact prolongé qu'elle avait pris de l'Italie au xvi° siècle lui avait permis de s'échauffer au voisinage immédiat de cet ardent foyer intellectuel; d'autre part, les guerres religieuses, en remuant profondément les âmes, y avaient fait éclore tout un monde de pensées philosophiques et politiques et avaient surexcité les facultés de la masse pensante de la Nation. Ce qu'on a appelé le « grand siècle » n'est donc que la **résultante** naturelle et logique d'événements, de bouleversements antérieurs, résultante qui, par bonheur, ne fut pas enrayée par les princes. Le xvii° siècle procède naturellement et sans transition aucune du xvi°, il est la suite de la Renaissance. L'influence personnelle de Louis XIV fut donc presque nulle sur les hommes de génie qui lui ont fait le merveilleux cortège que l'on sait et qui ont assuré à la France pendant deux siècles la prééminence incontestée sur l'Europe dans le domaine de la Pensée humaine.

Le cadre restreint de cette étude ne nous permet guère que de citer quelques noms — les plus illustres de tous — dans cette fourmilière d'hommes éminents : **Descartes**, le savant universel, puissant esprit qui a accompli une révolution dans le domaine des sciences, en même temps qu'il a donné à la langue française cette merveilleuse précision qui est sa plus belle qualité ; **Pascal**, le sombre croyant torturé par le doute, écrivain d'une profondeur prodigieuse, mais plus vif, plus alerte, plus incisif que Descartes ; **Corneille**, le plus sublime des poètes tragiques ; **Bossuet**, le plus majestueux des écrivains religieux, le plus noble des orateurs sacrés ; **Molière**, le fin comique qui a pénétré le plus profondémennt les travers et les vices de l'humanité ; **Mme de Sévigné**, chroniqueur exquis, plein de bon sens, de grâce et de sensibilité ; **Racine**, le plus parfait comme le plus émouvant des poètes tragiques, l'émule et le successeur du grand Corneille ; **La Fontaine**, le poète le plus fin, le plus délicat, le plus spirituel qui fut jamais ; **Fénelon**, évêque de Cambrai, le rival de Bossuet, esprit et caractère d'une rare élévation, écrivain d'une remarquable puissance de persuasion.

Dans le domaine artistique, il n'est plus question

d'imiter servilement les maîtres illustres de l'Italie : les noms de **Nicolas Poussin**, le premier et le plus célèbre des paysagistes ; de **Claude Lorrain**, son ami et son émule ; d'**Eustache Lesueur**, le peintre mystique inspiré par la foi ; de **Lebrun**, le majestueux décorateur de Versailles, qui fut en peinture ce que Bossuet fut en littérature : magnifique et pompeux, sont des noms de peintres originaux et bien français. Quant à la sculpture, elle n'avait pas dégénéré depuis la Renaissance : **Pierre Puget** qui orna avec une si merveilleuse richesse les poupes des vaisseaux de Louis XIV et produisit cent chefs-d'œuvre dignes d'un Michel-Ange ; **Girardon**, **Coysevox** et **Coustou** furent les dignes rivaux des Jean Goujon et des Germain Pilon. Jamais l'architecture française n'a produit des monuments plus majestueux qu'à cette époque, car l'influence du goût personnel de Louis XIV s'y fit sentir plus que dans aucune autre branche de l'art. On peut ajouter que les œuvres de la Renaissance étaient d'un goût plus fin et plus exquis que les monuments du grand siècle qui furent, avant tout, fastueux et solennels comme l'était le maître lui-même. Entre le règne de Henri IV et celui de son petit-fils, **Salomon de Brosse** avait construit le palais du Luxembourg, **Lemercier**, la Sorbonne, le Palais-Royal, puis, plus tard, le Val-de-Grâce. Les architectes de Louis XIV furent surtout : **Claude Perrault**, l'auteur de la colonnade du Louvre ; **Bruant**, qui éleva l'Hôtel des Invalides, et **Mansart**, l'architecte de Versailles, de Trianon et de Marly. Pour les arts décoratifs enfin, pour l'ameublement, la tapisserie, le vêtement, la France servait de modèle à l'Europe.

18. *La Régence.* — La fin du règne de Louis XIV n'avait pas seulement été assombrie par les revers de la guerre de la succession d'Espagne ; des deuils de famille tout à fait exceptionnels et même, au dire des contemporains, d'un caractère étrange, vinrent encore aggraver les douleurs du vieux roi. Il perdit son fils aîné en 1711, par la petite vérole; en 1712, le duc de Bourgogne, son petit-fils, mourut de la rougeole quelques jours après sa femme et quelques jours avant son fils, le duc de Bretagne. Il ne restait plus de la branche aînée de la maison de Bourbon qu'un enfant de cinq ans, le duc d'Anjou, qui, pour le malheur et la honte de la France, fut Louis XV.

Comme il arrive souvent, à l'heure solennelle de la mort, Louis XIV donna à son arrière-petit-fils d'excellents conseils, sorte de confession *in extremis*. Malheureusement, jamais les bons conseils n'ont déterminé la conduite de qui que ce soit et l'héritage du vieux monarque était bien lourd! Une situation financière déplorable, un peuple fatigué de guerres et écrasé d'impôts, une marine très affaiblie, une noblesse frivole, avide de jouissances, pas un homme de valeur pour porter le poids du pouvoir, voilà la situation que le roi-soleil léguait à son successeur! Il lui léguait enfin tous ses vices, mais non ses qualités natives de travail, de noblesse et de dignité.

La mort de Louis XIV fut accueillie par tous comme une délivrance. Il avait eu l'impudeur dernière de donner, par testament, le rôle principal de la régence à son fils doublement adultérin, le duc du Maine; ce testament fut cassé et Philippe, **duc d'Orléans**, son neveu, fut déclaré **Régent** de France. C'était un prince rempli de très belles qualités, très intelligent, très brave, mais d'une paresse, d'une insouciance, d'un scepticisme insurmontables. Il avait auprès de lui comme conseiller son ancien précepteur l'abbé **Dubois**, plus tard cardinal, un des êtres les plus vils et les plus immoraux qui furent jamais.

La régence de Philippe d'Orléans dura jusqu'en 1722 : elle fut marquée par l'aventure financière du banquier écossais **Law**, qui finit malheureusement par une banqueroute et occasionna un déplacement extraordinaire de la fortune monnayée; par la **peste de Marseille**, qui, dans cette seule ville, enleva quarante mille personnes; enfin, par un revirement de la politique étrangère, revirement des plus préjudiciables à la France : l'alliance franco-anglaise contre l'Espagne! Comme conséquences de cette politique néfaste, nous devons enregistrer l'abandon systématique de notre établissement naval et la destruction de la flotte espagnole de Vigo par une escadre anglaise. L'ouvrier principal de cette infamie fut le cardinal **Dubois**.

Cette période, dite de la **Régence**, est demeurée tristement célèbre par les folies scandaleuses de la noblesse de cour et la licence de ses mœurs; elle se dédommageait ainsi des austérites hypocrites des dernières années de Louis XIV.

19. *Louis XV*. — Louis XV fut certainement un des plus mauvais rois qu'ait eus la France : d'une intelligence très vive, plein d'esprit, d'une érudition très étendue, instruit des choses de la politique, possédant au plus haut degré la majesté et l'autorité, il avait à coup sûr quelques-unes des qualités qui font les grands princes et l'on put croire un instant qu'il était destiné à replacer la France à la tête de l'Europe. Malheureusement, sa nature molle et sans ressort s'abandonna rapidement sur la pente de la corruption et du vice et il tomba peu à peu au dernier degré de l'abjection. Des femmes sans pudeur, des courtisans éhontés gouvernèrent la France sous son nom.

Louis XV — il faut lui rendre cette justice — vit très clairement la profondeur de l'abîme vers lequel se précipitait la monarchie, mais il ne fit aucun effort pour enrayer cette chute qu'il prévoyait; il pensait d'ailleurs que les choses dureraient bien aussi longtemps que lui. **Après nous le déluge!** aurait-il dit un jour cyniquement. Ce déluge, c'est son malheureux successeur qui en fut submergé et la France manqua de l'être en même temps que lui.

Il y a cependant à faire deux parts du règne de Louis XV. Dans la première, qui s'étend de la fin de la Régence jusqu'en 1756, nous trouvons d'abord une brillante campagne contre l'Autriche. Les vieux capitaines du règne précédent tiennent encore l'épée de la France; Berwick, Villars, Noailles terminent leur glorieuse carrière. Le résultat de cette campagne fut l'annexion de la Lorraine. La guerre de la **succession d'Autriche**, guerre injuste et impolitique du reste, donna à **Maurice de Saxe**, qui avait ramassé l'épée de Villars, l'occasion de recueillir les lauriers de **Fontenoy**; cette belle victoire ne peut pas faire oublier cependant que la France y fit le jeu de Frédéric II, roi de Prusse, que l'histoire appelle volontiers le « grand Frédéric » et qui était pourtant un prince perfide et un allié sans foi; il ne faut pas perdre de vue non plus que notre marine et nos colonies subirent dans le même temps des pertes immenses et que la paix d'Aix-la-Chapelle, conclue hâtivement, n'assura à la France aucun avantage, bien qu'elle eût été victorieuse et qu'elle se trouvât avoir dépensé cent mille hommes et douze cents millions **pour le roi de Prusse**. Le proverbe en passa dans la langue et le mot « **bête comme la paix** » devint une grossière injure.

La deuxième période du règne, celle que l'on pourrait appeler la période de **honte**, va de 1756 à 1774. Elle comprend la **guerre de Sept-Ans** entre la France, l'Autriche et la Russie, d'une part, contre la Prusse unie à l'Angleterre, de l'autre. Cette guerre débuta par le beau succès du marquis de **La Gallissonière** à Minorque sur l'amiral anglais **Byng**. A part ce triomphe que le malheureux marin anglais paya de sa tête, la guerre, conduite par des généraux de salon, ne fut ensuite qu'une série ininterrompue de revers, sur terre, sur mer et surtout aux colonies que la Métropole avait lâchement abandonnées à elles-mêmes. Le traité de Paris fut la consécration de tant de défaites et le honteux épilogue de cette triste histoire. La France perdait les Indes que lui avait données **Dupleix**, le Canada que le marquis de **Montcalm** défendit avec une poignée d'hommes, jusqu'à la mort; les Antilles, le

Sénégal, la Louisiane. Un merveilleux empire colonial s'effondrait et, avec lui, l'honneur même de la Patrie! Louis XV était seul coupable de tant de malheurs et c'est sur lui que retombe en entier la responsabilité de nos désastres.

Ce que, de tout temps, notre Nation a le moins pardonné à ses souverains c'est la lâcheté : la guerre de Sept-Ans dans laquelle la Royauté s'était montrée imprévoyante, follement prodigue du sang et des ressources de la France, n'aurait peut-être pas atteint son prestige consacré par les siècles, si cette Royauté n'était en même temps apparue lâche et vile aux yeux du peuple le plus orgueilleux de l'Europe : il se sentit diminué et ne pardonna pas à son chef cette humiliation. Du moment que la Royauté cessait de porter avec honneur le Drapeau de la France, du moment où elle cessait d'être une puissance protectrice pour devenir une bête de rapine à la fois féroce et lâche, elle devait périr, car elle était condamnée dans le cœur de la Nation. Elle sombra en effet, dans la honte avec Louis XV, dans le sang avec son malheureux successeur.

20. *Le XVIIIe siècle*. — Ce qui montre bien qu'à cette date de 1774 la Royauté seule était gangrenée, c'est que, pendant tout le xviiie siècle, la domination intellectuelle de la France sur l'Europe fut aussi complète que pendant le siècle précédent.

La littérature et la philosophie, tout spécialement, brillèrent d'un vif éclat avec **Montesquieu**, esprit profond, parfois sous une apparence enjouée, légiste savant dont les travaux ont inspiré les assemblées révolutionnaires dans leurs œuvres législatives; avec **Voltaire**, l'écrivain le plus fécond qui fut jamais, le plus spirituel et le plus mordant des critiques, esprit faux et paradoxal souvent, d'une érudition trop étendue pour être profonde; le démolisseur le plus acharné et parfois le moins loyal de toutes les légendes, de toutes les croyances, de toutes les institutions sociales; homme d'un caractère médiocre, peu estimable du reste au point de vue patriotique, mais qui séduisit la foule par ses instincts de révolté et de redresseur de torts, ainsi que par la tournure ironique d'un esprit éminemment français; avec **Jean-Jacques Rousseau**, écrivain exquis, d'une sensibilité maladive, politicien sectaire, logicien trop absolu, égoïste féroce, caractère profondément méprisable; avec **Diderot**, chef de l'école matérialiste et athée, écrivain fougueux et fécond; avec **d'Alembert**, philosophe froid et correct, mathématicien remarquable, profondément estimable par le caractère autant que par son savoir universel; avec **Buffon**, savant naturaliste autant qu'écrivain majestueux; avec **Beaumarchais** enfin, dont la verve satirique porta peut-être le coup le plus douloureux et le plus efficace aux abus et aux ridicules de cette époque.

Dans le domaine des sciences, la France du XVIIIᵉ siècle marchait en tête du progrès comme celle du XVIIᵉ : c'est grâce aux savants français que l'hypothèse de Newton sur la forme de la Terre fut vérifiée et que la distance de la terre au soleil fut obtenue au centième près; **Bougainville, Lalande, Lacépède, Lavoisier**, dans la navigation, l'astronomie, l'histoire naturelle et la chimie firent faire à la science un immense pas en avant.

La science, la littérature, la philosophie vivent dans l'avenir et pour l'avenir; l'art, au contraire, vit dans le présent. Magnifique et pompeux avec Louis XIV, il fut surtout élégant, coquet, fin, fleuri, futile et voluptueux avec Louis XV; il rechercha surtout le plaisir des yeux et la satisfaction des imaginations élégamment corrompues. **Boucher, Watteau, Lancret, Van Loo, Fragonard, Greuze** furent des peintres souvent exquis, mais presque toujours maniérés dans la composition et les attitudes, futiles ou pervertis dans l'idée. Les sculpteurs avaient les mêmes défauts : les meilleurs œuvres de **Houdon, Pigalle** et **Falconnet** furent prétentieuses et compliquées. L'architecture ne perdit rien à devenir moins solennelle et moins froide :

il faut citer surtout **Gabriel**, l'auteur des palais de la place de la Concorde et de l'École militaire; **Soufflot**, qui éleva le Panthéon. Les arts décoratifs : le meuble, la tapisserie, le vêtement de l'époque Louis XV, furent d'une suprême élégance et donnèrent le ton à toute l'Europe; enfin, la musique, qui jusqu'alors avait été presque inconnue en France, en tant que production nationale, prit un développement inattendu avec **Rameau, Grétry** et **Gluck**.

21. *Louis XVI. Chute de la Monarchie absolue.* — Louis XVI était le petit-fils de Louis XV. Lorsqu'il succéda à son aïeul, il jouissait déjà d'une grande popularité que ses premiers actes de souverain se chargèrent de justifier pleinement. On n'ignorait pas qu'il n'avait jamais été mêlé aux scandales de la cour dissolue de Versailles, qu'il était de mœurs irréprochables, qu'il avait l'amour du bien et le désir sincère de travailler à adoucir les souffrances populaires; on était assuré tout au moins que le Roi ne serait pas mené par des maîtresses, ce qui depuis deux siècles ne s'était pas vu. Malheureusement, si Louis XVI avait toutes les qualités de l'homme privé : la bonté, la douceur, la probité rigide, il n'avait aucune des qualités indispensables à un Roi, et son ignorance des affaires non moins que son incroyable faiblesse de caractère allaient le rendre le jouet des événements dont il aurait dû résolument prendre la tête, pour éviter à la France les convulsions d'une révolution populaire.

Il y avait certainement beaucoup à faire; l'édifice social vermoulu craquait de toutes parts; on était las de la monarchie absolue qui, de protectrice qu'elle avait été pendant huit siècles, s'était faite déprédatrice; on voulait être affranchie du **bon plaisir** pour passer sous l'autorité de **lois** consenties par la Nation; la bourgeoisie, nombreuse et instruite, était devenue ambitieuse : elle voulait obtenir une part d'influence dans les affaires publiques et accéder à toutes les charges civiles et militaires; le peuple voulait que l'impôt fût

réparti sur tous les possesseurs de la terre, sans distinction de classes, et que les droits féodaux vexatoires
fussent abolis **en droit**, comme beaucoup l'étaient déjà
en fait.

L'affection de la Nation pour la famille royale était
assez vive pour que Louis XVI, prenant énergiquement
l'initiative de ces réformes, pût réussir à éviter à la
France une crise douloureuse. Il eut le sentiment du
grand rôle qu'il pouvait jouer, il l'essaya même avec
l'aide de **Turgot**, réformateur généreux et lucide,
homme d'État rompu au maniement des grandes affaires,
capable de sauver la monarchie si elle avait pu être
sauvée. Turgot ne dura pas deux ans; il succomba
sous le poids des intrigues et des haines des privilégiés.
Pour quiconque voulait ouvrir les yeux, dès ce moment,
la révolution était inévitable.

Dans l'entourage immédiat du Roi, trois personnages jouèrent, à des points de vue différents, le rôle
de mauvais génies de la monarchie : **Marie-Antoi-
nette** d'Autriche, femme de Louis XVI, jeune prin-
cesse pleine de grâce et de bonté, mais frivole, vani-
teuse, ignorante et prodigue; le **comte de Provence**,
frère du roi, plein de fiel et de jalousie à l'égard de son
souverain et qui, par ses calomnies envenimées, déshonora sa belle-sœur aux yeux de la Nation; le **comte
d'Artois**, deuxième frère du roi, centre de l'opposition
des privilégiés, prince infatué, bigot, inintelligent. Il
eût fallu un caractère d'une trempe peu commune pour
triompher de la coalition de la vanité, de la méchanceté
et de la bêtise. Louis XVI était simplement « un brave
homme »; c'était beaucoup assurément, mais ce n'était
pas assez.

La guerre de l'indépendance américaine sembla
arrêter pendant quelques années la marche de la
monarchie vers l'abîme. En réalité cette guerre précipita les événements. Entreprise d'enthousiasme pour
soutenir une révolte des colonies anglaises de l'Amérique du Nord contre la tyrannie de la métropole, elle

fut à la fois pour la France un conseil et un exemple ; de plus, elle coûta fort cher. Or le déficit permanent des finances était la plaie vive de la Royauté. Pour guérir cette plaie, il eût fallu demander de l'argent à la Nation, et convoquer les États-Généraux : nous verrons plus loin que cette convocation, faite trop tard, fut la première secousse du tremblement de terre qui engloutit la vieille société féodale.

La guerre de l'indépendance américaine fut d'ailleurs glorieuse pour la marine française, reconstituée à la fin du règne précédent par les deux **Choiseul**. Cette guerre démontra victorieusement que l'Angleterre n'était nullement invincible sur mer : elle fut en effet battue à **Ouessant** par d'**Orvilliers**, à la **Grenade** par d'**Estaing**, à la **Dominique** par **Guichen**, à **La Praya** et aux Indes à cinq reprises différentes par l'illustre **Bailli de Suffren**. Après le traité de Paris, la marine française, malgré la défaite des Saintes, subie par le comte de Grasse, était encore la rivale hautaine de la marine anglaise, comme elle l'a toujours été chaque fois qu'il s'est trouvé sur le trône un prince pour le vouloir, comme elle le serait encore aujourd'hui si la France le voulait.

Après la chute de Turgot, le financier **Necker** avait tenté des réformes plus modestes, mais il n'avait pas mieux réussi dans sa lutte contre l'égoïsme aveugle des privilégiés. Remplacé en 1781, il revint en 1788 pour constater que la dette s'était accrue en son absence de six cent cinquante millions. C'est alors seulement qu'il obtint du roi la convocation des **États-Généraux**.

A la grande surprise de cette noblesse de cour, si frivole et si peu consciente de la gravité de la situation, les députés du **Tiers-État**, absorbant en quelques jours ceux des députés de la noblesse et du clergé qui avaient quelque clairvoyance et négligeant les autres, déjouèrent les intrigues enfantines de l'entourage royal, se proclamèrent **Assemblée nationale**, décrétèrent leur propre **inviolabilité** et exposèrent nettement les **volontés** de la **Nation** :

1° Le vote des impôts et le contrôle des finances seraient réunis entre les mains des députés du Peuple ;

2° Les impôts seraient répartis entre tous les citoyens, sans distinction de classes ;

3° L'égalité des citoyens devant la **loi** deviendrait une réalité et la justice serait la même pour tous ;

4° Tous les citoyens qui présenteraient des garanties suffisantes de capacité pourraient accéder à tous les emplois publics ;

5° La liberté du commerce et la liberté de conscience seraient accordées à tous.

La cour essaya de résister, mais le peuple de Paris se souleva, prit et rasa la vieille citadelle féodale de la **Bastille** — laquelle, du reste, fut à peine défendue. — Le roi céda une fois de plus : la **monarchie absolue avait vécu.**

22. *La Révolution française.* — Le désir de l'Assemblée nationale constituante était de créer en France un régime de monarchie représentative tel que celui qui fonctionnait en Angleterre depuis 1688. C'était là un rêve irréalisable, du moment où on voulait conserver Louis XVI à la tête de la France. Le malheureux prince, toujours hésitant, pris entre les scrupules de sa conscience, les traditions de sa race et le sentiment confus qu'il avait cependant de la justice des revendications populaires, ne sut s'arrêter à aucune résolution virile. Il voulut fuir. Par une inconcevable folie, au lieu de le laisser faire, on l'arrêta à **Varennes** et l'Assemblée le déclara suspendu de ses fonctions.

Ayant eu la faiblesse coupable de prêter serment à la nouvelle constitution, Louis XVI ne sut pas voir que s'il ne devenait pas lui-même **révolutionnaire,** il était perdu. Pendant ce temps, la noblesse émigrait, les princes étrangers armaient pour le délivrer, le duc de **Brunswick** lançait, au nom du roi de Prusse, une proclamation aussi insolente que ridicule qui fit frémir de fureur la France entière. L'émeute éclata encore une fois à Paris, Louis XVI fut déclaré déchu, emprisonné avec sa famille dans la Tour du Temple, traduit en jugement devant la Convention nationale, condamné à mort et décapité le 21 janvier 1793.

C'était là une vengeance populaire qui n'aurait pas dû atteindre un prince si véritablement estimable comme homme privé : l'héritier de cent cinquante années d'absolutisme ne pouvait, du jour au lendemain, devenir ce soliveau qu'est un roi constitutionnel ; c'était pure niaiserie de vouloir le lui imposer, c'était folie à lui de l'accepter. Malheureusement les masses raisonnent toujours faux parce qu'elles sont toujours passionnées et ignorantes. C'est ainsi que la France fit payer injustement au malheureux Louis XVI les abus et les crimes de la monarchie absolue.

La guerre étrangère avait éclaté en 1792 contre l'Autriche, puis contre la Prusse ; des revers en avaient signalé les débuts, mais la victoire de **Valmy** avait montré à la France que les vieilles bandes de la guerre de Sept-Ans n'étaient nullement invincibles. Le supplice de Louis XVI arma contre la France tous les rois de l'Europe et une formidable coalition se forma à l'instigation du grand ministre anglais **William Pitt**, qui voyait dans la guerre une occasion de venger sa Patrie des humiliations de la guerre de l'indépendance américaine.

La France se trouvait alors dans une situation terrible. Tous les services publics étaient désorganisés : l'armée et la marine par l'émigration de presque tous les officiers nobles et la mise en suspicion de ceux qui, par devoir, étaient demeurés à leur poste ; les administrations par l'indiscipline, les dénonciations, la tyrannie populaire, la défiance générale et la misère universelle ; la Nation entière par la guerre civile en Vendée, à Lyon, à Toulon ; à Paris même où, en temps de troubles, remonte toujours à la surface l'écume

hideuse des grandes villes, d'affreux massacres injus-
tifiables déshonoraient la Révolution.

La France, dans un prodigieux élan d'enthousiasme,
fit tête de toutes parts, aussi bien à la guerre civile
qu'à la guerre étrangère : elle organisa quatorze armées
en fondant ensemble l'ancienne armée de la monarchie
et les volontaires accourus au cri de : **la Patrie est en
danger!** Par la menace de la guillotine et la présence
constante des représentants du peuple les plus énergiques dans les camps, elle mit les généraux dans la
nécessité de vaincre; par une énergie farouche, une
volonté de fer et la terreur, le **Comité de Salut
public** brisa toutes les résistances; **Carnot** et **Dubois-
Crancé** organisèrent la victoire; enfin, l'enthousiasme
patriotique des armées, le prodigieux élan de ces jeunes
troupes conduites par les généraux vigoureux sortis
de leurs rangs firent le reste : la Vendée, Lyon et
Toulon furent écrasés et l'ennemi étranger chassé de
France!

Le tableau de la lutte sauvage soutenue par une
Nation pour demeurer maîtresse de ses destinées est
toujours admirable dans son ensemble, parce que la
grande idée de Patrie la domine de toute sa hauteur.
Aussi, la Révolution française, envisagée à ce point de
vue, peut être considérée comme un prestigieux spectacle unique dans l'histoire des peuples. Malheureusement, ses adversaires politiques peuvent toujours
opposer aux exemples de courage, de stoïcisme, d'abnégation antiques donnés par les armées, les atroces
misères de l'intérieur. Le peuple de Paris, rendu fou
par les privations, la famine, la défiance, diminué du
reste de tout ce qu'il y avait de sain et d'honnête dans
la grande cité par le départ des volontaires pour la
frontière; la **Convention** nationale et les **comités**
donnaient en effet au monde un terrifiant spectacle.

La Convention dévorait tour à tour les fils les plus
illustres de la Révolution; le couperet de la guillotine
faisait tomber successivement les têtes marquantes de

tous les partis. Après les **Girondins**, suspects de réaction, ce fut le tour des **Hébertistes**, suspects d'exagération, puis celui des **Dantonistes**, suspects de modération. Tous les membres de l'Assemblée souveraine devenaient successivement suspects au froid sectaire mystique qui dominait et conduisait tout : Maximilien **Robespierre**. Ceux qui étaient restés debout dans les partis vaincus finirent par se coaliser contre cette effroyable tyrannie et le grand pourvoyeur de la guillotine monta à son tour sur l'échafaud. La **Terreur** finit avec lui. La Convention disparut le 27 octobre 1795 et fut remplacée par deux Conseils législatifs et un **Directoire** exécutif de cinq membres.

Partout, sur le continent, la Révolution était victorieuse et dictait ses lois aux rois et aux peuples; il n'en était malheureusement pas de même sur mer. La belle marine de Louis XVI avait été désorganisée par l'émigration du corps d'officiers nobles d'abord et, plus encore, par les absurdes décrets de la Convention, qui semblait se figurer qu'un marin se forme comme un soldat et que, pour vaincre sur mer, il suffit d'être patriote. Hélas! alors, bien plus encore qu'aujourd'hui, il fallait d'abord être marin et manœuvrier, qualités que le temps et l'expérience peuvent seuls donner. Le patriotisme peut suffire pour se battre de près à l'arme blanche, il n'apprend pas à pointer un canon, il ne peut suppléer à la mauvaise marche d'un vaisseau, il est impuissant à dompter le « mal de mer ». Les représentants du peuple, ignorants des choses de la mer, furent cette fois impuissants à organiser la victoire et le combat du **treize prairial**, illustré par l'héroïque sacrifice du **Vengeur**, se termina, ainsi qu'on devait le prévoir, par une défaite.

L'Angleterre sut encore trouver une vengeance plus raffinée de ses déboires de la guerre d'indépendance américaine. Avec sa duplicité ordinaire, elle s'arrangea pour jeter à terre, dans la presqu'île de **Quiberon** et dans des conditions telles que leur défaite était inévitable, plusieurs milliers d'émigrés français qui voulaient rallumer en Bretagne la guerre civile : c'étaient, pour la plupart, les anciens compagnons des Suffren, des d'Orvilliers, des d'Estaing et des Guichen. Ils furent vaincus, faits prisonniers et fusillés par ordre du conventionnel **Tallien** et malgré les efforts de **Hoche** en faveur d'une clémence intelligente.

La guerre continuait aux frontières avec vigueur, mais c'était maintenant une guerre de conquêtes et surtout de propagande politique. Les rois avaient voulu étouffer la Révolution, la Révolution triomphante voulait maintenant précipiter du trône tous les rois. C'était là une faute : une guerre, même victorieuse, est toujours une cause d'affaiblissement pour une Nation quand, ayant pour but la conquête, elle surexcite les passions et les instincts des hommes; en éternisant la guerre, on arrive — surtout avec la victoire — fatalement au césarisme.

Malgré les guerres civiles, malgré la guerre étrangère, malgré les luttes intestines qui ensanglantaient son sein, la Convention n'avait pas cessé un instant de se livrer à des travaux pacifiques, dont les résultats constituent les plus solides conquêtes de la Révolution. C'est à cette assemblée qu'on doit le **Grand Livre** de la dette publique qui a placé toutes les créances des particuliers sur la Nation sous la protection de la Loi; le **système métrique** des poids et mesures, si favorable au commerce intérieur, puissant moyen d'unification pour la France nouvelle; la fondation de l'**Institut** de France, de l'**École Normale** supérieure, de l'école militaire, de l'école du génie; l'installation des **Musées** du Louvre, du Muséum d'Histoire naturelle, du Conservatoire des Arts et Métiers, d'artillerie, etc.

La Convention décréta aussi l'affranchissement des esclaves, la liberté de la presse, la propriété littéraire; elle commença la rédaction du **Code civil**; bref, toutes les institutions qui, aujourd'hui, sont encore les nôtres, sont sorties des travaux de la Convention et n'ont encore subi depuis cent ans que des modifications peu importantes. On demeure absolument stupéfait en présence de la somme de travail produite en trois années par cette Assemblée, qui eut encore le temps de s'occuper de guerre, de politique étrangère et eut aussi, par malheur, celui de se dévorer elle-même. Quand la Convention céda la place au Directoire, elle avait vaincu l'Europe et donné à la France ses frontières naturelles : le Rhin et les Alpes.

Quand le Directoire prit en main le pouvoir exécutif, la situation extérieure était donc satisfaisante : la République française avait forcé les monarchies à compter avec elle. La Prusse, la Hollande, l'Espagne avaient fait la paix. La situation intérieure était au contraire fort triste : plus d'argent en caisse, plus de crédit, une détresse financière sans exemple, les armées sans vêtements, les arsenaux maritimes démunis de tout, une marine en lambeaux, sans personnel, sans matériel, sans chefs ; les partis royalistes, que la Terreur n'avait cependant pas épargnés, relevaient la tête ; l'Angleterre, l'Autriche et l'Italie étaient toujours en armes ; cependant, l'enthousiasme patriotique commençait à s'affaiblir, même au sein des armées : la **conscription** allait devenir nécessaire puisque les volontaires manquaient ; le **soldat citoyen** allait disparaître pour faire place au soldat de métier ; enfin, chacun avait soif de jouissances matérielles pour se reposer de la **Terreur.**

En cet instant critique un homme de génie, produit funeste mais inévitable de cet état moral de la Nation, allait se manifester, qui devait confisquer la Révolution à son profit, reconstituer à la fois l'empire de Charlemagne et la royauté absolue de Louis XIV, donner à la France une gloire fabuleuse mais la laisser, au bout de dix-huit ans, épuisée de sang et plus petite que la Convention ne l'avait faite et qu'un peu de sagesse ne l'eût conservée. Celui-là se nommait **Napoléon Bonaparte.**

Général en chef de l'armée d'Italie à vingt-six ans,

Bonaparte, victorieux dans dix-sept combats dans la péninsule, en même temps que le général **Hoche**, général en chef de l'armée du Rhin, s'avançait en Allemagne, imposa la paix à l'Autriche et à l'Italie. Hoche mort, Pichegru, traître à la Patrie, et Moreau, suspect, laissaient la place libre à l'ambition de Bonaparte. Voulant, disait-il, vaincre l'Angleterre en Égypte et lui prendre la clef des Indes, il se transporta sur la terre célèbre des Pharaons avec la meilleure armée et quelques-uns des meilleurs généraux de la République. Trompant la surveillance des croiseurs anglais, il prit Malte en passant, puis conquit l'Egypte et la Syrie, mais il vint échouer misérablement contre une bicoque de la côte que défendaient un pacha turc : **Ahmed Dghezzar**, un émigré français, ancien condisciple de Bonaparte à l'école militaire de Brienne, **Phélypeaux**, et l'escadre anglaise de sir **Sydney Smith**; l'armée d'Egypte faillit trouver son tombeau à **Saint-Jean-d'Acre**. Quant à la flotte française, elle avait déjà péri à Aboukir.

Pendant que Bonaparte conquérait de la gloire en Égypte, les affaires de la France en Europe étaient encore une fois très compromises : l'Autriche, l'Italie, la Russie, l'Angleterre s'étaient de nouveau coalisées contre elle. Plusieurs défaites sanglantes nous firent perdre nos positions en Italie; la France allait être envahie quand **Masséna** la sauva par une série merveilleuse d'opérations militaires qui porte le nom de bataille de **Zurich**. Bonaparte, instruit des événements, abandonna sans ordres l'armée d'Égypte au commandement de **Kléber**; échappant aux croisières anglaises, il rentra en France, s'empara du pouvoir suprême par le coup d'État du **18 Brumaire** et inaugura un régime que la France n'avait jamais connu : la dictature militaire.

Ainsi, la Révolution française était close; elle avait décrit un cycle fermé : partie de l'absolutisme écroulé, elle était revenue à l'absolutisme triomphant.

23. *La dictature militaire.* — Le Dix-huit Bru-

maire confisquait au profit d'un homme, d'un soldat heureux, l'autorité que la Loi réservait à des assemblées nommées par la Nation. La France, affamée de repos, n'y fit même pas attention ; elle crut qu'en se donnant à un capitaine victorieux elle trouverait dans ses bras la tranquillité. Elle oubliait que les Henri IV sont rares, qu'un vrai chef de guerre n'aime que la guerre, parce que c'est seulement dans les camps qu'il trouve le milieu approprié à son caractère. La France avait renversé la monarchie par un effort gigantesque pour retomber à la dictature militaire! condamnée pendant dix-sept ans à la guerre sans trêve ni merci, elle allait être traînée sur tous les champs de bataille de l'Europe depuis Cadix jusqu'à Moscou pour voir, après des luttes et des sacrifices sans exemple, ses frontières deux fois violées, les Cosaques aux Champs-Élysées et les Prussiens au Luxembourg!

C'est au Dix-huit Brumaire que commence la dictature militaire sous le couvert des institutions républicaines : la Nation n'est plus rien, le premier consul est tout. Heureusement, le dictateur est un puissant génie, il n'a que des inspirations nobles et élevées, il réorganise, reconstruit, renouvelle toutes les institutions de la France dont il est le centre tout-puissant.

Pour mener à bien cette rénovation, la paix était une nécessité, mais il fallait d'abord la conquérir : l'Autriche et l'Angleterre refusaient en effet tout accommodement. Comme notre marine ne pouvait lutter contre l'Angleterre, c'est sur le continent qu'il fallait régler la question. Bonaparte entra en Italie en franchissant les Alpes au mont Saint-Bernard et gagna la bataille de **Marengo**, pendant que l'armée du Rhin, commandée par Moreau, remportait la victoire d'**Hohenlinden**; l'Autriche signa la paix à Lunéville.

L'Angleterre demeurait seule en face de la France, à laquelle elle venait d'enlever Malte et l'Égypte; mais une ligue des neutres menaçait la trop orgueilleuse Nation qui ne voulait plus voir un autre pavillon que le sien flotter sur les mers; Bonaparte réunissait sur les côtes de la Manche une armée et une immense flottille d'invasion, que la flotte anglaise tenta vainement, à deux reprises différentes, d'incendier. La guerre devenait réellement trop onéreuse à l'Angleterre : elle traita et signa la paix d'**Amiens**.

En 1802, la France, pour la première fois depuis dix ans, pouvait laisser reposer son épée; elle était en paix avec toute l'Europe. Bonaparte, premier consul à vie, s'occupa immédiatement de panser les plaies de la guerre civile et de la guerre étrangère et de reconstituer avant tout, avec le principe d'autorité, un ordre de choses régulier : il le fit avec cette activité extraordinaire qui était la principale caractéristique de son génie.

La France, lassée de tant de crises, ne demandait qu'à se laisser conduire et Bonaparte n'éprouva pour ainsi dire aucune résistance. Avec l'ordre, le commerce et l'industrie recommencèrent à prospérer; une sévère probité présidait à tous les services publics, et la Nation, oubliant le crime politique d'où était née cette monarchie militaire, s'abandonna entièrement, sans aucune réserve, au despote de génie qui tenait si haut son Drapeau.

Bonaparte eut à cette époque la fâcheuse pensée de vouloir reconquérir par la force sur les noirs révoltés la belle colonie française d'Haïti. Vingt mille vieux soldats de l'armée du Rhin y périrent sans gloire et sans profit des atteintes de la fièvre jaune, et Saint-Domingue, livrée pour jamais à l'anarchie simiesque de la race noire, demeura indépendante.

Si la France, satisfaite d'avoir enfin conquis ses limites naturelles, était demeurée tranquille dans ce beau cadre, peut-être la guerre eût-elle éclaté beaucoup plus tard, mais Bonaparte crut nécessaire de lui annexer tout le nord de l'Italie : les rapports avec l'Angleterre devinrent promptement aigres et bientôt le traité d'Amiens fut rompu par un de ces guets-apens familiers au gouvernement britannique.

Détruire l'Angleterre devint l'idée fixe de Bonaparte, mais il ne pouvait y parvenir qu'avec le secours d'une marine de haute mer, très forte et, par conséquent, très longue à constituer. Peu instruit des choses de la mer et impatient de tout conseil, il crut pouvoir réussir dans son dessein avec l'aide d'une multitude de coquilles de noix qui devaient transporter les troupes, pendant que la flotte du large attirerait les escadres anglaises en dehors de la Manche. Par malheur la flotte française était très inférieure comme personnel et comme matériel à la flotte anglaise et son chef manquait autant d'énergie que de caractère.

L'Angleterre cependant prit peur et chercha à se débarrasser de son ennemi en le faisant assassiner; le complot échoua et les coupables, au nombre de onze, furent décapités. Le général **Moreau**, convaincu de n'avoir pas révélé l'existence de la conjuration qu'il connaissait, fut exilé. C'est alors que Bonaparte, oubliant que le souverain d'une grande Nation se doit à lui-même autant qu'au peuple dont il est le chef de ne pas imiter les excès des partis politiques, commit un crime qu'il destinait à jeter la terreur parmi les royalistes. Il fit saisir par des cavaliers français, sur territoire neutre, un jeune prince de la maison de Bourbon, le **duc d'Enghien**, et le fit fusiller nuitamment à Vincennes, après un simulacre de jugement. C'était là l'aveugle **vendetta** d'un Corse et non l'acte raisonné d'un homme d'État. La Russie et l'Autriche s'unirent encore une fois contre la France et Bonaparte répondit à cette coalition en se faisant proclamer **Empereur des Français.**

Le plan d'invasion en Angleterre ayant échoué autant à cause des immenses difficultés qu'il présentait que par suite des indécisions de l'amiral Villeneuve, les corps d'armée, concentrés dans les camps de Boulogne, se précipitèrent sur l'Allemagne. La victoire d'**Ulm** ouvrit à Napoléon les portes de Vienne, celle d'**Austerlitz** força l'Autriche à traiter. La gloire de ce beau triomphe avait été obscurcie par la nouvelle de la défaite de **Trafalgar**, que Villeneuve se fit infliger sans nécessité, mais la victoire d'Austerlitz tua notre implacable ennemi **William Pitt**, et le triomphe maritime de l'Angleterre lui coûta **Nelson**, le plus audacieux et le plus brillant de ses marins.

La Prusse, entraînée par sa reine et par les souvenirs de Frédéric II, entra dans la coalition contre la France : les victoires décisives d'**Iéna** et d'**Auerstedt** la punirent de cette imprudence; quant à la Russie, les victoires d'**Eylau** et de **Friedland** la forcèrent à demander la paix.

N'ayant plus devant lui que l'Angleterre et ne pouvant la prendre corps à corps sur les flots, puisque la marine lui manquait, Napoléon eut la pensée de la ruiner en lui fermant tous les ports d'Europe : c'était le **blocus continental**. Pour que ce procédé fût efficace, il eût fallu que Napoléon fût le maître partout, ce qui était impossible. D'ailleurs, l'Angleterre, maîtresse absolue des mers, approvisionnait seule l'Europe de coton et de sucre, denrées devenues presque indispensables à la vie civilisée. Le blocus fut donc très mal observé, même sur les côtes de l'Empire français; les souffrances qu'il causa à l'Angleterre furent, il est vrai, énormes, mais l'Europe en pâtit presque autant qu'elle. Cette pensée gigantesque eut d'ailleurs pour la France, et à d'autres points de vue plus importants, des conséquences très fâcheuses. Jusqu'à ce moment, son agrandissement territorial n'excédait pas ses forces, mais la nécessité d'être le maître de toutes les côtes européennes entraîna son souverain dans des guerres aussi injustes que ruineuses. La guerre de Portugal et celle d'Espagne entamèrent la réserve de vétérans sans donner aux armées françaises une gloire nouvelle; le patriotisme du peuple espagnol et la persévérante énergie des troupes anglaises et de leur illustre chef **Wellington** usèrent les plus renommés de nos maréchaux; Masséna lui-même, l' « enfant chéri de la victoire », fut obligé de reculer.

Une nouvelle coalition de l'Autriche et de l'Angleterre rappela Napoléon en Allemagne (1809); cinq victoires l'amenèrent encore une fois à Vienne; une sixième, celle de **Wagram**, fit conclure la paix et amena le mariage de Napoléon avec l'archiduchesse d'Autriche Marie-Louise. La puissance de l'héritier de la Révolution était à l'apogée; trois de ses frères étaient rois; l'Europe continentale se courbait devant l'Empereur et la France elle-même était à ses pieds.

Napoléon, affolé d'orgueil, commit la faute de se brouiller avec la Russie et d'aller la chercher sur son propre territoire : de victoire en victoire il parvint jusqu'à Moscou, mais l'hiver, plus encore peut-être que le patriotisme du peuple russe, l'en chassa; les deux tiers de la Grande Armée restèrent ensevelis dans les neiges de la Russie et Napoléon rentra presque seul en France, abandonnant en Allemagne les débris échappés à ce terrible désastre. Il avait lui-même perdu son renom d'invincible.

L'Europe, qui n'attendait qu'une occasion, se souleva tout entière contre l'orgueilleux dominateur. Les victoires de **Lutzen** et de **Bautzen** ne purent empêcher Napoléon d'être écrasé à **Leipzick**, ni la France d'être envahie. En vain l'Empereur, dont le génie militaire n'avait jamais été aussi vigoureux, remporta victoire sur victoire : les alliés étaient trop nombreux! Paris fut occupé par eux et Napoléon, forcé d'abdiquer, fut exilé à l'île d'Elbe.

La dynastie des **Bourbons**, dont les membres avaient suivi pas à pas les armées étrangères, remonta sur le trône de France dans la personne de ce même comte de Provence qui avait été l'un des mauvais génies du malheureux Louis XVI; il prit le nom de **Louis XVIII.**

Le nouveau roi, assagi par le malheur, avait des intentions excellentes : il donna à la France, dès son avènement, une constitution libérale imitée de la constitution anglaise, et la Nation, comprimée depuis

quinze années sous le talon du fier dominateur, put
croire qu'elle allait enfin jouir des libertés que la Révolution lui avait promises sans jamais les lui donner.
Par malheur, ni le roi ni son entourage ne surent voir
que les principes de la Révolution étaient si profondément entrés dans les mœurs publiques qu'il y avait
danger réel à seulement tenter de les déraciner ; ils
ne comprirent pas davantage qu'il était inutile d'essayer de ressusciter un passé mort et que les droits
acquis étaient désormais imprescriptibles. Avec une
invraisemblable maladresse, les émigrés que leurs services à l'étranger rendaient déjà à bon droit suspects
à la Nation, prirent encore à tâche de la mécontenter
et de l'inquiéter par des revendications bruyantes et
de folles menaces de réaction, si bien que Napoléon
qui, de l'île d'Elbe, suivait très attentivement les événements, voyant le moment favorable, vint débarquer
au golfe Juan avec une poignée de grenadiers, traversa la France en triomphateur et reprit possession
du trône.

L'Europe, épouvantée, se leva comme un seul
homme : Napoléon et la France furent écrasés à
Waterloo et peu s'en fallut que la Patrie française ne
fût démembrée. L'intervention de l'empereur de Russie
la sauva, mais la note à payer fut bien lourde ! La
France, réduite à ses limites de 1789, perdit pour jamais
l'espérance de retrouver ses frontières naturelles. Quant
à celui dont la folle ambition et l'oubli de ses origines
avaient plongé la Patrie dans cet abîme de misères et
d'humiliations, il fut lâchement saisi par l'Angleterre,
exilé à Sainte-Hélène et cloué sur ce rocher pour y
mourir.

**24. *Le mouvement intellectuel entre 1789 et
1815*.** — L'époque troublée et tyrannique qui va de
1789 à 1815 n'a pas été favorable à l'évolution de la
Pensée humaine en France : c'est rarement au son du
canon que peuvent éclore ces chefs-d'œuvre philosophiques et littéraires qui constituent la véritable gloire

des Nations et l'héritage le plus précieux des généra-tions futures. Cette époque fut surtout féconde en hommes de guerre, car c'est sur les champs de bataille que se révèlent le mieux ces aptitudes spéciales qui font les chefs militaires. En dehors de Bonaparte, dont la renommé les domine tous, on pourrait en citer cent autres peut-être : Hoche, Marceau, Kléber, Desaix, Masséna, Davout, Ney, Lannes, Suchet, etc., dont les noms brillent presque tous en lettres d'or à l'arrière de nos navires de guerre de compagnie avec ceux des Latouche-Tréville, des Bruix, des Bouvet et des Linois, qui soutinrent maintes fois, avec une énergie indomp-table, l'honneur de notre marine en deuil.

La tyrannie impériale a été funeste au mouvement littéraire, si brillant au milieu du xviii° siècle : le maître tout-puissant faisait profession de détester les idéologues.

La poésie fut pâle, fade et tiède; la prose fut exquise mais énervée avec **Bernardin de Saint-Pierre**, pédante avec **M**^{me} **de Staël**, emphatique, ronflante et creuse avec **Chateaubriand**, incisive et vigoureuse avec **Paul-Louis Courier**, le spirituel pamphlétaire. Dans le domaine des arts, la peinture seule brilla d'un éclat incomparable avec **David** et ses élèves, mais la sculpture ni surtout l'architecture ne produisirent rien de marquant. Le goût si pur et si fin de l'époque Louis XVI disparut pour faire place à de lourdes et solennelles réminiscences de l'antiquité romaine, qui flattaient l'Empereur en rapprochant sa domination militaire et fugitive de celle des Césars.

En revanche, le mouvement scientifique du xviii° siècle s'était continué malgré la tourmente révolutionnaire avec le chimiste **Berthollet**, les mathématiciens **Lagrange, Monge, Delambre**, avec **Cuvier**, qui sut arracher leurs secrets aux âges disparus. Le blocus continental, en isolant la France et en la forçant à vivre des produits de son propre soi, donna un essor considérable à l'industrie nationale; la médecine et surtout la chirurgie firent, sur les champs de bataille, d'immenses progrès.

25. **Résumé et conclusions.** — Nous nous arrêterons ici dans cette rapide analyse de nos origines et de nos gloires : les événements qui se sont écoulés depuis 1815 sont encore trop près de nous pour qu'on puisse être assuré d'être impartial, même dans une appréciation d'ensemble. Nous dirons seulement que la France a continué à jouer en Europe un rôle important, non seulement grâce à la puissance de ses armes, mais surtout par ses idées, sa littérature, la valeur de ses artistes et de ses savants; elle n'a pas cessé d'être un très grand pays dont nous pouvons être fiers, car nulle Nation n'a fait davantage pour le triomphe de la justice et du droit, aucune n'a lancé sur le monde de plus nobles idées, aucune n'a mérité plus qu'elle la reconnaissance et l'admiration de l'humanité.

Ce que nous avons voulu montrer principalement en nous promenant au travers des quinze siècles qui renferment l'histoire de la Patrie française, c'est que sa grandeur n'est pas limitée à cette époque de gloire militaire qui s'étend de 1793 à 1814, époque dont le rayonnement extraordinaire nous éblouit parce qu'il est encore très près de nous. A toutes les époques de son histoire, la France fut **grande** par elle-même, parce qu'elle est peuplée par une race intelligente, active, ardente, généreuse et fière. Ses chefs furent ce qu'était la Nation d'où ils sortaient : ce n'est pas elle qui leur a emprunté de la grandeur, mais c'est elle qui leur en a donné quelquefois. Voilà ce qu'il faut se dire : les hommes ne sont rien, la Nation est tout; c'est à elle que Napoléon Bonaparte a emprunté la lueur de météore qui entoure son nom, et la Corse n'eût jamais été française que la France n'en eût certainement pas été diminuée. Si donc la Nation française le veut fermement, ses destinées peuvent encore être grandes et elle peut encore prouver au monde que quinze siècles sont peu de chose dans l'existence d'un grand Peuple.

VI. Les malheurs récents de la Patrie française. — Nous venons de voir ce qu'a été la France dans le passé ; nous avons assisté au développement continu de notre nationalité. Nous savons maintenant quelle part considérable revient à notre Patrie dans l'évolution intellectuelle des hommes de race blanche qui dominent aujourd'hui la terre entière. Il nous faut examiner maintenant si cette France, vieille de quinze siècles, n'est pas déchue de son ancienne splendeur et si les malheurs qu'elle a subis récemment ne marquent pas le commencement d'une décadence.

A l'heure où nous parlons, bien peu de nos marins gradés sont assez âgés pour avoir vu les jours funestes de 1870 : il est nécessaire cependant qu'ils sachent pourquoi la France a été frappée et pourquoi elle a été vaincue dans sa lutte contre l'Allemagne, elle qui a résisté victorieusement à tant de coalitions.

En 1866 la Prusse était gouvernée par un homme d'État de haute valeur et de peu de scrupules : **M. de Bismarck**, premier ministre du roi Guillaume. Soldat brutal et diplomate de haute envergure tout à la fois, il prétendait faire de son pays l'arbitre et le maître de l'Europe en reconstituant autour de son roi une partie de l'ancien Empire d'Allemagne.

Pour opérer le groupement autour de la Prusse des nombreux États de race allemande, il fallait tout d'abord réduire à zéro l'influence de l'Autriche sur ces États : les souverains de l'Autriche avaient en effet plus de droits que quiconque au rôle que voulait se donner la Prusse. M. de Bismarck s'étant assuré de la neutralité de la France à l'aide de fallacieuses promesses de compensations, conclut alliance avec l'Italie, avide de compléter son unité, chercha querelle à l'Autriche, lui déclara la guerre et la vainquit à **Sadowa.**

La guerre de 1866 avait fait naître, dans les États du sud de l'Allemagne, des sentiments de haine contre la Prusse, dont la rapide victoire les avait profon-

dément humiliés et dont ils repoussaient l'hégémonie.
D'autre part, la France dupée et mécontente, inquiète
d'ailleurs de l'élévation inattendue d'une puissance
que le premier des Bonaparte avait failli rayer des
cartes politiques, pouvait fort bien être tentée de servir
d'appui aux États du Sud, ce qui aurait pour résultat
de compromettre l'œuvre commencée de l'unité allemande.

Le roi de Prusse et son ministre n'étaient donc pas
sans appréhensions, mais ils n'ignoraient pas que les
forces militaires de la France étaient numériquement
très inférieures à celles que la Prusse pouvait déjà
mettre en ligne. Pour briser l'opposition éventuelle de
la France et confondre en même temps tous les États
allemands dans le rayonnement d'une gloire commune,
Bismarck conçut le plan de forcer la France à s'engager, au dépourvu, dans une guerre qu'il préparerait
de longue main et à laquelle l'Allemagne entière pren-
drait part : le succès assuré des armées allemandes
effacerait la trace des humiliations de 1866 et l'union
de tous les États en un vaste empire serait enfin réalisée.

Pour assurer le succès de cette combinaison grandiose, Bismarck commença une campagne de presse et
une propagande universitaire qui furent menées avec
autant de ténacité que de fourberie : la France devint
l'ennemi héréditaire; on ressuscita les pénibles souvenirs de 1807, les humiliations auxquelles dut se soumettre la cour de Prusse sous la main de fer du conquérant; on répandit partout le bruit que, seule en
Europe, la France s'opposait à l'unité allemande; bref
on surexcita l'opinion publique de toutes les façons
possibles : par le journal, par le livre, par l'enseignement, par la chanson même.

Pendant que Bismarck préparait ainsi le errain, le
général de Moltke, chef d'état-major de l'armée prussienne, s'occupait activement de mettre l'organisation
des contingents allemands et leur instruction au niveau
de celles des troupes prussiennes,

On pouvait craindre que la France ne trouvât des alliés dans la lutte qui se préparait : Bismarck résolut d'amener l'empereur Napoléon à déclarer la guerre à la Prusse, de manière que la France assumât le rôle de provocatrice et demeurât isolée. Cette machination eut un plein succès et voici comment.

En 1870, à la suite d'une révolution et à l'instigation de Bismarck, le maréchal Prim offrit la couronne d'Espagne au prince Léopold de Hohenzollern, parent du roi de Prusse. Naturellement, la France fit des observations : il ne pouvait, en effet, lui convenir que l'Espagne tombât sous la domination de l'Allemagne, même indirectement. La candidature du prince Léopold fut retirée, mais l'empereur Napoléon demanda au roi de Prusse la promesse de ne jamais l'autoriser dans l'avenir. C'était là une exigence difficilement admissible : le roi Guillaume la repoussa dans une audience qu'il accorda à l'ambassadeur de France, mais il le fit en termes courtois dont il avisa, par dépêche, le comte de Bismarck. Ce dernier n'hésita pas : il falsifia la réponse du souverain, la rendit injurieuse pour la France et lui fit donner aussitôt la plus éclatante publicité diplomatique.

Une explosion de colère salua, en France, la divulgation de cette dépêche tronquée et l'empereur Napoléon déclara la guerre à la Prusse le 17 juillet 1870. Le plan de Bismarck avait réussi !

La guerre est chose si grave qu'une grande Nation se doit à elle-même et doit à l'Humanité de ne la déclarer que si elle est nécessaire à l'intégrité de son honneur, sans lequel un peuple ne peut vivre fier et honoré : une demande courtoise d'explications eût peut-être suffi à dévoiler la supercherie de M. de Bismarck, car le roi Guillaume était un homme d'une grande droiture. Ces explications ne furent pas demandées et cette promptitude étrange de la France à porter la main à son épée lui donna une allure provocatrice qui lui aliéna les sympathies de l'Europe. Celle-ci, du reste, était excédée des manifestations incessantes de la vanité militaire du peuple français : nos armées avaient, depuis 1830, fait bien des expéditions où elles avaient presque constamment été victorieuses; en Crimée, en Afrique, en Italie, nos troupes avaient ajouté bien des pages nouvelles à l'histoire glorieuse de la Patrie; la France se croyait invincible et le laissait beaucoup trop voir.

La France, cependant, n'était en aucune façon prête à la guerre, bien que les avertissements n'eussent pas manqué à son gouvernement, quant aux intentions et aux forces militaires de l'Allemagne.

Chez les Allemands, une organisation très perfectionnée permettait une mobilisation immédiate; un ordre du souverain suffisait à mettre aussitôt en mouvement l'immense machine. En France, au contraire, rien n'était réglé, ni la concentration des troupes, ni leur transport; le matériel était incomplet, les places fortes démunies de tout.

Dès les premiers jours 1 200 000 Allemands étaient prêts à entrer en France tandis que l'armée française, réserves comprises, ne dépassait pas 500 000 combattants.

Ainsi, nos effectifs n'atteignaient pas la moitié de ceux des Allemands; de plus, l'organisation générale de notre armée était essentiellement défectueuse. La guerre de 1866 avait ouvert les yeux à quelques-uns de nos officiers généraux, mais la loi militaire demandée par le maréchal Niel n'avait pas été appliquée; les chemins de fer n'étaient pas préparés au service des transports et les premières semaines de la guerre furent signalées par une immense confusion.

Les troupes françaises auraient eu à leur tête un grand capitaine que, malgré leur petit nombre, elles eussent sans doute vaincu, car les soldats montrèrent au feu une solidité exceptionnelle; il fallait un Bonaparte ou un Masséna pour faire face à la situation, on ne put trouver ni l'un ni l'autre. Au lieu de se concentrer, les troupes françaises s'éparpillèrent : elles furent

battues à Wissembourg (4 août), à Wœrth (6 août), à
Forbach (6 août). L'empereur qui, malgré de faibles
qualités militaires et sa santé chancelante, avait pris le
commandement de l'armée, le remit alors au maréchal
Bazaine, qui livra autour de Metz les terribles combats
de Borny (14 août), de Rezonville (16 août) et de Saint-
Privat (18 août). Ces trois sanglantes batailles ont
prouvé que l'armée française possédait toujours les
mêmes qualités de courage et d'endurance qui ont pendant si longtemps fait l'admiration du monde. Une
décision virile eût été prise par le commandant en
chef, le soir du 18 août, que la bataille de Saint-Privat
devenait une victoire décisive et les destinées de la
France étaient peut-être changées, mais le maréchal
Bazaine se laissa investir sous Metz et resta immobile
à l'intérieur du camp retranché. En même temps, une
armée de nouvelle formation, sous les ordres du maréchal de Mac-Mahon, perdait la bataille de Beaumont,
se laissait entourer dans Sedan et, après des combats
désespérés, capitulait. L'infanterie de marine avait fait
à Bazeilles une défense héroïque.

Ce désastre stupéfia la France, mais elle ne songea
pas cependant à abandonner la lutte, bien qu'elle n'eût
plus une armée à opposer aux forces allemandes qui
s'écoulaient comme un torrent vers Paris. Le Gouvernement de la Défense nationale, qui avait remplacé
l'Empire tombé, montra une grande énergie pour orga
niser la défense dans Paris : la capitale ferma ses portes.
Il y avait dans la ville 14 000 marins, 20 000 hommes
environ de troupes de ligne et 100 000 mobiles de province, sans compter la population de la capitale. Malheureusement, **on n'improvise pas une armée** : avec
500 000 hommes en armes, Paris ne put percer le rideau
d'investissement de l'armée allemande qui ne fut jamais
de plus de 200 000 hommes de troupes, mais de troupes
aguerries.

Le maréchal Bazaine, cerné par les Prussiens, ne fit
aucune tentative pour se dégager de Metz et, sans avoir

livré une bataille sérieuse, obéissant à on ne sait quel sentiment d'ambition inavouable, il capitula le 29 octobre avec une armée de 170 000 hommes, **livrant à l'ennemi les armes et les drapeaux!** Cette capitulation, qu'on ne peut s'expliquer d'un homme dont la bravoure était notoire, rendit libre l'armée allemande de Metz, qui vint aussitôt accabler les armées françaises en formation sur la Loire, dans le nord et, plus tard, dans l'est. Malgré leur courage, ces troupes, sans cohésion sérieuse, étaient incapables de livrer les batailles rangées qu'on leur imposait. Ce n'était pas assez d'avoir à lutter contre un ennemi solide et bien entraîné, il fallait encore résister à un froid terrible. La capitulation de Paris — qui résista surtout passivement jusqu'à ce qu'il fût sans vivres — entraîna la fin de la guerre et le traité de Francfort : la France payait **cinq milliards** d'indemnité de guerre et cédait au vainqueur l'Alsace et la moitié de la Lorraine!

Cette triste histoire dont chaque ligne rappelle une douleur, porte en elle de graves enseignements : une Nation qui veut vivre doit toujours être prête à défendre son intégrité en se portant tout entière contre l'ennemi de la Patrie, mais il ne suffit pas de courir aux armes, il faut surtout être préparé et entraîné à la lutte par le service militaire, car les armées solides ne s'improvisent pas avec des recrues : chaque fois que quelque rêveur voudra soutenir que le courage suffit pour faire de bons soldats ou de bons marins, on pourra lui répondre hardiment que **cela n'est pas vrai.** Les armées de la défense nationale étaient des rassemblements d'hommes et rien de plus; elles ont combattu, sans espoir de le vaincre, un ennemi cependant moins nombreux qu'elles, mais elles ont pourtant sauvé l'honneur de la France, et inspiré aux Allemands l'étonnement, le respect et parfois l'admiration. *Aucune Nation en Europe*, a écrit un général allemand, *n'eût été capable de faire ce que la France a fait.* Ce témoignage d'un ennemi est précieux et peut nous donner confiance dans l'avenir, à la condition que le **devoir militaire** soit pour nous **le premier et le plus honorable de tous.** En somme, que nous demande donc la Patrie? Trois ans de notre existence, peut-être moins encore! Est-ce bien là vraiment un sacrifice pour un homme qui place au-dessus de tout l'honneur d'appartenir à une Nation indépendante et libre de ses destinées?

La guerre de 1870 nous a encore appris qu'on ne devait jamais compter que sur soi-même et que la reconnaissance, en matière de politique internationale, est un mot qui n'a pas de signification. La conservation de soi-même est le **premier devoir** d'une Nation. Puissions-nous à jamais perdre l'habitude de gaspiller notre sang et nos ressources sans réflexion et sans compensations assurées. Autrefois on disait couramment que **la France n'avait besoin de personne, mais que tout le monde avait besoin de la France :** il faut que ce proverbe redevienne une réalité. Renonçons donc résolument à compter sur d'autres que sur nous-mêmes et, si nous recherchons la sympathie et l'amitié des autres peuples, que ce ne soit jamais aux dépens de notre dignité et de notre sécurité.

Le sentiment général de l'Europe après 1870 fut que la France était définitivement passée à l'état de puissance de deuxième ordre et qu'elle ne compterait plus d'ici à longtemps dans le congrès des Nations. Beaucoup se réjouirent de notre abaissement, car notre vanité niaise avait soulevé bien des haines. On comptait sans les immenses ressources que la France possède dans son orgueil, son travail et son économie : le 16 septembre 1873 la Patrie s'était délivrée à prix d'or du dernier soldat allemand.

M. de Bismarck fut étonné de la rapidité de ce relèvement; il résolut de l'enrayer par une nouvelle guerre : sa tentative de 1875 échoua, grâce à l'intervention de l'empereur de Russie; celle de 1887 ne réussit pas mieux, car l'opinion de l'Europe entière se tourna contre lui et le calme que montra la diplomatie française empêcha toute explosion intempestive du sentiment national surexcité. Dès lors, il fallut bien reconnaître que la France était toujours redoutable et qu'elle avait reconquis son rang en Europe.

L'Allemagne crut ou fit semblant de croire que nous ne pensions qu'à profiter de la première occasion pour recommencer la guerre et reconquérir nos provinces perdues ; elle conclut avec l'Autriche et l'Italie la **Triple alliance**, afin, disait-elle, de maintenir la paix en Europe. La France y répondit, en 1891, par la **double alliance** avec la Russie.

Ainsi, à l'heure actuelle, la France semble aussi forte qu'elle a jamais été ; il serait cependant dangereux de nous endormir dans une sécurité funeste. En réalité, la question de l'Alsace-Lorraine n'est pas close : notre Patrie qui, depuis l'époque où le **Brenn** des Gaulois, nos ancêtres, jetait fièrement son épée dans la balance où l'on pesait l'or de la rançon de Rome, a tant de fois imposé aux autres Nations la dure **loi de l'épée**, ne l'a jamais admise pour son compte. Tant qu'une solution définitive ne sera pas intervenue, la guerre demeurera assise à nos portes. Or, ne l'oublions jamais, nous sommes entourés de puissances hostiles et si nous venions à être de nouveau vaincus, **la Patrie française n'existerait plus** ; chacune en arracherait un lambeau.

Notre devoir à tous est donc de nous préparer et de préparer les autres à envisager sans effroi et à subir victorieusement une guerre terrible dans laquelle **nous serons seuls**, peut-être, comme en 1793, seuls contre toute l'Europe. Loin de nous décourager une pareille éventualité ne doit qu'exciter notre audace et notre fierté. C'est par le développement du sentiment patriotique, par l'amour exclusif de la Patrie française que nous arriverons à lui rendre **réellement** la force qu'elle a perdue en 1870. Si la France doit périr, il vaut mieux qu'elle succombe fière et solitaire, accablée sous le poids des Nations hostiles que de traîner lâchement une existence avilie ; ce sera plus digne de son histoire.

Après Azincourt, après Malplaquet, en 1793, la France semblait bien à jamais perdue : le **patriotisme** de ses fils l'a sauvée chaque fois de la honte d'un démembrement et a fait reculer ses ennemis étonnés sans qu'elle ait eu besoin de crier **Au secours!** Pourquoi donc serait-elle réduite aujourd'hui à compter sur d'autres que sur elle-même?

Chacun de nous doit marcher en avant sans s'inquiéter s'il est suivi, prêcher aux jeunes l'amour de la Patrie française, leur dire combien elle a été grande, noble et forte, combien elle mérite d'être aimée et quand les internationalistes viendront nous parler de la fraternité des peuples et du désarmement général, nous leur répondrons : **Que les autres commencent, nous verrons si nous devons les imiter.**

Nous n'avons pas encore parlé de la marine française et de son rôle pendant la guerre de 1870 : c'est qu'en effet la lutte continentale a absorbé toutes les ressources du pays et nos navires n'ont pas eu à exécuter de grandes opérations maritimes, faute de troupes de débarquement. Nous devons cependant citer le combat de la Havane entre l'aviso français le **Bouvet** et la canonnière prussienne **Meteor**. Une avarie de chaudière empêcha le *Bouvet* de poursuivre un succès que l'audace de son commandement avait si bien commencé. Les deux navires rentrèrent également avariés dans les eaux neutres.

Les escadres cuirassées de la France firent, dans la mer du Nord, pendant toute la durée de la guerre, un pénible métier de croisière et, grâce à elles, la mer resta libre pour nos bâtiments de commerce, ce qui permit de faire venir de l'étranger, des munitions, des vivres et des approvisionnements de toutes sortes pour le service des armées.

Ainsi que nous l'avons vu plus haut, les troupes de la marine ont rendu immortel le nom de **Bazeilles**. Quatorze mille marins armèrent les forts de Paris ; enfin les marins français combattirent vigoureusement sur la Loire sous Jauréguiberry, Jaurès et Gougeard dans l'armée du général Chanzy.

Les marins ont donc fait leur devoir pendant la dernière guerre comme ils l'ont fait à toute époque; leur réputation était établie depuis longtemps et s'est accrue de toutes les faiblesses des troupes improvisées à côté desquelles ils combattaient, mais, ne l'oublions pas, la prochaine guerre pourrait bien se dérouler sur mer et le devoir militaire y sera plus diffile à remplir pour nous qu'il a jamais été. Préparons-nous donc sans bruit, mais incessamment et énergiquement, à prouver à la Patrie que nous sommes dignes de nos devanciers, de ceux qui combattirent sous l'étendard fleurdelisé avec Duquesne, Tourville et Suffren, aussi bien que de ceux qui ont soutenu l'honneur du Pavillon tricolore sous Villaret-Joyeuse, sous Linois, sous Bruix, sous Bouvet, Roussin ou Courbet.

TITRE III

ÉDUCATION MILITAIRE

CHAPITRE I

LE DRAPEAU

Le **Drapeau**, au dire des internationalistes, ne serait simplement qu'un chiffon coloré cloué au bout d'une hampe de lance pour servir de point de direction ou de ralliement à un corps de troupes en manœuvres. Une pareille opinion ne doit pas nous étonner : quiconque repousse l'idée de **Patrie** ne peut comprendre l'idée de **Drapeau**, puisque le Drapeau **est un symbole** et qu'il est la **représentation tangible de la Patrie.**

Qu'il n'en ait pas toujours été ainsi, cela n'est pas douteux : quand la Patrie n'est pas encore née, son symbole ne peut exister. Lorsque les tribus gauloises se ruaient à la conquête de l'Italie, les sangliers portés au bout de longues hampes, qui leur servaient de drapeau, n'avaient évidemment pas pour eux de signification symbolique ; c'étaient seulement des points de repère ou de direction pendant le combat. Mais, à mesure que nous étudions des civilisations plus affinées et des peuples mieux agglomérés, nous voyons l'insigne militaire s'identifier avec la conception abstraite de Patrie.

Examinons, par exemple, celle des civilisations antiques qui est la plus proche de nous et dont nous procédons le plus directement : la civilisation romaine. Au moment de sa pleine floraison, la notion du « Drapeau » et le concept de la « Patrie » ne se séparaient pas; ils étaient indissolublement liés.

Chaque légion avait en effet son **Aigle**, portée au bout d'une longue hampe par le plus vaillant soldat de la légion, et toujours à proximité du chef; elle servait ainsi aux soldats à discerner, au-dessus de la poussière soulevée pendant la marche ou dans la mêlée sous les pas des combattants, la direction vers laquelle marchait leur chef et, par conséquent, le côté vers lequel ils devaient se diriger pour le soutenir. Une légion qui aurait abandonné son Aigle aurait par cela même abandonné son chef et trahi le serment militaire. Celle qui eût laissé tomber son Aigle aux mains de l'ennemi eût été déshonorée et **décimée** par la hache infamante des licteurs.

Au camp, l'Aigle marquait l'emplacement du **prétoire** autour duquel étaient plantées en lignes symétriques les tentes de la légion; sa présence au tribunal du **préteur** rappelait **la majesté du Peuple romain**, au nom duquel ce magistrat rendait la justice; c'était donc bien le symbole de la Patrie absente, de ses lois, de ses institutions; en campagne, lorsqu'on faisait des sacrifices aux divinités tutélaires, à défaut de temples et d'autels appropriés on exécutait les cérémonies propitiatoires devant les Aigles de l'armée, qui symbolisaient ainsi les **Dieux** de la Patrie. Un serment prêté en touchant de la main droite l'Aigle de la légion était considéré comme le plus sacré de tous, puisqu'on prenait ainsi pour témoin et pour garant de ses engagements la Patrie elle-même.

Les Romains avaient donc du Drapeau une conception ·dentique à celle qu'en ont les Nations modernes; ils le considéraient comme un insigne sacré confié par la Patrie à ses soldats, afin qu'il y eût toujours au milieu d'eux, et si loin que la fortune de Rome les conduisît, quelque chose qui leur remît en mémoire les lois et les coutumes du peuple romain. Les Nations vaincues ne connaissaient souvent Rome que par les Aigles des légions; c'était contre elles que se tournait toujours la fureur des ennemis pendant le combat; bien rares furent les légions qui perdirent leur Aigle, car un pareil trophée coûtait cher à ceux qui parvenaient à s'en emparer.

Si nous revenons à l'histoire de la Patrie française, nous verrons le symbole de la Patrie suivre tout naturellement les progrès de l'idée de Patrie.

A l'époque féodale, de même que chaque seigneur avait son **sceau** qui lui servait à donner un caractère d'authenticité aux actes publics, il avait aussi sa **bannière**, portée non loin du chef par le plus vaillant de ses hommes d'armes et servant de point de direction et de ralliement sur le champ de bataille. A défaut de la bannière seigneuriale, les **armoiries** figurées sur le **sceau** et reproduites sur le bouclier du seigneur, ou bien encore les couleurs des plumes de son cimier suffisaient à ses gens d'armes pour le retrouver ou le suivre dans la mêlée. La même bannière aux armes du châtelain flottait sur la plus haute tour du castel. L'abandon par les vassaux de la bannière du seigneur était considéré et puni comme une **félonie**. C'est qu'à cette époque où l'idée de Nation était à peine née, on avait coutume de se serrer étroitement autour du chef féodal librement accepté et reconnu solennellement, et que la **bannière** du manoir seigneurial était précisément l'emblème de la protection qu'il étendait sur la plaine et sur la montagne, sur l'homme libre et sur le serf en échange de leur dévouement.

Le roi de France, qui n'était à l'origine qu'un simple seigneur **sans** droits distincts et qui portait, entre autres titres, celui d'**Abbé de Saint-Denis**, avait aussi sa bannière personnelle; on la nommait l'**Oriflamme**. C'était un insigne militaire de soie cramoisie brodée d'or qu'on déposait en temps de paix entre les mains des moines de l'Abbaye, étendard absolument **personnel** qui faisait naître, non pas l'idée de la Patrie présente au camp, mais bien celle de la présence réelle du **seigneur roi** et de son **ost**, c'est-à-dire des vassaux de ses propres domaines.

Après plusieurs siècles de luttes, le roi, héritier du droit de Clovis, arriva à être considéré comme la puissance suprême protectrice de la Nation : fatalement son étendard personnel devait devenir celui de la France. Depuis la bataille de Poitiers, dans laquelle on vit flotter au-dessus de l'armée des Francs la chape bleue de saint Martin de Tours, jusqu'à la monarchie des Bourbons, l'idée presque mystique qui s'attache au Drapeau a lentement évolué en même temps qu'évoluait la royauté. A l'époque de Louis XIII la bannière royale, blanche à trois fleurs de lis d'or, appartenait en propre au corps de troupes nobles qu'on appelait la **Maison du Roi**; elle indiquait presque toujours la présence du Prince à l'armée. Chaque régiment, autre que celui de la Maison du Roi, étant la propriété de son co'onel, le Drapeau du régiment était aux couleurs de son chef, de sorte qu'il y avait autant de drapeaux que de régiments. Ce dernier vestige de la féodalité ne pouvait convenir au grand roi : Louis XIV commença par donner à sa marine comme Pavillon de poupe le pavillon blanc aux fleurs de lis d'or, et l'ordonnance de 1670 imposa enfin à toute l'armée le même Drapeau. Il était logique qu'une Nation aussi unifiée et aussi fortement agglomérée que l'était la Nation française eût un seul symbole, un seul étendard, personnification de la Patrie; ce drapeau était celui du roi parce qu'alors c'était bien réellement le roi qui était le **seul** **représentant** qualifié de la Patrie.

C'est seulement en 1789 que la cocarde **nationale**, symbolisant l'union intime, mais **librement con-**

sentie, de la Nation avec son chef, fut adoptée sous la pression des événements que nous avons racontés et qui changeaient radicalement le régime politique de la France. Cette cocarde était aux trois couleurs : bleue, blanche, et rouge. Le blanc, couleur de la royauté, était encadré entre le bleu et le rouge, couleurs de la ville de Paris.

On remarquera en passant que la capitale a toujours eu une prétention, assez peu légitime du reste : celle de représenter la France à elle toute seule.

En 1792, l'armée française n'arborait plus que le Drapeau aux trois couleurs, qui est **réellement** devenu le Drapeau **national** grâce au baptême de sang que toutes les classes de la Nation indistinctement lui ont donné sur le champs de bataille, on peut dire même sur tous les champs de bataille de la terre. Fixé à une hampe surmontée d'une lance dorée, cravaté d'un ruban tricolore, il portait dans ses plis le numéro du régiment avec cette inscription : **discipline** et **obéissance à la loi**, qui a fait place depuis à la belle devise si connue de la Marine : **Honneur et Patrie.**

La Marine de guerre conserva plus longtemps le pavillon blanc qu'elle avait tant illustré, mais on finit cependant par lui imposer le pavillon tricolore : la victoire ne l'accompagna pas sur mer aussi fidèlement que sur terre, mais la Marine le défendit toujours cependant avec autant d'honneur que d'abnégation.

De 1815 à 1830 le Drapeau blanc reparut dans la Marine et dans l'Armée : c'était une erreur et un illogisme politique de la monarchie. Devenue **constitutionnelle** et par conséquent fondue avec la Nation, elle n'aurait pas dû lui imposer un Drapeau auquel s'attachaient certainement de très glorieux souvenirs, mais qui était, en fait, un symbole essentiellement féodal et personnel, à l'exclusion de celui que vingt-cinq années de guerre avaient entouré d'un rayonnement extraordinaire de gloire **nationale**. Les trois couleurs cdevinrent celles de la France en 1830 : elles n'ont pas changé depuis cette époque et sont pour jamais le symbole vénéré de la Patrie.

Le Drapeau est un être moral, dont la seule vue éveille dans nos cœurs une foule de souvenirs concernant la Patrie, ses gloires, ses grandeurs, ses malheurs, ses deuils. Quand, exilés en pays lointain, nous apercevons ses trois couleurs flottant à la pomme d'un mât, nous savons que ses plis abritent un représentant de notre Nation, dépositaire de sa puissance, autorisé à parler en son nom; quand, sur la mer immense, nous les voyons s'élever à la corne d'un navire, nous savons qu'il y a là un petit morceau de la Patrie qui passe; lorsqu'entouré de sa garde, précédé de joyeuses fanfares, le Drapeau nous apparaît dans la rue, nous saluons en lui la virilité, la jeunesse, la force de notre chère Nation.

Nous avons vu dans un autre chapitre quels sont les devoirs du soldat et du marin envers le Drapeau considéré comme l'emblème de l'honneur militaire, comme point de ralliement et de direction sur le champ de bataille, mais nous devons dire ici quels sont les **devoirs du citoyen** à l'égard des couleurs nationales.

Le premier, le plus important de ces devoirs est le **respect,** nous pouvons presque dire la **vénération,** car, toutes proportions gardées, ces devoirs sont identiques à ceux que nous remplissons instinctivement à l'égard de la représentation artistique d'une personne chère, de notre **mère** par exemple, d'une mère tendrement chérie.

Tout bon citoyen qui voudra bien se dire que le **Drapeau,** ce morceau d'étamine ou de soie, cet objet inerte, sans valeur intrinsèque, est cependant le symbole de la Patrie, notre **mère** à tous, respectera et vénérera ce symbole comme il respecte et vénère le portrait de sa propre **mère.** Qu'est-ce qu'un portrait? un morceau de papier peint ou de toile peinte, rien de plus, et cependant, dans la maison, ce portrait a la place d'honneur, il préside aux réunions de famille; enfants et petits-enfants ont appris dès l'âge le plus tendre le nom, la vie, les qualités, de celle qui n'est plus, mais qui est vivante dans tous les cœurs ; personne d'entre eux n'oserait en parler légèrement et le père de famille ne se souvient pas que sa mère ait pu avoir des défauts. Il en sera de même du Drapeau national : non seulement le bon citoyen le saluera pieusement quand il le verra passer au milieu du régiment, mais il apprendra à ceux qui les ignorent les gloires vraies qui sont écloses à l'ombre de ce lambeau de soie ; il dira qu'il a toujours été l'espoir des peuples opprimés et l'effroi des oppresseurs ; il exaltera les grandes actions de la Patrie que ce Drapeau symbolise et atténuera ses défaillances. Le bon citoyen enseignera aussi que, s'il est admissible que les couleurs nationales soient arborées sur les monuments publics et servent même, à la rigueur, d'ornement aux maisons des citoyens dans les jours d'allégresse patriotique, c'est contribuer à leur avilissement que de consentir à ce qu'on les hisse au-dessus de la porte des cabarets ou des lieux de plaisir qui exploitent la curiosité malsaine ou les vices de la foule ; il dira encore que c'est prostituer le symbole de la Patrie que de le promener dans les rues, au milieu des chansons obscènes ou des vociférations d'hommes ivres ; que tout citoyen a pour devoir de réprouver et même d'empêcher et d'interdire, dans la mesure du pouvoir qui lui est confié, ces manifestations grossières et tumultueuses qui déconsidèrent le Drapeau sous prétexte de l'honorer.

L'emblème sacré de la Patrie, pour lequel tant de braves gens ont versé et versent encore aujourd'hui leur sang, ne doit jamais servir de jouet et le culte qu'on lui rend doit être toujours empreint de dignité et de gravité. N'est-il pas répugnant que n'importe quel orphéon de village, n'importe quelle ridicule association d'oisifs puisse courir, sous l'égide de nos couleurs nationales, de bal public en bal public, de guinguette en guinguette, comme on peut le voir trop souvent dans nos provinces méridionales, et qu'il soit permis d'affubler le Drapeau des armées nationales de médailles d'honneur qui parodient grotesquement les récompenses si rares et payées si cher sur les champs de bataille qui ornent les Drapeaux de quelques-uns de nos régiments? Au cours de son existence de citoyen chacun de nous doit contribuer à rendre moins grossier ou moins niais le culte dû au Drapeau, car **il n'est pas plus permis à un citoyen de prostituer son Drapeau que de cracher sur le portrait de sa mère.**

CHAPITRE II

LA GUERRE

I. Origines de la guerre. — La guerre est une résultante naturelle des instincts, des besoins et des vices de l'humanité; tant qu'il existera des hommes sur la terre, ils auront des instincts, des besoins et des vices et la guerre pourra toujours éclater entre eux, en dépit des efforts tentés par les meilleurs d'entre les hommes pour en diminuer la fréquence ou en restreindre les ravages. Un grand homme de guerre, qui était aussi un **croyant**, a osé avancer que « *la guerre est d'institution divine* ». (Maréchal DE MOLTKE.) Cette opinion est sans doute hasardée, mais quand on considère ce qui se passe dans la Nature entière, on demeure convaincu que la guerre est une conséquence fatale des exigences de la vie et de la multiplication des espèces animales.

L'animal vivant tend toujours à se conserver vivant; cette tendance, absolument universelle, se nomme l'instinct de conservation. Pour vivre, il faut nécessairement que l'animal mange; si sa conformation anatomique exige qu'il se nourrisse de chair, il se mettra en quête d'un autre animal vivant, plus faible que lui, pour l'attaquer et le dévorer. Si ce dernier a d'autres moyens de défense que la fuite, il les mettra en œuvre en vertu de ce même instinct de conservation : il y aura combat. C'est la **guerre**, conséquence fatale de la vie.

Si, au lieu d'un carnivore, il s'agit au contraire d'un herbivore habitué à paitre, lui et les siens, en un certain canton de pâturage qui suffit aux besoins de la troupe; si, inopinément, une autre troupe d'herbivores tente de s'approprier ce canton, le premier troupeau essayera évidemment d'expulser le second par la force pour conserver sa réserve de subsistances. Il y aura lutte entre les deux troupes ou entre leurs chefs. C'est encore la **guerre**, conséquence nécessaire des exigences de la vie.

Qu'un animal mâle adulte, un cerf dix-cors par exemple, qui règne en despote sur une troupe de biches et de faons, se voie disputer cette royauté par un autre cerf, poussé par l'instinct de conservation de l'espèce : il y aura lutte acharnée entre les deux cerfs, lutte sanglante à l'issue de laquelle le vaincu ira cacher sa honte au plus épais des taillis. C'est encore la **guerre**, conséquence fatale de l'instinct de conservation de l'espèce.

II. **La guerre primitive**. — Aux premiers temps de l'humanité il est vraisemblable que l'homme, à l'instar des animaux qui l'entouraient, a subi la fatalité de ses instincts et que la **guerre** a commencé avec l'humanité elle-même pour la possession des cavernes les plus spacieuses ou les mieux exposées, pour la possession d'un canton de chasse giboyeux, pour celle des animaux domestiques et sans doute aussi pour celle des femmes. A cette époque, tout mâle adulte était un guerrier, ainsi que cela se retrouve encore aujourd'hui dans les tribus sauvages.

Ce genre de guerre primitive, que l'on peut nommer la **guerre naturelle**, n'est certainement pas longtemps demeuré le seul pratiqué. Dans les tribus qui luttaient l'une contre l'autre, des hommes ont dû se révéler plus forts, plus agiles, plus rusés que d'autres et ont ainsi conquis l'estime craintive des guerriers plus faibles qu'eux; l'orgueil de tout faire trembler devant eux a poussé ces hommes, devenus chefs de guerre, à faire sentir leur puissance à d'autres tribus et de là sont nées les **guerres pour la gloire** que ne connaissent pas les animaux. L'homme, l'être intelligent par excellence, a, dans tous les temps, tiré vanité d'avoir détruit beaucoup de ses semblables!

Bientôt, il s'aperçut qu'au lieu de les tuer il avait plus d'intérêt à leur faire accomplir pour lui les travaux toujours pénibles de la vie de tous les jours, à s'en faire servir comme un maître, et **la guerre pour la conquête des esclaves devint courante.** Ce genre de guerre se retrouve dans le règne animal chez certaines espèces de fourmis. Un historien grec, **Hérodote**, attribue la première guerre des Perses contre les républiques grecques au désir manifesté par la reine Atossa, femme de Darius, d'être servie par des femmes esclaves de race hellène. Il semblerait du reste que l'intelligence de l'homme, au lieu de lui servir à diminuer les causes de destruction de sa propre espèce, lui fournisse au contraire des raisons de les multiplier.

On voyait, par exemple, il y a quelques années à peine, le roi de Dahomey mener tous les ans ses troupes hors de ses États, afin de conquérir sur les peuplades voisines le plus grand nombre possible d'esclaves. Ces captifs étaient ensuite égorgés en grande cérémonie sur la tombe du père du souverain. Le monarque défunt avait, paraît-il, besoin de ser-viteurs dans l'autre monde et il changeait son per-sonnel tous les ans! Si on n'avait pas pu capturer des esclaves en nombre suffisant — fait qui est arrivé plusieurs fois sous le dernier roi de Dahomey, — on eût été forcé d'expédier quelques-uns des propres sujets du Prince. Dans un ordre d'idées analogue quoiqu'un peu différent, nous pouvons citer le peuple hébreu, sans cesse en lutte avec ses voisins, parce que Jéhovah, son Dieu, lui ordonnait de temps à autre de passer au fil de l'épée telle ou telle peuplade infidèle ou hostile. Ce sont là des formes de la **guerre religieuse** que les animaux ne connaissent pas non plus et qui ne semblent pas près de disparaître, puisque, récemment, en pleine Europe civilisée, Grecs et Turcs s'entre-tuaient pour cette seule raison apparente que les uns et les autres n'adorent pas de la même façon la divinité.

Ceux des peuples de l'antiquité dont nous connaissons l'histoire ont subi tous les genres de guerres : la vie du peuple grec, par exemple, est un long tissu de luttes; il en est de même de l'existence du peuple romain. Dans l'exposé rapide que nous avons fait de l'histoire de notre Patrie nous avons à chaque pas rencontré la **guerre** sous une de ses formes : guerre de rapines et de propagande religieuse depuis Clovis jusqu'à Charlemagne; guerre d'unification nationale jusqu'à Charles VIII; guerres pour la gloire jusqu'à Henri II; guerre civile religieuse jusqu'à Louis XIII; guerres dynastiques ou guerres d'équilibre européen avec Louis XIII, Louis XIV, Louis XV; guerres pour l'indépendance et guerres de propagande politique avec la Révolution Française et Napoléon.....; la **guerre**, toujours la guerre! Et cependant, la Nation s'est formée, s'est instruite, s'est illustrée! La **guerre** n'est donc pas une maladie mortelle, puisque, malgré elle, peut-être même **à cause** d'elle, les hommes progressent intellectuellement et continuent à se multiplier.

III. Adoucissements de la guerre. — Depuis les temps les plus reculés, la guerre n'a jamais cessé d'exister sur la terre; elle a cependant beaucoup changé de caractère, non parce que les hommes sont devenus plus doux ou meilleurs, mais parce qu'ils sont devenus plus prévoyants et plus pratiques. Chez les peuples primitifs comme chez certaines peuplades sauvages d'aujourd'hui, la guerre affectait une forme atroce : les vaincus qu'on pouvait prendre étaient exterminés sur le champ de bataille ou sacrifiés sur l'autel de quelque grossière idole; il est à peu près certain que des festins de chair humaine suivaient ces affreux carnages. Les femmes et les enfants des vaincus devenaient partie intégrante de la Nation victorieuse et perdaient rapidement la mémoire de leur origine.

Lorsque les peuples se furent fixés au sol et qu'ils furent devenus sédentaires et agriculteurs, les festins de chair humaine leur semblèrent sans doute moins nécessaires ou moins savoureux et les captifs vaincus échappèrent en grande partie à la mort, mais ce fut pour devenir **esclaves**; les esclaves étaient la propriété absolue, la chose de leurs vainqueurs : ceux-ci avaient sur eux tous les droits, même celui de les vendre ou de les livrer aux bêtes féroces dans l'arène, pour le plus grand plaisir de leurs maîtres.

La société romaine, par exemple, avait pour base l'esclavage : chaque conquête des légions inondait Rome et ses domaines d'une foule de captifs qui cultivaient ensuite les terres du peuple-roi et confectionnaient pour lui toutes les choses nécessaires à la vie. L'homme libre ne travaillait pas, car, ainsi que le prétend Aristote — l'un des plus illustres penseurs de l'antiquité, — « il avait besoin d'être oisif pour **pratiquer la vertu** et exercer les fonctions du gouvernement ». Dans un but utilitaire, la guerre devenait donc moins atroce et moins meurtrière.

Le Christianisme, en posant en principe que tous les hommes sont égaux devant Dieu et que le serf, opprimé sur cette terre, prend sa revanche dans l'autre monde, aurait certainement contribué à adoucir les maux de la guerre si, déviant de son principe fondamental, il n'était arrivé à prêcher la destruction des infidèles **comme agréable à Dieu!** Les conflits entre nations chrétiennes devinrent cependant moins meurtriers : on tua pendant le combat et dans l'ardeur de la lutte, mais rarement après. A l'époque de la féodalité et sous l'influence des idées chevaleresques, on se montra même courtois et humain pour les captifs nobles et, tout en les retenant prisonniers, tant qu'ils n'avaient pas payé leur rançon, on les traitait avec honneur et bienséance. Mais dès qu'il s'agissait de frapper les infidèles, ni l'âge ni le sexe n'étaient une sauvegarde pour les vaincus. On le vit bien pendant les croisades et, principalement, pendant l'atroce guerre des Albigeois.

Peu à peu, cependant, on s'habitua à respecter la population inoffensive qui pouvait être utile et aussi, dans une certaine mesure, la propriété privée.. C'est que les conquérants jugeaient avec raison qu'ils avaient plus à gagner en laissant aux vaincus leurs biens, mais en les frappant de lourdes réquisitions· pour l'entretien régulier de leurs vainqueurs, qu'en laissant les soldats détruire et ravager tout et perdre, · en même temps, par l'habitude du pillage,·tout ·sentiment de discipline. Par le pillage, · en effet, une armée s'encombrait d'impedimenta de toutes sortes, la troupe n'était plus entre les mains des chefs; en cas de conquête définitive le vainqueur ne régnait plus que sur un pays dévasté et dépeuplé; en cas de retraite, au contraire, il ne trouvait plus·sur sa route aucune ressource et les habitants qu'il avait ruinés harcelaient sa retraite et massacraient ses traînards. C'est donc par raisonnement plus que par humanité que les Princes en arrivèrent à réglementer et à régulariser la guerre.

De nos jours, la guerre est devenue une sorte d'institution internationale, enserrée dans une législation qui semble humanitaire, mais qui n'est, en réalité, qu'une résultante de tendances utilitaires généralisées.

Ainsi, les villes ouvertes, la population inoffensive, la propriété privée sont rigoureusement respectées, car l'ennemi, vivant sur le pays conquis, a intérêt à en ménager les ressources, à ne pas soulever derrière lui des haines violentes, à ne pas exaspérer l'habitant; de plus, en maintenant ses troupes dans une exacte discipline il se ménage des succès futurs. Les blessés des deux partis sont indistinctement soignés, les prisonniers sont bien traités : c'est qu'on n'a, en réalité, aucun intérêt à rendre la résistance sauvage, ce qui arriverait certainement si on ne faisait quartier à aucun combattant; le vainqueur trouve au contraire son profit à montrer de la douceur : il rend ainsi la lutte moins longue et moins onéreuse; le vaincu y trouve aussi le sien, puisque son humanité calculée le sauve de représailles.

IV. Les maux de la guerre à l'époque contemporaine. — Aujourd'hui que la plupart des Nations s'appartiennent à elles-mêmes au lieu d'être la propriété de leurs Princes, aux maux de la guerre vient se joindre pour le peuple vaincu un douloureux sentiment de déchéance et d'abaissement. Ne pouvant plus guère s'en prendre à son roi, il est forcé de s'en prendre à lui-même; il se voit diminué, avili, il se croit méprisé, il l'est quelquefois; les lambeaux que l'épée du vainqueur détache du territoire national n'ont plus la résignation qu'avaient jadis les provinces qui changeaient de maître : une souffrance morale indicible pèse sur les populations conquises, une résistance sourde, mais acharnée, continue à se produire contre la loi du vainqueur et la haine couve au fond de toutes les âmes. De plus, la guerre est beaucoup plus coûteuse qu'autrefois et, comme les relations internationales se sont multipliées, une grande guerre entre deux Nations importantes fait souffrir dans leurs intérêts tous les peuples civilisés. Il est donc possible que la guerre devienne de moins en moins fréquente,

non pas, comme on voudrait hypocritement le donner
à croire, par suite de l'adoucissement des mœurs et des
sentiments, mais parce que les neutres ont de leurs
intérêts une perception plus nette qu'autrefois : ce
sont les neutres qui, dorénavant, empêcheront la
guerre d'éclater trop fréquemment, mais si elle éclate
malgré tous leurs efforts et les intérêts coalisés, elle
donnera au monde le spectacle de deux Nations fondant tout entières l'une sur l'autre avec toutes leurs
ressources et toute leur population virile : la Nation
vaincue sera supprimée des cartes politiques.

Bien loin donc que les guerres de l'avenir soient
moins atroces que par le passé, elles seront au contraire plus douloureuses dans leurs conséquences, car
le vaincu **y perdra le goût de vivre**; or, aujourd'hui,
une Nation qui s'abandonne est une Nation destinée à
disparaître.

Vingt-sept ans ont déjà passé sur la dernière grande
guerre soutenue par la France, et bien qu'une grande
partie de la Nation n'y ait pas été engagée, le sentiment douloureux d'une humiliation imméritée vit au
fond de tous les cœurs français. Eh bien, ce qu'il faut
nous dire sans cesse, c'est que si pareille lutte venait
aujourd'hui à se renouveler, elle ne pourrait se ter-
miner que par la mort politique d'une des Nations
engagées. C'est pourquoi nous devons toujours penser
à la guerre, afin d'être toujours prêts à la soutenir sans
défaillance, car **si nous étions vaincus il n'y aurait
plus de France**, le nom de Français deviendrait une
insulte et l'on verrait s'écrouler le monument magnifique cimenté par le sang de cinquante générations
d'hommes : l'unité de la Nation française.

V. Nécessité de prévoir la guerre. — Que la
guerre soit un fléau, il est difficile de n'en pas convenir
quand on en a vu de près les horreurs; qu'il y ait lieu
de restreindre ses ravages en pratiquant largement et
loyalement l'arbitrage, cela n'est pas douteux; mais

qu'il soit possible d'espérer un instant le supprimer à jamais, c'est là une de ces folies sentimentales que les hommes de bon sens ne peuvent admettre.

Si quelqu'un tentait de s'emparer de ce qui est notre bien ou nous causait un dommage quelconque, nous aurions la ressource de nous adresser à la **Loi** pour nous faire restituer ce qui est à nous ou pour punir notre agresseur, mais il n'est pas de **loi** internationale qui permette à une Nation lésée d'obtenir pacifiquement justice d'une autre, si celle-ci ne consent pas à se condamner elle-même. **L'arbitage** même n'est une ressource que si les deux parties **veulent bien** le reconnaître. Plusieurs guerres ont déjà été évitées par ce moyen : ainsi, en 1885, l'Allemagne ne prenant aucun souci des droits antérieurs de l'Espagne et s'étant emparée de l'archipel des îles Carolines, se vit forcée par l'explosion d'indignation patriotique provoquée chez le peuple espagnol par cet inqualifiable procédé, de remettre l'affaire à l'arbitrage du pape Léon XIII, qui donna raison à l'Espagne.

Lorsque l'arbitrage est refusé par l'agresseur, quand tous les moyens de conciliation ont été épuisés sans succès, quelle est la ressource suprême de la Nation lésée? l'appel à la force, à moins qu'elle ne se résigne à céder devant un adversaire trop puissant et trop bien armé. Une pareille résignation raye à jamais une Nation des cartes politiques, son honneur lui-même sombre dans ce naufrage. Or, une Nation, pas plus qu'un homme, **ne vit sans honneur.**

Le Portugal, en 1889, a cru devoir céder devant l'ultimatum de l'Angleterre et s'est vu voler une partie de ses possessions d'Afrique. Il est vraisemblable que si le Portugal avait eu vis-à-vis des prétentions anglaises la même noble attitude que l'Espagne en face de l'Allemagne, l'Angleterre aurait reculé. Si le Portugal a cédé aux menaces, c'est qu'inféodé depuis un siècle à l'Angleterre, il a perdu peu à peu le souci de ses charges de souveraineté et qu'il ne peut envisager sérieusement la possibilité d'une lutte contre un protecteur trop exigeant; il en est résulté qu'il n'a jamais songé à se ménager des ressources pour cette lutte suprême dans laquelle cependant il aurait probablement trouvé des alliés.

VI. Guerres légitimes et guerres injustes. — L'appel à la force doit donc toujours être envisagé comme possible; c'est la **guerre** avec toutes ses conséquences funestes, mais moins funestes, à coup sûr, que le déshonneur.

Il y a donc des **guerres légitimes** : ce sont celles dans lesquelles un peuple combat pour son indépendance, pour l'intégrité de son sol, pour ses droits ou ceux des peuples opprimés, enfin, pour son **honneur.** Certes, les Carolines, sauvages et insoumises, n'étaient pas pour l'Espagne une possession bien enviable, mais la Nation espagnole jugea qu'il était de son honneur de ne pas abandonner ses droits et de ne rien céder aux procédés brutaux du chancelier de fer; elle eut raison d'obéir aux suggestions de l'orgueil national et elle y a gagné l'estime et l'admiration de l'Europe, en outre de la reconnaissance formelle de ses droits.

Les premières guerres de la Révolution française furent des guerres légitimes, parce que la France revendiquait le droit qu'a toute Nation souveraine de se donner le gouvernement qui lui plaît. Quand, au mois de septembre 1870, la France offrit vainement à la Prusse de payer les frais de la guerre, cette guerre, de **dynastique** qu'elle était, devint **légitime** : la France a lutté pour l'intégrité de son sol et, si elle n'a pas sauvé ses provinces, elle a, tout au moins, sauvé son honneur. Une autre Nation qui, à ce même moment, eût pris le parti de la France eût également été dans la justice et dans la vérité; la guerre qu'elle eût faite à l'Allemagne pour soutenir un peuple opprimé eût été **légitime.** L'Allemagne, au contraire, a poursuivi une guerre **injuste,** car cette guerre avait eu pour point de départ un guet-apens et pour mobiles la vengeance et le vol.

En résumé, il est à peu près certain que la guerre demeurera toujours une nécessité, mais une Nation, maîtresse d'elle-même, doit toujours se garder des guerres injustes. D'autre part, elle sauvegardera son droit, son intégrité et son honneur contre les attaques possibles des autres peuples en étant toujours prête à lutter en désespérée, avec toutes ses ressources. Il faut donc, à toute heure, songer à la guerre, se préparer dans ce but et élever les générations successives dans cette idée que *si fort que l'on soit, on n'attaque pas volontiers un peuple qu'on sait brave, énergique et résolu aux derniers sacrifices pour défendre son droit.* Les dépenses faites en vue de la guerre évitent à la Nation qui les consent la guerre elle-même et sont ainsi **largement compensées.**

VII. Utilité de la guerre. — Il nous reste à déterminer maintenant si la guerre n'est pas **utile** et s'il faut souhaiter de la voir disparaître de la terre. La question a été bien souvent examinée et a presque toujours été résolue dans le même sens : **Oui, la guerre est utile,** car c'est d'elle que procèdent les grandes vertus. Les hommes que la guerre a façonnés de ses rudes mains ont acquis sur les champs de bataille le **mépris de la mort;** détruit ou atténué en eux, par l'exercice d'une volonté toujours en éveil, cet instinct de conservation qui fait commettre tant d'infamies; ils ont appris à faire abnégation d'eux-mêmes en face de l'importance du but à atteindre, à **se dévouer** pour leurs frères d'armes et pour leur **Patrie.**

Le sentiment qu'il y a dans la vie des satisfactions plus hautes que celles qui procèdent d'une existence molle et oisive, naît spontanément de l'exercice constant du **devoir,** l'esprit de lutte développe les facultés d'observation et de réflexion et le besoin constant qu'on a les uns des autres fait disparaître l'esprit de caste et

l'égoïsme féroce de la vie civile. Chose qui peut
sembler étrange, mais qui est cependant exacte : les
vieux soldats, loin de s'endurcir le cœur par la pratique
de la guerre, sont presque toujours doux et bons,
comme ils sont francs, honnêtes et dévoués. Une trop
longue paix fait oublier à un Peuple que le bien-être et
le plaisir ne doivent pas être recherchés aux dépens de
sa dignité. C'est grâce à la guerre que les Nations se
pénètrent, se connaissent, s'estiment; c'est par elle
que s'ouvrent les voies commerciales qui font participer
tous les hommes aux découvertes, aux travaux des
meilleurs d'entre eux; c'est la guerre qui entretient la
vitalité et l'énergie de l'espèce, l'instinct de combativité sans lequel les bons seraient la proie des méchants.
Sans la guerre, l'équilibre disparaîtrait entre l'homme
physique et l'homme intellectuel et celui-ci serait vite
détruit par tous les agents morbides qui le guettent.
La peur de la guerre est, pour une Nation, l'avant-
coureur de la décadence.

CHAPITRE III

L'ARMÉE

I. L'armée en général. Nécessité de l'armée.
— Puisqu'il semble prouvé que la **guerre** ne disparaîtra de la terre qu'avec les besoins et les vices de
l'humanité; puisque, selon toute apparence, cette
époque est encore très éloignée de nous; puisqu'il est
possible qu'un jour ou l'autre la Patrie soit attaquée, il
est nécessaire d'être prêt à repousser toute attaque par
la force : or, la **force** de la Patrie, c'est l'**Armée.**

On a pensé, on a dit, on a écrit même que l'Armée était une force immobilisée, une force inutile et qu'une Nation, injustement lésée dans son honneur et dans ses droits, aurait facilement raison de ses ennemis en se levant tout entière et en se ruant contre eux pour les écraser. « Que chaque citoyen sache tirer un coup de fusil », disent certains rêveurs, cela suffira ; il n'y aura pas besoin d'armées, pas besoin de casernes, **le patriotisme y suppléera**. On s'appuie, pour proférer de semblables niaiseries, sur le succès qu'a eu le magnifique élan des volontaires de 1792 : **c'est là une légende** et rien de plus ; il convient de la détruire parce qu'elle n'est pas seulement ridicule, elle est néfaste.

En 1792, en effet, il existait en France une armée permanente qui, réorganisée sous Louis XVI, d'abord par le comte de Saint-Germain, ensuite par le comte de Narbonne, ministre de la guerre sous la Constituante, comptait environ 150 000 hommes, tous **soldats de métier** ; l'artillerie, refondue par **Gribeauval**, était la meilleure de l'Europe. L'émigration des officiers nobles avait, il est vrai, désorganisé cette armée dans une certaine mesure, mais tous les sous-officiers, nommés officiers, qui remplirent les cadres de l'état-major, étaient des **soldats de métier** ; les plus anciens avaient *fait la guerre*, ainsi que beaucoup de leurs soldats, ce qui est extrêmement important. Cette armée servit à encadrer, à exercer, à instruire les volontaires accourus sous les drapeaux et à en faire en peu de temps — le patriotisme et la vigueur du comité de Salut public aidants — des soldats excellents. Il ne faudrait pas conclure de cet exemple qu'il suffirait, au jour du danger de la Patrie, de faire appel au patriotisme pour repousser nos agresseurs ; il ne faudrait pas croire qu'une cohue de volontaires serait prête, dès le premier jour, à marcher à l'ennemi et surtout à le vaincre.

Pour se battre avec fruit, c'est-à-dire avec succès, il faut **savoir se battre** et pour savoir se battre, il faut l'**avoir appris**. Seul, parmi les bêtes de proie, l'Homme a besoin d'un apprentissage pour se servir de son intelligence, de sa vigueur et de son courage pour la défense et pour l'attaque.

La meilleure preuve de ce que nous avançons se trouve dans les événements de la guerre de 1870 consécutifs de la capitulation de Sedan. C'est pour avoir méconnu cette vérité que les patriotes de la défense nationale, imbus d'une légende funeste, firent précisément la seule guerre que nos armées de nouvelle formation étaient incapables de soutenir : la guerre de masses en rase campagne.

On peut voir tous les jours un homme d'une vigueur exceptionnelle reculer devant un plus faible que lui, non par défaut de courage mais parce que — très doux de caractère comme presque tous les hommes très forts — il n'a jamais **songé à se battre**, tandis que son adversaire en a l'habitude. Dans les mêmes conditions, si la lutte s'engage, on verra peut-être le plus fort jeté par terre par le plus faible : c'est que le premier **n'a pas appris** à utiliser ses forces, tandis que le second, à la suite d'une patiente étude journalière, sait tirer des siennes tout le parti possible.

Si, lorsqu'on a seulement à utiliser les armes naturelles, il est indispensable de faire un apprentissage assez long pour en connaître, en posséder, en développer toutes les ressources, il est encore bien plus nécessaire d'apprendre à se servir des armes de guerre pour les utiliser ensuite contre des ennemis également exercés. Aujourd'hui, on se bat avec le fusil, le canon, la baïonnette, la lance, le sabre; on se bat aussi avec les jambes, car savoir marcher longtemps sans fatigue exagérée est une des qualités les plus précieuses d'une bonne infanterie. On se bat aussi avec des chevaux et, pour bien savoir se tenir et combattre à cheval, il faut un long apprentissage.

Mais ce n'est pas encore tout : un soldat doit savoir marcher en troupe, camper, bivaquer, préparer sa nourriture, veiller et dormir à volonté. Tout cela ne s'apprend bien que si l'on fait partie d'une troupe nombreuse en campagne, car le nombre des combattants augmente toutes les difficultés de la vie. Les officiers qui, au jour de la guerre, auront à conduire au feu des masses considérables, ont aussi besoin, en temps de paix, d'avoir sous leurs ordres des masses analogues pour s'habituer à les manier facilement, pour arriver à se rendre un compte exact de ce qu'ils peuvent en obtenir raisonnablement, de l'espace nécessaire pour les faire évoluer et manœuvrer, etc. Ce qui est très facile à exécuter avec précision quand on n'a que de faibles effectifs devient souvent très difficile avec de grandes masses comprenant toutes les armes.

Donc l'Armée, force permanente à la disposition de la Nation en temps de paix, est **nécessaire pour la préparation à la guerre**. Quelque vaillant, quelque patriote que soit un peuple, on ne peut improviser une armée qu'avec des hommes ayant fait ce long apprentissage dont nous venons de parler.

Il existe à la vérité des Nations qui n'ont pas ou qui ont peu d'armée permanente : la Suisse, par exemple, n'entretient, en dehors des troupes spéciales, que des cadres et des troupes de police. Mais la Suisse est dans une situation exceptionnelle et privilégiée : tous ses voisins ont pris l'engagement solennel de la respecter, elle est **neutralisée**; de plus, les Suisses sont tous d'excellents tireurs, parce que le tir des armes de guerre est un de leurs exercices, un de leurs **sports** favoris. En leur qualité de montagnards, ils sont rompus à la marche; enfin la guerre défensive dans les montagnes de la Suisse ne nécessiterait pas de mouvements de masses : ce serait plutôt une guerre de partisans. Toutes ces raisons jointes au patriotisme ombrageux du peuple suisse font que ce petit pays saurait se défendre avec vigueur, sans autre entraînement que les exercices annuels des milices.

Il ne peut en être de même pour un grand pays comme

la France, facile d'accès, qui peut d'un jour à l'autre voir se précipiter par sa frontière ouverte un million d'ennemis très fortement entraînés à la guerre. **L'Armée est pour nous une nécessité absolue.**

Elle a pour mission principale la défense du territoire national, celle de l'honneur et des droits de la Patrie : il n'est pas assurément de mission plus belle ni plus noble.

Elle a aussi pour mission d'aider à l'exécution des lois au cas où la police et la gendarmerie ne pourraient plus faire respecter à l'intérieur la volonté de la Nation. L'Armée est donc, en réalité, **la force au service du droit**; c'est la jeunesse et la virilité de la Patrie, l'école du courage, de l'abnégation, du dévouement; elle est enfin la **loi armée**.

La France n'a pas seulement de frontières de terre : elle peut être attaquée par mer d'une façon très dangereuse : les mouvements des masses armées qu'un ennemi réunirait dans notre voisinage seraient toujours faciles à connaître; dans tous les cas, une armée envahissante ne peut guère passer que par des routes frayées. Par mer, au contraire, le lieu et le moment de l'attaque sont toujours inconnus jusqu'à la dernière minute; il faut se garder partout et au large, ce qui ne peut se faire qu'avec une **armée navale** permanente.

Cette armée navale n'est qu'un rameau de l'Armée nationale; elle a les mêmes devoirs à remplir, elle poursuit le même but : le maintien des **droits**, de l'**honneur** de la Nation et celui de l'intégrité du sol national et du patrimoine colonial. Elle est donc nécessaire au même titre que l'armée de terre et sa permanence est d'autant plus indispensable que le **marin** de l'État a beaucoup plus à apprendre que le soldat pour pouvoir être sérieusement utilisé à bord d'un navire de guerre. A la rigueur, un homme vigoureux, hardi et patriote sera un bon soldat au bout de quelques semaines, mais il lui faudra plusieurs mois d'entraînement et d'études pour pouvoir être employé utilement sur un bâtiment de combat et il ne sera vraiment un **marin** qu'au bout de plusieurs années.

Le maintien des armées de terre et de mer permanentes, pour l'entraînement annuel d'une partie de la jeunesse de la Nation et pour l'encadrement, au moment du péril, de ceux qui auront déjà passé par ce rude apprentissage, est donc une nécessité absolue pour un peuple qui ne veut pas s'abandonner. Évidemment, ces armées occasionnent d'énormes dépenses mais non des dépenses inutiles, puisqu'il est certain qu'on n'attaque pas volontiers un peuple bien armé et bien décidé à se défendre, et que ce sacrifice d'argent est **la garantie de la sécurité de la Patrie.**

II. L'armée française. — 1. *L'armée à l'époque de la domination franque.* — La guerre de 1870 a fait taire pour quelques années les partisans les plus résolus de la fraternité des peuples et de l'internationalisme. Il était si parfaitement clair que la France n'avait été vaincue que pour avoir eu l'imprudence de se heurter, avec une armée professionnelle, excellente mais trop peu nombreuse, contre une Nation entière sous les armes, qu'on aurait eu assez mauvaise grâce, après une si dure leçon, de prêcher en faveur des milices ou des gardes nationales. L'Armée devint donc la première préoccupation du pays; la **dette de sang** apparut comme la première de tous les citoyens et, après quelques tâtonnements, on arriva à constituer solidement l'**Armée nationale**, c'est-à-dire la **Nation armée.** Nous sommes donc revenus, en somme, après quinze cents ans d'existence politique, à l'organisation défensive des peuples primitifs chez lesquels tout mâle adulte était un guerrier. Nous allons étudier par quelles phases a passé l'armée française avant de revenir ainsi à son point de départ.

Quand nous avons retracé rapidement les destinées de la Patrie française, nous avons dit que, lorsque les tribus franques envahirent la Gaule et la soumirent, elles y demeurèrent comme à l'intérieur d'un véritable camp pendant plus de trois siècles. Les peuples vaincus avaient été désarmés, leurs terres partagées entre les vainqueurs; les Francs seuls jouissaient du droit de porter les armes et devaient au roi le service militaire contre ses ennemis, dans la proportion de l'étendue de leurs terres, ou **alleux**, concédés par le Prince. Rien d'impératif au reste dans cette obligation, car il fallait que la cause à servir leur parût juste; pour mieux dire, il fallait surtout qu'elle leur parût avantageuse; il arrivait donc souvent qu'il ne demeurait autour du roi que son **ost**, c'est-à-dire les tenanciers de ses propres domaines. Dans les guerres perpétuelles qui ensanglantèrent ces trois siècles, la Nation des Francs se fût rapidement épuisée si elle n'avait reçu de Germanie de nombreux immigrants qui lui permirent de supporter seule et sans fléchir le sanglant fardeau de la guerre.

L'Armée n'avait pas, à cette époque, même un rudiment d'organisation : les guerriers de bonne volonté se réunissaient peu à peu en un point fixé comme lieu de réunion; quand on se trouvait suffisamment nombreux pour remplir l'objectif qu'on avait en vue, on partait. Sur sa route, l'Armée ne vivait guère que de vols et de pillages; derrière elle, de nombreux chariots, traînés par des bœufs, portaient les femmes, les enfants, les bagages et étaient accompagnés d'une multitude de valets d'armée fournis par les tribus gauloises asservies. De hiérarchie, de discipline, il ne pouvait être question, car un guerrier en valait un autre. La force musculaire et la vaillance seules pouvaient faire reconnaître des chefs sur le champ de bataille, mais leur autorité ne durait pas après le combat et elle n'avait pour sanction que la part plus forte du butin qu'ils recevaient, du consentement de leurs pairs.

Dans certaines circonstances solennelles, le clergé venait encourager les Francs, chrétiens, contre leurs adversaires idolâtres ou infidèles : les évêques bénissaient les troupes et promettaient, à ceux que la mort frapperait dans la lutte, le rachat et l'absolution de leurs fautes, avec une place dans le Royaume des Cieux. A la bataille de Poitiers, par exemple, les Francs combattirent sous la protection de Saint Martin de Tours dont la chape bleue leur servit de Drapeau. Il semblerait du reste qu'en cette occasion ces sauvages guerriers eussent compris combien une troupe massée est forte contre la cavalerie, car ils surent modérer leur ardeur et les brillants cavaliers du désert vinrent se briser sur eux comme sur un mur de fer. Sans doute il faut voir dans cette apparence de tactique l'influence des chefs ecclésiastiques, qui avaient concentré l'armée des Francs pour la défense de la chrétienté.

Avec Charlemagne, nous voyons apparaître un semblant d'organisation militaire. Le grand Empereur, dont la vie fut un long combat, n'était pas homme à permettre aux Francs de lui accorder ou de lui refuser, à leur bon plaisir, le service militaire. Il le rendit **obligatoire** pour tous ceux qui possédaient, qu'ils appartinssent ou non à la race conquérante. C'est le Prince qui nommait les chefs; l'obéissance et la discipline furent imposées à tous et l'Armée entière prêta le **serment de fidélité** au Souverain.

L'œuvre de Charlemagne ne pouvait être durable car ce grand esprit était trop en avance sur son époque pour trouver un continuateur: l'organisation de l'Armée eut le sort de beaucoup de ses créations et retomba peu à peu dans le chaos. Toutefois, sur le champ de bataille de Fontanet, deux masses armées purent se trouver en présence et ne se combattre qu'après plusieurs jours de jeûnes et de prières, ce qui indique clairement qu'une certaine discipline régnait encore au milieu de ces trois cent mille hommes et qu'il existait de part et d'autre quelque chose comme une direction générale. L'élite de ces deux armées, l'élite de la nation des Francs — quarante mille hommes — demeura sur le champ de bataille et la race conqué-

rante s'en trouva fort affaiblie. L'introduction de l'élément gaulois dans l'armée devint une nécessité puisque
la classe des hommes libres disparaissait lentement :
les vilains commencèrent à servir de leur personne,
mais seulement à titre d'auxiliaires et comme gens de
pied, le service à cheval étant toujours un privilège
des hommes libres ou nobles.

2. *Les armées féodales.* — L'on s'aperçut bien de la
disparition de la véritable caste militaire par la facilité
incroyable avec laquelle des bandes de quelques milliers
de pillards scandinaves (Northmans) purent parcourir
et ravager le nord de la France, rançonner les villes
ouvertes, assiéger même la capitale! En même temps,
les Sarrasins mettaient à feu et à sang la Gaule méridionale. Une longue servitude semblait avoir détruit
tout ressort et toute énergie virile chez les descendants
des Gaulois : c'est dans la constatation d'une pareille
décadence que l'on peut trouver le meilleur argument
en faveur de l'utilité de la guerre pour maintenir et
développer les facultés actives des peuples.

Peu à peu cependant les villes, s'entourant de
murailles, surent résister aux envahisseurs derrière
leurs remparts; les milices urbaines s'organisèrent
pour la défense locale. En même temps, la hiérarchie
féodale prenait corps et comme l'obligation militaire
était, dans une mesure assez restreinte, il est vrai,
mais cependant positive, une conséquence de cette
hiérarchie, on vit reparaître sur le sol de la France des
troupes d'hommes exercés au métier des armes qui,
à l'appel de leur seigneur et sous sa bannière, remplis-
saient un rôle de protection à l'égard des populations
paisibles, vassales dudit seigneur.

Comme nous le disions plus haut, **en principe**, le
métier des armes était réservé à la classe des hommes
libres, propriétaires du sol. Par droit féodal, le seigneur pouvait appeler à lui, pour telle entreprise guerrière qui lui plaisait, tous les hommes libres — ou
nobles — de son fief; ceux-ci, **armés et équipés à**

leurs frais, accouraient autour de la bannière de leur suzerain, pour un temps généralement limité et qui n'excédait pas **deux mois** dans la même année. Ainsi entouré de son **ost,** le seigneur chevauchait vers le suzerain qui l'avait appelé, lequel se voyait bientôt à la tête de nombreuses compagnies d'hommes d'armes, assurément pleins de vaillance, mais animés de l'**esprit de manoir** et nullement disposés à l'abdiquer en faveur d'une pensée plus générale.

Le roi en usait de même vis-à-vis de ses vassaux immédiats : il n'avait pas plus d'armée à lui qu'il n'avait de moyens financiers personnels. Le lien féodal étant en somme assez élastique, il n'était pas rare qu'un puissant vassal refusât le service à son suzerain. Or, à mesure que la royauté s'affermissait et s'étendait, elle avait des besoins nouveaux **permanents,** des obligations nouvelles **permanentes** qui s'accordaient mal avec ce régime, où le bon plaisir des vasseaux jouait réellement un trop grand rôle. On comprend aisément que la nécessité de services publics, permanents comme les besoins qui étaient leur raison d'être, devint de jour en jour plus apparente à mesure que la puissance royale apparaissait comme supérieure à toutes les autres et indépendante de toutes les autres.

Toute apparence d'unité de direction était absolument bannie des armées féodales : chaque seigneur commandait la troupe qui entourait sa bannière et se ralliait à son cri de guerre; les efforts n'étaient presque jamais concertés dans un but tactique; le combat, pris dans son ensemble, n'était que la résultante d'une multitude de duels. Frapper fort et ferme, acquérir la renommée de preux et de vaillant, tel était le but que chaque chevalier poursuivait; peu importait le résultat de ces prouesses. Quant au bien de la cause servie, personne s'y songeait.

Il n'était en aucune façon question de tactique ni de mouvements combinés; on se contentait de se battre corps à corps. L'histoire des croisades fournit la preuve du défaut absolu d'organisation et de prévoyance des armées féodales, car si les croisés avaient eu autant d'intelligence militaire qu'ils avaient de foi et qu'ils déployaient de bravoure, les Musulmans n'auraient jamais pu leur résister et la conquête définitive de l'Orient eût été la conséquence obligée de ces expéditions gigantesques. Malheureusement, rien de la science militaire des Romains n'avait surnagé sur le flot de l'invasion barbare, la force physique primait tout.

La bataille de Bouvines est une étape importante dans l'histoire de l'Armée française : les communes, on le sait, en vertu des chartes contresignées par le roi, qui leur accordaient certains privilèges et certaines libertés, étaient tenues à certaines charges de vassalité, parmi lesquelles le service militaire tenait le premier rang. A l'appel de Philippe-Auguste, elles envoyèrent à l'armée des milices à pied, archers ou arbalétriers en général. C'est donc de Bouvines que date l'**infanterie française**. Cette accession des manants au droit de défendre le roi de France indique aussi le déclin de la féodalité. Par la force des choses, l'orgueil naturel de l'homme armé rendit le manant moins obéissant et moins souple vis-à-vis de son seigneur; en combattant pour le roi la Nation sentit naître sa virilité en même temps que les défaites de la guerre de Cent-Ans lui inspiraient du mépris pour cette chevalerie dénuée de bon sens, brutale et inintelligente, qui avait compromis, comme à plaisir, l'existence de ce qui était déjà la Patrie française.

A la fin du XIIIᵉ siècle, tout sujet du roi — noble ou manant — devait le service militaire entre dix-huit et soixante ans, pour la **défense** du royaume. Mais déjà les seigneurs n'amenaient plus tout leur monde sous la bannière royale et payaient au Prince une amende pour ceux qui manquaient. Le roi y trouvait son compte, car cet argent lui servait à **solder** les meilleurs chevaliers pour en obtenir un service prolongé, ou à payer des **soldats de métier**, généralement étrangers, qui lui formaient un noyau d'armée plus solide et plus expérimenté.

Le chef suprême de l'armée royale était le **Conné-table**, qui avait sous lui deux **Maréchaux de France**, pour le commandement de la noblesse, et le **Grand maître** des arbalétriers pour l'infanterie : ces quatre personnages étaient **nommés par le roi**. Le côté essentiellement défectueux des troupes soldées était qu'on ne les payait que pendant la guerre et qu'on les licenciait à la paix, de sorte que ces hommes, dressés spécialement en vue du combat, étaient pour ainsi dire forcés, dès que les hostilités cessaient, de vivre sur le pays de pillages, de vols et de meurtres ; c'était là un terrible fléau.

Au début de la guerre de Cent-Ans l'Armée était donc, avant tout, **féodale** avec, comme auxiliaires, des arbalétriers soldés. Devant l'hostilité instinctive des chevaliers, les milices avaient disparu et les non-nobles payaient le roi pour ne pas servir. Cette même hostilité, ce même dédain rendaient douteux le dévouement de l'infanterie étrangère pour la cause qu'elle servait.

En dehors des grands coups de lance ou d'épée, la noblesse ne voulait rien admettre : frapper sur l'ennemi le premier coup d'épée était le seul but de chaque chevalier et nulle autorité n'était capable de le faire démordre d'un entêtement qui, pour être chevaleresque, n'en était pas moins absurde. De plus, par point d'honneur et par mode, les seigneurs s'ingéniaient à s'incommoder d'épées trop lourdes, de lances trop longues, de chaussures ne permettant pas la marche. Les armes des arbalétriers étaient du reste également incommodes et compliquées.

Quant à la chevalerie anglaise, moins nombreuse que celle des armées françaises, elle était plus calme, plus réfléchie, armée d'une façon plus pratique et rompue à l'obéissance. Les archers anglais, eux aussi, étaient d'une grande adresse, parfaitement exercés et disciplinés. Ces différences capitales entre les deux armées expliquent suffisamment les honteux revers de la guerre de Cent-Ans et mettent en lumière cette vérité que nous avons énoncée plus haut : **pour combattre avec succès, il faut savoir combattre** ; la bravoure n'est rien si elle n'est soutenue par la discipline et par l'armement.

Charles V, aidé de son bon connétable **Duguesclin**, réussit à modérer la fougue maladroite de la noblesse française que les désastres de Courtray, de Crécy et de Poitiers avaient fortement entamée ; il augmenta et perfectionna l'infanterie et fit régner l'ordre et la discipline dans l'armée en nommant lui-même tous les capitaines. Malheureusement les folles équipées de la noblesse recommencèrent sous le règne de Charles VI : elles eurent pour résultat la transformation radicale de l'armée française qui, de féodale qu'elle était, devint royale et permanente.

3. *Les armées permanentes.* — Charles VII, à peine débarrassé des Anglais par une trève, vit son royaume dévasté par les gens de guerre que la cessation des hostilités et un licenciement prématuré laissaient sans ressources : sous le nom caractéristique d'**écorcheurs**, ils subsistaient uniquement par le vol, trop souvent accompagné de meurtres odieux. Depuis longtemps la pensée de créer une Armée permanente à la dévotion de la Royauté, préoccupait les princes français ; Charles VII reprit cette idée et sut la faire aboutir. La solution la plus simple et la plus rapide consistait à enrôler les « écorcheurs » et à en faire le noyau de la nouvelle Armée ; leur nombre, trop considérable, était le seul obstacle à surmonter. Charles VII usa, pour réduire ce nombre, d'un moyen dont Duguesclin n'avait eu qu'à se louer, dans des conditions analogues, avec les Grandes compagnies : il envoya les écorcheurs contre les Suisses. Ceux-ci, montagnards rudes et intrépides cependant, ne purent leur résister avec succès, mais ils en tuèrent huit mille. Une grande partie des survivants fut incorporée dans les **compagnies**

d'ordonnance, créées par l'ordonnance de 1445 : c'était un corps de cavalerie comprenant quinze compagnies de **cent lances** chacune; la **lance** comprenait **six** cavaliers. Une solde élevée, dont la valeur moderne serait d'environ quatorze cents francs, était assurée **mensuellement** à la lance et le **logement** de ces cavaliers était imposé à l'habitant, contre indemnité. Les quinze capitaines étaient nommés par le roi. Ces neuf mille **gendarmes** constituèrent jusqu'à la fin du xvi⁰ siècle la principale force de l'Armée française; la noblesse prit volontiers du service dans ce corps d'élite.

Organiser une bonne infanterie permanente était chose plus difficile. Charles VII créa la milice des **francs archers**, en faisant choisir dans chaque paroisse un manant adroit et vigoureux qu'on exemptait d'impôts et auquel on servait une solde mensuelle qui vaudrait aujourd'hui seize francs environ. Les francs archers devaient s'exercer au tir de l'arc et à la marche les dimanches et jours de fêtes; des capitaines, nommés par le roi, les passaient en revue plusieurs fois par an. Le roi entretenait de plus une nombreuse garde écossaise, un corps d'infanterie suisse et une magnifique artillerie, organisée par les frères **Bureau**.

C'est cette armée, aux ordres du connétable de **Richemond**, qui eut l'honneur de chasser de France les Anglais et qui servit ensuite à mettre de l'ordre dans le royaume et à réprimer les rebellions de la noblesse.

Louis XI continua l'œuvre de son père mais, ayant eu à se plaindre de l'attitude assez piètre des francs archers sur le champ de bataille de Monthléry, il en prit occasion pour supprimer cette milice et la remplacer par des troupes mercenaires, principalement par des Suisses, avec lesquels il avait fait alliance, attendu qu'à la bataille de la **Birse** il avait eu le loisir d'éprouver leur solidité et leur courage.

L'Armée permanente, sous Louis XI, ne tomba

jamais au-dessous de cinquante mille hommes; des manœuvres annuelles furent instituées au camp du Pont-de-l'Arche et l'artillerie fut rendue formidable; enfin, une solde de retraite, dite **petite paye**, fut assurée aux soldats blessés. Tous les chefs des troupes furent nommés par le roi et lui prêtèrent serment de fidélité.

Une pareille armée coûtait cher mais elle était à la dévotion absolue du roi; au reste, pratiquement, elle était beaucoup moins onéreuse que des troupes qui, la guerre terminée, vivaient de brigandages sur le pays. Les impôts étaient lourds mais la sécurité des personnes et des biens était assurée, car les troupes royales faisaient une excellente **police**. Le fameux **Tristan l'Hermite**, dont une légende venue d'outre-mer a fait un monstre, était tout simplement un excellent prévôt, sans aucune pitié pour les malandrins et les voleurs.

L'usage exclusif d'une infanterie étrangère à la Nation n'était certainement pas sans présenter de notables inconvénients et même du danger. Une ordonnance de 1534 institua sept **légions nationales** de six mille hommes chacune; il y fut introduit deux arquebusiers contre sept piquiers. Les soldats roturiers pouvaient parvenir jusqu'au grade de lieutenant, après quoi, anoblis par le roi, ils avaient licence d'accéder aux plus hauts grades. La noblesse, très irritée de cette dernière disposition, s'opposa à l'exécution de l'ordonnance. Ces **légions** devinrent des **régiments** dont l'état-major entier appartenait à la noblesse. Ces régiments, d'abord au nombre de cinq sous Henri II, étaient déjà onze sous Henri IV. Les armes à feu ayant pris une grande importance, l'infanterie était naturellement devenue prépondérante dans l'Armée.

C'est à Henri IV que l'on doit la fondation de la première école d'officiers : celle de la Flèche. Enfin, nous avons déjà vu que **Sully**, en qualité de **grand maître** de l'artillerie, réunissait sous ses ordres plus de quatre cents pièces de canon.

4. *L'armée sous la monarchie absolue.* — Jus-

qu'au règne de Henri IV, bien que le roi eût son armée permanente entretenue des deniers de la Nation, les grands seigneurs amenaient encore, lorsqu'ils en étaient requis, leurs vassaux au camp du roi. A partir de ce prince et de la fin des guerres de religion, on ne voit plus la noblesse rassembler isolément des troupes : la force publique est tout entière entre les mains du roi, l'armée entière est **Armée royale**.

La guerre de Trente-Ans, puis les désordres de la Fronde et l'incurie financière de Mazarin, désorganisèrent peu à peu l'armée du Béarnais et de Sully; de graves abus se produisirent dans les régiments, les faits de concussion et de prévarication se multiplièrent et, au moment même où commençait le gouvernement personnel de Louis XIV, les périodes funestes des Grandes compagnies et des Écorcheurs semblaient ressuscitées.

Louvois vint à point pour réformer ces mœurs militaires, mais il lui fallut briser les résistances de la noblesse, ce qui semblait devoir lui être d'autant moins aisé qu'il n'était lui-même qu'un roturier anobli. Fort heureusement, outre qu'il avait la main brutale et le verbe hautain, il sentait derrière lui l'appui et la volonté opiniâtre du roi.

Les grades, jusqu'alors, s'achetaient; on achetait un régiment ou une compagnie comme on eût fait d'un cheval ou d'un bœuf. Louvois ne put malheureusement pas supprimer la vénalité des grades, mais il la limita aux grades de capitaine et de colonel; tous les autres grades furent donnés au mérite, ce qui atténuait beaucoup les inconvénients de la vénalité : si le colonel était un jeune homme sans autorité, si le capitaine était un gentilhomme sans capacités militaires, le lieutenant-colonel et le lieutenant, officiers vieillis au service, avaient la direction effective. Tous les officiers étaient gentilshommes; immédiatement au-dessous d'eux se trouvait le **sergent** pour l'infanterie, le **maréchal des logis** pour la cavalerie. Les grandes charges militaires

furent supprimées, le titre de **maréchal de France**
devint celui d'une dignité que le roi seul conférait.

L'armée était recrutée par voie d'**engagement volontaire**; chaque colonel s'occupait du recrutement, de
l'habillement de son régiment ainsi que de son équipement. Louvois encouragea les colonels à habiller leurs
soldats **pareils** et cet usage prévalut, mais chaque régiment se distinguait par un **uniforme** différent des
autres, à la fantaisie de son colonel. Cette diversité
avait ses inconvénients mais elle donna naissance à
l'esprit de corps, moyen puissant pour exciter l'émulation des divers régiments.

Louvois donna comme arme à l'infanterie le **fusil à
silex**, à la place du mousquet à mèche employé jusqu'alors. En 1693, **Vauban** fit adopter la baïonnette à
douille qui donna au fusil les qualités de l'arme blanche
dans le combat corps à corps. La **solde** fut fixée à **cinq
sous** pour un fantassin, à **quinze** pour un cavalier
monté. Pendant la paix, les colonels nourrissaient leurs
régiments; en campagne, le roi se chargeait de la nourriture des troupes qu'on puisait dans des **magasins**,
installés d'avance en arrière du terrain d'opérations des
armées.

L'infanterie était française pour les trois quarts et
suisse ou allemande pour le quatrième quart; le premier des régiments était celui des **gardes françaises**
de 4 500 hommes, puis venait celui des **gardes suisses**,
de 2 000 hommes, tous soldats d'élite. L'ensemble des
régiments d'infanterie formait, en temps de guerre, une
masse de 200 000 hommes. La cavalerie, dont le premier régiment était la **maison du Roi**, comptait en
tout 90 régiments représentant 47 000 chevaux; c'était
dans la cavalerie que servait encore le plus volontiers
la noblesse. Il faut enfin ajouter à ces troupes environ
10 000 dragons, moitié fantassins, moitié cavaliers,
cavalerie légère fort estimée.

L'artillerie, depuis son organisation par les frères
Bureau, était demeurée une sorte d'entreprise industrielle

dont le roi louait les services. Dans un siège, par exemple, les officiers d'artillerie entreprenaient à forfait la construction et le service des batteries; ils ne commandaient pas à des soldats mais à des ouvriers; leur hiérarchie n'avait rien de commun avec celle des régiments. Louvois modifia peu à peu cet état de choses et créa des troupes d'artillerie, en outre d'un régiment de fusiliers destinés au soutien des pièces.

Le Génie n'existait pas à l'état de corps séparé : Louvois, secondé par Vauban, créa un corps d'officiers ingénieurs et ébaucha l'organisation des troupes spéciales du génie.

Enfin, le service des **hôpitaux** devint un service d'Etat et des **ambulances** suivirent dorénavant les troupes en campagne. La construction de l'hôtel des **Invalides** fut le complément grandiose de cette mesure.

On peut, en résumé, évaluer à près de **trois cent mille** le nombre des soldats composant l'Armée de Louis XIV vers le milieu du règne; aucune Nation ne pouvait opposer à cette armée des forces égales et, même coalisées, les puissances européennes étaient, vis-à-vis de la France, dans un état d'infériorité marquée.

L'organisation générale de l'Armée demeura à peu près la même jusqu'à l'époque de Louis XVI, mais les nobles, tenus en respect par la forte main de Louis XIV, firent en sorte, sous Louis XV, d'accaparer le commandement de toutes les troupes, ne laissant aux roturiers aucun espoir d'arriver aux grades élevés par leur seul mérite. La condition matérielle et morale des soldats devint dure, leur nourriture était sordide et insuffisante, la discipline brutale, les punitions féroces. Aussi, rien que pendant la guerre de Sept-Ans, le chiffre des déserteurs dépassa 60 000. En 1726, on avait organisé, par voie de tirage au sort, des **milices** nationales : rien de bon ne sortit de cette tentative; d'ailleurs, les injustices du sort étaient si criantes qu'en réalité les malheureux qui ne pouvaient faire valoir aucune recommandation étaient seuls incorporés.

Le comte de Saint-Germain, ayant rétabli l'ordre dans l'Armée, supprimé la plus grande partie des troupes de parade, organisé solidement le génie et l'artillerie, crut pouvoir, sans inconvénient, faire disparaître la milice qu'il réprouvait comme portant atteinte à la vitalité de la Nation. Le résumé des idées de l'époque était du reste que **l'Armée ne devait être composée que de ceux qui étaient incapables de faire un autre métier,** contenus et dressés par une impitoyable discipline. L'idée que le service militaire est un **devoir civique** imposé aux jeunes gens de toutes les classes n'était pas encore née et elle ne pouvait naître que du développement de l'idée de Patrie. Ce sont les guerres formidables du commencement du xixe siècle qui pétrirent l'Europe et firent pénétrer dans les masses, avec le patriotisme des armées de la République, la pensée que les devoirs envers la Patrie sont les mêmes pour tous les citoyens.

5. *L'armée depuis 1792.* — Lorsque la Révolution française éclata, lorsque le malheureux Louis XVI eut expié sur l'échafaud les fautes et les crimes de ses prédécesseurs, la France se trouva seule en face de l'Europe en armes. L'Armée que lui avait léguée la monarchie écroulée était insuffisante pour comprimer à la fois l'invasion, qui crevait nos frontières de toutes parts, et la guerre civile qui avait éclaté en Vendée, à Lyon et en Provence. La Convention appela sous les armes la Nation entière en proclamant **la Patrie en danger :** un million d'hommes répondit à cet appel.

Les **volontaires nationaux** furent agglomérés avec les troupes de ligne : un bataillon de ligne et deux bataillons de volontaires formèrent une **demi-brigade.** L'émigration ayant entièrement fait disparaître les états-majors, les troupes de ligne furent commandées par leurs anciens sous-officiers; les volontaires nommèrent eux-mêmes leurs chefs à l'élection. Bien que la légende se soit emparée des armées de la République et en ait fait des troupes invincibles, il ne faut pas craindre de dire qu'au début elles lâchèrent fréquemment pied, quoique presque toujours supérieures en nombre, devant les troupes envahissantes, composées de soldats de métier. Ce n'est que peu à peu, sous l'aiguillon du patriotisme le plus ardent et le plus pur, grâce à l'énergie du comité de Salut public, au génie de **Carnot** — l'Organisateur de la victoire — que ces armées de nouvelle formation devinrent extrêmement solides. **C'est la guerre qui fait les vrais soldats,** même lorsqu'ils appartiennent à une Nation guerrière comme l'est naturellement la Nation française; le patriotisme seul n'y suffit pas. Les armées de recrues, battant de vieilles troupes à nombre égal, sont à reléguer dans le domaine de la légende, car il serait funeste qu'une pareille insanité devint article de foi. C'est l'exaltation inconsidérée des volontaires de 1792 qui, après Sedan, a entraîné le gouvernement de la Défense nationale à pratiquer la grande guerre avec des troupes sans cohésion, sans instruction et sans entrainement militaire, au mépris des conseils d'officiers anciens, mieux éclairés sur cette importante question.

Quand Bonaparte devint le chef suprême des armées françaises il avait entre les mains les meilleurs soldats du monde, formés par dix années de guerre et il était assuré que les recrues qu'on incorporait seraient rapidement mises au niveau des vétérans : avec de pareils éléments et son merveilleux génie militaire il pouvait tout oser.

Le mode de recrutement des armées impériales ne pouvant être celui dont avait usé la Convention au moment des dangers de la Patrie, on eut recours à la conscription. Théoriquement, tous les jeunes Français de vingt et un ans tiraient au sort et un sénatus-consulte déterminait annuellement le contingent à incorporer; les numéros les moins élevés du tirage au sort partaient les premiers. En réalité les plus pauvres étaient seuls enrôlés. Toutefois, vers la fin de l'Empire, après l'effrayante consommation d'hommes causée par le désastre de Russie, il devint presque impossible de se soustraire à la conscription.

La Révolution et l'Empire usèrent très largement, pour assurer la vie des troupes en campagne, du système des **réquisitions** frappées sur les pays occupés; les armées cantonnèrent chez l'habitant, chaque fois que cela fut possible. Ces procédés diminuaient dans la plus large mesure possible la nécessité des magasins de vivres et des longs convois; le cantonnement permettait de ménager la santé des troupes, que la dure existence de bivac éprouve toujours beaucoup. L'Empereur frappait aussi les pays conquis de très lourdes contributions de guerre en argent; pour tout dire, **la guerre nourrissait la guerre et les armées vivaient sur l'ennemi.**

Les corps d'élite que la Révolution avait supprimés reparurent sous forme de **Garde consulaire** d'abord, et de **Garde impériale** ensuite : ce n'étaient pas là des troupes de parade mais des **réserves** d'une solidité à toute épreuve qui, dans mainte occasion, fixèrent la victoire par leur bravoure et leur sang-froid. Les vétérans de la Garde impériale n'avaient pas de rivaux sur les champs de bataille.

Après la chute de la dictature militaire, l'Armée fut d'abord licenciée, puis reconstituée par voie d'engagements volontaires. Les anciens corps d'élite de la monarchie, y compris la garde suisse, reparurent. En 1818, le maréchal Gouvion Saint-Cyr proposa une nouvelle loi militaire avec recrutement par voie de tirage au sort et une durée de service de **six** années; le système était complété par une **Garde nationale** appartenant presque exclusivement à la classe bourgeoise.

La loi de 1832 conserva les dispositions principales de celle de 1818 mais éleva à **sept** ans la durée du service militaire; le **remplacement** était admis. De plus tous les Français de vingt à cinquante ans, non compris dans l'armée de ligne, faisaient partie de la Garde nationale chargée de la défense de l'ordre et des libertés publiques et pouvaient être mobilisés en temps de guerre. C'est cette loi de 1832 qui dura presque sans modifications jusqu'en 1868.

6. *La Nation armée.* — Sous la pression des graves événements d'Allemagne, le maréchal Niel proposa une nouvelle loi militaire ayant pour principe le **service obligatoire pour tous**. Aux termes de cette loi, tous les jeunes gens, ayant dépassé la vingtième année, devaient tirer au sort : ceux qui appartenaient à la première partie du contingent devaient servir **neuf** ans : cinq dans l'armée active et quatre dans la réserve; les autres, jusqu'à l'âge de vingt-six ans, étaient compris dans la **Garde nationale mobile**, destinée à concourir avec l'Armée à la défense du territoire en temps de guerre. Bien que cette loi ne fût pas encore équitable, elle consacrait cependant le principe de **l'impôt** du sang dû à la Patrie par tous ses enfants. Si elle avait été mise en pratique immédiatement et résolument, elle eût sans doute évité à la France les désastres de 1870, mais le maréchal Niel mourut avant d'avoir pu réaliser ses projets et, quand la guerre éclata, la France ne pouvait mettre en ligne, contre les 1 200 000 soldats de l'Allemagne, que des contingents inférieurs de moitié !

La dure leçon de 1870 n'a pas été perdue pour la France. Dès 1872, le principe du service militaire obligatoire pour tous les citoyens était admis; ce n'est cependant que le 15 juillet 1889 que fut promulguée la loi militaire qui fit passer du principe à l'application. Aujourd'hui tout Français doit le service militaire personnel entre vingt et quarante-cinq ans : trois ans dans l'armée active, dix ans dans la réserve de l'armée active, six ans dans l'armée territoriale et six ans dans la réserve de l'armée territoriale. Certaines catégories de jeunes gens ne font qu'une année dans l'armée active mais les obligations étroites auxquelles ces jeunes gens sont tenus, en échange de cette immunité relative, la compensent largement. L'Armée d'aujourd'hui est donc bien la **Nation armée**.

Les adversaires intransigeants des institutions militaires prétendent que les trois années de service actif sont trois années perdues dans la vie d'un homme. C'est là une erreur. **Si l'Armée est ce qu'elle doit être**, c'est-à-dire une école de discipline, de patriotisme et d'honneur, un jeune homme, **à quelque classe qu'il appartienne**, ne peut que gagner en valeur pendant ce stage de trois années. Mettant résolument de côté tout préjugé de classe et domptant ses délicatesses intellectuelles, il devra prendre, du premier coup, courageusement son parti de cette existence rude et fatigante du soldat. Les citadins instruits apprendront à la caserne la véritable fraternité d'armes; ils apprécieront à leur vraie valeur les qualités modestes mais fortes des travailleurs de la terre. Ces derniers se dégrossiront au contact de leurs camarades plus affinés et leur emprunteront quelques idées dont plus tard ils tireront profit. En face du devoir commun, les jalousies de classes s'atténueront, l'esprit de caste stupide et niais disparaîtra et, **grâce à l'Armée**, notre Nation, déjà si fortement unifiée, ne sentira plus battre qu'un seul cœur chaque fois qu'il sera question de l'honneur et de la sécurité de la Patrie.

LA MARINE

III. La marine, en général. — Services rendus par elle à l'humanité. — 1. *La marine de l'antiquité*. — Si la guerre continentale a été, dans tous les temps, l'agent principal de la civilisation, c'est pourtant à la **marine** et non à l'**Armée** que nous devons véritablement notre connaissance du monde. La plus grande partie du globe terrestre est, en effet, couverte d'eau et les continents sont séparés l'un de l'autre par d'immenses espaces que seuls des **marins** pouvaient traverser. Sans l'art de la navigation l'homme habiterait une maison dont il ignorerait la forme et la distribution et dont il ne saurait utiliser qu'une très faible partie.

Il est assez vraisemblable que la navigation des fleuves, des rivières et des lacs est aussi vieille que l'humanité elle-même : elle est née le jour où un homme tombant à l'eau par accident, s'accrocha instinctivement à un tronc d'arbre flottant et s'aperçut que cette épave le supportait. L'idée de creuser ce tronc d'arbre, pour l'utiliser comme moyen de transport, vint ensuite. Il est très probable que, pendant de longs siècles, la navigation des pirogues ainsi construites fut la seule pratiquée; elle est du reste encore seule en usage chez les peuplades sauvages de l'Afrique et de l'Océanie.

Il appartenait aux races blanches de l'espèce indo-caucasique de perfectionner cet art appelé à un si merveilleux avenir. La civilisation égyptienne, dont un Français, l'illustre **Champollion**, a dévoilé le premier les secrets il y a environ un siècle, nous révèle un peuple de navigateurs de mer qui, deux mille ans avant Jésus-Christ, entretenait déjà des relations commerciales avec l'Inde au moyen de navires de grandes dimensions fort habilement construits. La galère de l'époque de Sésostris est sans doute séparée du tronc d'arbre creusé par une longue série de siècles.

Deux peuples héritèrent des connaissances nautiques de l'antique Égypte : les **Phéniciens** et les **Grecs**. Les Phéniciens appartenaient à la même race que le peuple juif et ces deux nations n'étaient que des branches de la race sémite qui avait peuplé l'Asie Mineure. Les Phéniciens habitaient les rivages de ce qui est aujourd'hui la Syrie; grâce à leurs aptitudes spéciales de commerçants et de navigateurs, ils fondèrent des colonies dans tout le nord de l'Afrique et jusqu'en Espagne et dans les Gaules. On a même cru retrouver des traces de leur passage sur les côtes de l'Afrique occidentale et, très certainement, ils exploitèrent des mines d'étain dans les îles Sorlingues, près des côtes d'Angleterre.

Il fallait assurément une audace peu commune pour oser se risquer en pleine mer avec des bâtiments mal liés et dont l'étanchéité était problématique, mais ce n'est pas là ce qui doit nous étonner le plus car les Phéniciens, parmi les nations riveraines de la Méditerranée, étaient certainement le peuple le plus instruit dans l'art de la construction, aussi bien que dans la pratique de la navigation. Le fait le plus extraordinaire c'est que ces hardis marchands ne possédaient aucun moyen de suivre sur mer une route rectiligne; les astres seuls leur donnaient à cet égard des indications utiles mais non précises, vu l'état rudimentaire des connaissances astronomiques. Grâce à la fixité de sa position dans le ciel, l'étoile polaire, prise en relèvement constant, fournissait un moyen pratique de navigation nocturne mais, si elle était masquée, quel repère pouvait la remplacer?

On s'accorde généralement à penser que, dans de pareilles conditions, la navigation ne pouvait être qu'un cabotage de pointe en pointe et que c'est en cheminant de la sorte que les Phéniciens acquirent et conservèrent la souveraineté de la mer et le monopole du commerce maritime. Tyr, Sidon, Utique, Carthage, Hippo-Zaryte, toutes villes ou colonies phéniciennes, étaient des nids de hardis marins, la résidence de commerçants rapaces et aussi le repaire de pirates sans scrupules. A cette époque, en effet, commerce, navigation, piraterie, s'alliaient fort bien ensemble et n'allaient même guère l'un sans l'autre. Les marins carthaginois, par exemple, avaient coutume de couler tous les navires marchands qu'ils rencontraient et qui n'étaient pas d'origine punique : c'était évidemment là une méthode sûre pour conserver le monopole du commerce.

On distinguait alors deux sortes de bâtiments : les navires longs, fortement construits, mais fins de formes et munis d'un éperon de bronze, naviguant à la voile comme à la rame, mais combattant toujours à l'aviron. Ces bâtiments étaient uniquement conçus en vue de la course et de la guerre; au cours des expéditions semi-commerciales, semi-militaires des flottes phéniciennes, les navires **longs** servaient d'escorte aux navires de charge et les remorquaient au besoin. Ces derniers, dits bâtiments **ronds**, avaient les formes pleines et renflées, naviguaient exclusivement à la voile; leur vitesse était sacrifiée à leur capacité marchande.

L'art de la navigation était considéré par les peuples d'origine punique comme le premier de tous; le **suffète de la mer**, chef suprême de la navigation et du commerce, était, à Carthage, un magistrat sacerdotal sous la protection du Soleil, et par cela même inviolable.

Les peuples de race hellénique apprirent des Égyptiens et des Phéniciens l'art de naviguer, celui de la construction navale et du commerce maritime; au milieu de cet archipel qui se prête si bien au cabotage, ils poussèrent ces arts à une extrême perfection, si bien que lorsque l'invasion persane submergea la Grèce, c'est à leur flotte que les Hellènes durent leur salut et leur vengeance. La flotte du grand roi avait pourtant été construite et elle était même conduite par les Phéniciens ses tributaires, ce qui prouve que les Hellènes, leurs élèves, étaient devenus beaucoup plus forts que leurs maîtres. Les Athéniens demeurèrent longtemps à la tête des peuples grecs pour tout ce qui concernait l'art de la guerre maritime. Les marins hellènes, en général, firent une vigoureuse concurrence commerciale aux colonies phéniciennes : ils vinrent jusqu'en Corse et dans les Gaules fonder des comptoirs : Arles, Agde, Marseille, Carghèse, sont des villes où se retrouvent encore des traces incontestables de sang grec.

Les guerres intestines dans lesquelles se consumèrent misérablement l'activité et les ressources des Hellènes, ne leur permirent pas de conserver l'empire de la mer, alors que Carthage, au contraire, put donner à son commerce une extension formidable. Par malheur pour elle, Rome se mit sur son chemin. Ce n'était cependant pas un peuple habile aux choses de la mer que le peuple romain, mais l'instinct de domination universelle et la volonté ferme du sénat suppléaient à tout : Rome devint une puissance maritime dès que la Curie eut décidé qu'il convenait que cela fût. Pour donner une idée de ce que dut être, à sa naissance, la marine des Romains, il suffit de dire qu'en trois mois une flotte de deux cents navires de guerre put être construite, en prenant comme modèle une trirème carthaginoise qu'une tempête avait jetée à la côte. Il fallut l'idée géniale d'un Duilius pour que la victoire pût se ranger du côté de ces lourdes barques mal équarries et mal jointes : le consul romain arma ses trirèmes d'un pont à charnières qui, s'abattant sur le pont ennemi, s'y fixait par des crochets de fer et livrait passage aux légionnaires. Rome, bien souvent battue sur mer, nonobstant cette invention des « corbeaux », finit cependant par avoir raison de sa puissante rivale et par régner sur la Méditerranée tout entière. Les flottes romaines franchirent les colonnes d'Hercule et pénétrèrent dans la Manche et dans la mer du Nord, dès l'époque de la conquête des Gaules.

L'armement des bâtiments de guerre de cette époque avait une grande analogie avec celui des places fortes : il se composait de machines à jet qui lançaient des pierres, des traits, des pots à feu; l'arme principale, la plus efficace de toutes, était l'éperon, dont l'emploi raisonné exigeait que les flottes fussent rompues à l'avance à la pratique d'évolutions savantes. Les Athéniens et les Carthaginois y excellaient et les Romains héritèrent d'eux. Au temps des Empereurs, dans un but de police maritime, les Romains entretinrent en permanence, dans des points stratégiques bien choisis, des flottes nombreuses que rendait nécessaires la piraterie, dont l'extension — surtout dans l'archipel grec — avait été formidable à certaines époques.

Il nous est assez malaisé de connaître les progrès réalisés par les Grecs et les Romains dans l'art des constructions de mer, mais, en ce qui concerne la navigation, il semble certain qu'elle demeura ce qu'elle avait été et qu'elle se réduisait au cabotage. L'audace ne faisait cependant pas défaut aux marins de l'antiquité : ainsi, deux siècles avant notre ère, **Eudoxe de Cyzique** accomplit la circumnavigation de l'Afrique!

Il fallait un grand événement pour que la navigation hauturière pût naître et prospérer : cet événement, ce fut l'invention de la **boussole**, c'est-à-dire la connaissance, qui vint de Chine, par l'intermédiaire des Vénitiens, des propriétés de l'**Aimant**. Avec la boussole, il devenait possible de suivre, même dans les nuits obscures, une direction rectiligne à la surface de la mer. On ignore la date exate de l'introduction de la boussole à bord des navires; on sait seulement qu'au commencement du xve siècle les propriétés de ce qu'on appelait la **pierre d'Aimant** étaient connues et utilisées d'une façon générale. C'est à ce moment que s'ouvrit l'ère des grandes découvertes.

2. *Les grandes découvertes maritimes.* — Au xve siècle, les Nations européennes commençaient à se sentir à l'étroit dans leurs domaines; la chevalerie était morte, mais l'esprit guerrier subsistait au sein de la noblesse, et cet esprit ne pouvant plus que difficilement se donner carrière à l'intérieur, se tourna vers la **mer** avec une soif intense d'aventures. Les expéditions d'outre-mer commencèrent à prendre dans l'imagination des Paladins la place qu'y avaient occupée jusqu'alors les expéditions en Terre-Sainte. Ainsi se forma une **chevalerie de l'Océan**, aussi

intrépide et aussi aventureuse que celle du xɪɪ^e siècle,
mais aussi féroce parfois que celle du dixième. L'esprit
guerrier se doublait de l'esprit religieux : puisqu'on
n'avait pu réussir à reconquérir le tombeau du Christ,
on pouvait au moins acquérir à la vraie foi les millions d'infidèles qui peuplaient la vaste étendue de
l'Afrique. Des prêtres accompagnaient les guerriers,
le clergé bénissait les navires et ainsi commençait une
nouvelle série de croisades.

Enfin, **l'esprit mercantile** n'était pas étranger à
cette soif de découvertes ; on commençait à comprendre
que la vraie source de la puissance des Nations c'est la
richesse et que celle-ci ne s'acquiert d'une manière
sûre que par le travail. Le commerce par mer dont les
républiques italiennes et, particulièrement, Venise
avaient le monopole, les avait enrichies, au lieu que
la pratique constante de la guerre n'avait fait que
ruiner et dépeupler les États féodaux.

Les produits des régions tropicales étaient devenus
presque essentiels à la vie des classes aisées, et comme
ces **épices** qui venaient des Indes, soit par caravanes,
soit par mer, avec transbordement à Suez, atteignaient
des prix fabuleux en passant par de nombreux intermédiaires, les Nations océaniques pouvaient à peine
se les procurer contre un poids égal d'or. Le désir
de les avoir à bon marché et celui de s'enrichir par
leur vente ne sont certainement pas étrangers à
l'organisation des expéditions maritimes du xve siècle.
On a pu dire, non sans quelque apparence de vérité, que
Christophe Colomb et Vasco de Gama furent des **épi-
ciers** en grand. Il ne faut pas oublier cependant que si
l'esprit mercantile eut une grande part dans leurs
expéditions, d'autres passions encore et des plus
nobles possédaient ces grands hommes.

Ce sont les **marins français** qui sont les **précur-
seurs** de toutes les grandes découvertes maritimes ;
dès la fin du xve siècle les Normands sillonnaient les
mers. En 1402 **Jean de Béthencourt** découvrit et

conquit les îles Canaries. Les Portugais se mirent en mouvement presque immédiatement après, mais, sous l'intelligente impulsion du **prince Henri**, ils s'avancèrent du premier coup beaucoup plus loin que Béthencourt. Une école de navigation fut fondée à **Sagres**, et c'est de cet établissement scientifique, fort remarquable pour l'époque, que sortirent les hardis pionniers de la côte occidentale d'Afrique, auxquels revient la gloire d'avoir successivement découvert le Sénégal, le Niger, le Congo et le Cap de Bonne-Espérance (1486). C'est en 1498 que l'illustre **Vasco de Gama** doubla la pointe méridionale de l'Afrique et parvint aux Indes ; la route maritime conduisant aux riches contrées de l'Asie orientale était trouvée!

Dans le même temps une croyance se répandait peu à peu dans le monde des navigateurs et des chercheurs d'aventures : on prétendait qu'un vaste continent s'étendait à l'occident de l'Atlantique. D'où provenait cette conviction encore assez confuse? Probablement des récits plus ou moins altérés des marins scandinaves qui, dès le XIe siècle, avaient découvert l'Islande et le Groënland, peut-être même touché terre sur le continent occidental. Un Génois, **Christophe Colomb**, se forma sur l'existence de ce continent hypothétique une conviction inébranlable. Dans son esprit, ce continent ne pouvait être autre que l'Asie. Raisonnant dans la supposition, non encore universellement admise alors, que la terre est un corps sphéroïdal, il prétendait arriver plus rapidement aux Indes par la route de l'Ouest que par celle de l'Est. N'ayant du reste, sur les dimensions réelles de notre globe, que des notions fort inexactes, il pensait qu'en naviguant vers l'ouest pendant une vingtaine de jours, il rencontrerait infailliblement les côtes de l'empire chinois que le Vénitien **Marco Polo** avait visité et qu'on désignait alors sous le nom d'Empire du grand Mongol. Ce même Marco Polo, qui s'était rendu en Chine par la voie de terre, et y a laissé du reste des souvenirs très tenaces, mentionnait aussi l'existence d'un royaume insulaire s'étendant en barrière vers l'Orient et qu'il nommait Zipango (Nippon). En raisonnant sur ces bases fausses, Colomb arriva à un magnifique résultat, mais ce n'était pas celui qu'il prétendait obtenir.

A grand peine l'illustre Génois put faire partager ses convictions aux souverains espagnols, Ferdinand et Isabelle, qui lui fournirent cependant quelques médiocres ressources. Il appareilla de Palos le 3 août 1492, avec trois caravelles de soixante-dix hommes d'équipage. Un seul de ces bâtiments était complètement ponté, mais c'étaient de bons navires de mer dont la voilure était bien divisée et bien balancée; leur tonnage n'excédait pas celui d'un très modeste brick de notre époque. Le 14 octobre de cette même année 1492 Christophe Colomb prit terre dans l'île de Guanahani, une des îles du groupe actuel des Lucayes, qu'il nomma **San-Salvador**. Peu après il prit possession d'une île beaucoup plus grande qu'il baptisa **Hispaniola** (Saint-Domingue), puis il revint en Espagne en découvrant sur sa route la chaîne des petites Antilles. Il fut naturellement reçu en triomphateur et accomplit encore trois autres voyages. En butte aux calomnies intéressées des courtisans, il finit par tomber en disgrâce, et l'homme de génie qui avait donné un monde à l'Espagne mourut à Séville dans la misère. La gloire de donner son nom au nouveau continent ne lui fut même pas réservée! Telle est la justice des hommes!!

Il est bon d'ajouter que Christophe Colomb n'est pas le premier à avoir posé le pied sur le continent américain : deux **Français, Jean et Sébastien Cabot**, avaient, peu de temps avant lui, et sans qu'il en eût connaissance, abordé ce continent au Labrador. Ce qui fait le principal mérite de Colomb, c'est d'avoir été guidé dans sa découverte, non par le hasard, mais par le raisonnement : sa gloire demeure entière et n'est pas obscurcie par le mérite des frères Cabot.

Ainsi, Colomb avait découvert la route vers l'ouest

pour.aller en Amérique et Vasco de Gama avait tracé la route vers l'est pour aller en Asie; si la terre était ronde il y avait donc un océan entre l'Amérique et l'Asie, océan qu'on devait traverser pour aller de celle-là à celle-ci. C'est un Portugais, **Magellan**, qui fraya cette nouvelle route.

Passant au sud de l'Amérique par le canal sinueux qui porte son nom, il atteignit les îles Philippines, où il mourut. Son lieutenant : **Sébastian de Cano**, acheva le tour du monde — le premier qu'on ait accompli — en revenant en Europe par le cap de Bonne-Espérance. La preuve était faite : **la terre était bien un globe isolé dans l'espace infini.**

La voie ouverte par Colomb était féconde; elle fut suivie par beaucoup d'autres. Aux découvertes succédèrent les conquêtes et c'est alors que se fondèrent les magnifiques empires coloniaux de l'Espagne et du Portugal. Malheureusement, l'histoire fabuleuse de ces conquêtes qui ont immortalisé les noms d'**Albuquerque**, de **Fernand Cortez**, de **Pizarre**, est remplie de cruautés monstrueuses qui ont déshonoré les farouches « conquistadores ». Ceux-ci, au reste, ne tirèrent d'autres avantages de leurs conquêtes que la gloire de les avoir faites. Les sommes énormes que les mines américaines, le commerce des épices et des tissus jetèrent en Espagne et en Portugal firent désapprendre le travail aux habitants de ces deux pays; l'agriculture et l'industrie y périclitèrent, et l'on peut se demander si ce n'est pas à Vasco de Gama et à Colomb que le Portugal et l'Espagne doivent de n'être plus en Europe que des États de deuxième ordre.

La navigation hauturière avait d'autres besoins que le cabotage antique. De l'ère des grandes découvertes datent d'importants perfectionnements dans la construction et l'aménagement des bâtiments, une notable augmentation des tonnages, de grands progrès dans la disposition des voilures, leur distribution et la tenue des mâtures. Le progrès une fois commencé ne s'arrêta plus; tour à tour les Vénitiens, les Espagnols, les Hollandais, les Français, les Anglais y collaborèrent et c'est ainsi que peu à peu se forma ce merveilleux instrument de navigation et de guerre qui s'est appelé le **vaisseau de ligne**, chef-d'œuvre de science, d'industrie, d'ingéniosité, résultat de l'accumulation du travail des siècles, qui périt presque subitement le jour où il venait d'atteindre toute sa perfection.

En même temps que le navire, la science même de la navigation marchait dans la voie du progrès. Une science astronomique plus exacte, des cartes, des instruments nautiques plus parfaits réussissaient en peu de temps à réduire dans de très grandes proportions les dangers des voyages maritimes. L'hygiène nautique, inconnue d'abord, puis négligée, imposait lentement ses règles sévères; les épidémies si meurtrières à bord des bâtiments encombrés d'hommes cédaient peu à peu du terrain devant une nourriture meilleure, de l'eau plus pure, une propreté plus minutieuse. Sur ce point, les Hollandais d'abord, les Anglais ensuite, ont été les éducateurs de toutes les Nations maritimes.

3. *Suite de la conquéte du monde par la marine.* — Du XV⁰ siècle jusqu'à nos jours la conquête du globe a continué d'un pas égal. La race blanche a pénétré partout, chassant, absorbant, détruisant les autres races ou leur imposant les produits d'une industrie supérieure, créant une circulation formidable et sans cesse croissante de matières premières et de matières ouvrées, tout cela **grâce à la marine et par les marins**.

Un nouveau et immense domaine a été ouvert à l'activité des races aryennes par les découvertes en Océanie, d'abord du Hollandais Abel **Tasman**, puis de l'illustre Anglais **Cook** et des Français **Lapeyrouse** et **d'Entrecasteaux**. A une époque plus rapprochée de nous, ce sont encore des marins qui ont tenté de pénétrer les secrets des terres glacées qui avoisinent les pôles du globe. Grâce à eux et bientôt peut-être il n'y aura plus un kilomètre carré de la surface terrestre qui n'ait été exploré et où l'homme n'ait posé un pied triomphant.

Les **Franklin**, les **Ross**, les **d'Urville**, les **Melville**, etc., de même que les **Nordenskjold** et les **Nansen**, sont peut-être même plus réellement grands que leurs devanciers, car c'est uniquement pour la science qu'ils ont travaillé et non en vue d'assurer à leur Patrie ou à eux-mêmes des colonies ou des richesses nouvelles.

C'est donc à la **marine** et aux **marins** que l'homme doit de connaître sa maison de fond en comble. La France a pris une grande part à cette conquête pacifique de l'inconnu et, plus heureuse que l'Espagne et que l'Angleterre, elle n'a pas à se reprocher d'avoir souillé son Drapeau du sang des hécatombes humaines qui ont signalé la prise de possession du Mexique, du Pérou, des Indes et de la Tasmanie. Fidèles aux instincts de générosité que leur ont légués leurs ancêtres, les Français ont toujours su demeurer étrangers à la cruauté froide et mercantile ; aussi, beaucoup de leurs conquêtes leur ont échappé, mais le souvenir de l'ancienne Patrie y est toujours resté vivant et respecté.

4. *La marine à l'époque moderne.* — Aujourd'hui, la navigation à voiles, si pleine de charme et de poésie, qui formait des hommes hardis, au cœur bien trempé, a presque disparu. Avec la vapeur, les distances se sont réduites, aussi bien que les dangers de la mer. Grâce à la perfection des cartes, des chronomètres, des instruments nautiques, et des méthodes de navigation, il n'est plus guère de parages où l'homme ne puisse circuler en sécurité, aller où il veut, arriver à l'heure dite. Aujourd'hui, d'immenses espaces sont traversés par d'immenses navires avec une régularité mathématique ; le navire peut, à chaque instant, dire en montrant un point sur une carte : « Nous sommes ici et non ailleurs ; dans tant d'heures nous entrerons à New-York, à Melbourne ou à Yokohama. »

Les conditions d'existence de l'homme de mer se sont adoucies ; pour la patience, la persévérance,

l'énergie devant le danger, la résistance aux fatigues,
nous ne sommes certainement pas aussi fortement
trempés que l'étaient nos ancêtres. C'est que la lutte
contre les éléments n'est plus comme autrefois une
lutte de tous les instants : jadis les vaisseaux à voiles
n'étaient jamais tranquilles, même dans les mouillages
les mieux abrités; on peut même dire qu'il y avait plus
de sécurité pour eux en pleine mer que sur les meilleures rades. Aujourd'hui un navire à vapeur peut, sans
inconvénients, mouiller très près de terre; sans crainte
de perte de temps, il peut rechercher l'abri et la tenue
des jetées des ports; le canotage est plus prompt et
moins pénible; la vie matérielle est plus saine et plus
confortable. Grâce à sa machine, le navire moderne
craint peu le vent et s'il redoute encore la grosse mer,
il est toujours à peu près assuré de n'être pas affalé en
côte. Le bâtiment en fer est plus solide que n'était le
navire en bois : il résiste aux assauts des vagues
furieuses comme le ferait un bloc plein ; aussi les voies
d'eau pour cause de mauvais temps sont-elles maintenant à peu près inconnues, alors qu'avec les meilleures
coques en bois elles étaient toujours à redouter.

Les dangers de la mer ont donc beaucoup diminué,
et comme c'est précisément le danger qui fortifie les
âmes et les cœurs, il n'est pas à mettre en doute que
nous ne soyons, à beaucoup de points de vue, inférieurs
à nos pères. Notre métier n'en est pas moins encore un
des plus dangereux qui soient, car nous avons toujours
pour ennemis permanents, en pleine paix, la terre,
l'eau, le vent, sans parler de cet allié indocile qu'on
nomme la vapeur. C'est parce que notre métier est
dangereux qu'il est beau; il serait évidemment puéril
d'en tirer vanité, mais il nous est parfaitement permis
d'en avoir conscience; nous pouvons dire aussi qu'il
nous crée des responsabilités plus étendues et plus
lourdes que celles de cette Armée dont nous parta-
geons les obligations vis-à-vis de notre Patrie.

Nos bâtiments sont la Patrie elle-même, et c'est elle

que nous promenons ainsi sur toutes les mers, dans tous les pays. Nous avons donc encore le devoir — devoir de tous les instants — de maintenir intact son prestige, de l'augmenter même si nous pouvons en nous montrant toujours aux peuples étrangers, qui nous observent jalousement, les dignes fils d'une Nation illustre. Aucune faiblesse, aucune faute ne nous sont permises, car elles rejailliraient sur la France et nous aurions la honte d'avoir sali notre Drapeau. N'y a-t-il pas dans cette obligation d'impeccabilité qui est la nôtre de quoi relever la noble carrière du marin de l'État ?

IV. **La marine française.** — 1. *Les origines de la marine de guerre française.* — La marine française a des origines lointaines et un passé glorieux qu'il ne nous est pas permis d'ignorer. Il faut en effet que nous sachions bien que, chaque fois que la France a voulu sérieusement préparer la guerre maritime, ses marins ont combattu avec avantage les plus puissants de ses ennemis. Les noms de beaucoup d'engagements navals terminés par la victoire pourraient être inscrits en lettres d'or à l'arrière de nos navires de guerre, si la France était plus soucieuse de sa gloire maritime et si les noms de ses grands généraux ne lui faisaient trop oublier ceux de ses illustres amiraux.

Il nous faut remonter au XIVe siècle pour saisir les origines réelles de nos flottes de guerre. Le roi Charles V et l'amiral **Jean de Vienne** peuvent à bon droit être considérés comme les fondateurs de la marine de guerre dans l'Océan. A cette époque venait d'apparaître la boussole, qui permettait aux marins de s'éloigner avec sécurité des côtes et de revenir au point d'où ils étaient partis ; en même temps était née l'**artillerie**, cette reine des combats de mer

Le premier **arsenal** de la marine fut le **Clos des galées**, à Rouen. C'est avec les **nefs** construites dans cet arsenal que l'amiral Jean de Vienne préluda à la lutte cinq fois séculaire des flottes françaises contre celles de l'Angleterre. Allié à la flotte de Castille, il ravagea les côtes de la Manche à plusieurs reprises et gagna sur nos adversaires deux batailles rangées. Notre établissement naval ne survécut pas à Jean de Vienne et la première année du XV° siècle ne retrouva rien de cette marine créée par un roi prévoyant et sage et un illustre capitaine. Le nom même de Jean de Vienne a depuis longtemps disparu de la mémoire des marins et nulle coque, portant ce nom glorieux, ne vient rappeler aux équipages de nos cuirassés quel fut le premier amiral de France, mort héroïquement avec une grande partie de la noblesse française, en combattant les Turcs et Bajazet.

Il nous faut maintenant franchir un siècle presque entier et arriver aux dernières années du règne de Louis XI pour trouver trace d'un bâtiment qui fût la propriété d'un roi de France et qu'il eût fait construire dans un établissement à lui.

Pendant ce siècle, les amirautés particulières de Provence, de Guyenne et de Bretagne mirent à plusieurs reprises à la disposition du Souverain quelques barques marchandes, armées hâtivement pour le combat. La réunion à la France du royaume de Provence et le mariage de Charles VIII avec Anne, duchesse de Bretagne, mirent entre les mains de nos rois les ressources des amirautés provinciales. Avec ces flottes, **Prégent de Bidoux, Jean de Thénouenel** et **Portzmoguer** battirent les marines d'Espagne, de Gênes et d'Angleterre. Le seul nom du Breton Portzmoguer a surnagé dans la mémoire des marins, à cause du magnifique fait d'armes dans lequel il trouva la mort, le 10 août 1513. La flotte française, aux ordres de Prégent de Bidoux, rencontra la flotte anglaise sur les côtes de Bretagne; Portzmoguer commandait le plus beau navire de l'armée : **Marie la Cordelière**, que la reine Anne de Bretagne avait fait construire à Morlaix et qu'elle lui avait personnellement confié. La belle « **nef** », après avoir coulé bon nombre de vaisseaux ennemis, se trouva entourée par douze d'entre eux et allait cependant en triompher quand le feu, allumé par les artifices de l'adversaire, éclata avec violence. Portzmoguer, résolu de périr avec le bâtiment que la reine lui avait confié, laissa porter sur le vice-amiral d'Angleterre : la **Régente**, l'enflamma et le fit sauter pendant que la « Cordelière » elle-même, éclatant en une trombe de feu, s'évanouissait dans les flots avec son immortel commandant. Le nom de Portzmoguer, travesti, on ne sait pourquoi, en celui de Primauguet, est encore porté par un de nos croiseurs.

Au début du règne de François Ier, ce furent les galères des Doria et des Barberousse qui soutinrent l'honneur de la France sur les mers ; cette époque était d'ailleurs celle des « **condottieri** » et des mercenaires. Cependant le roi, trahi par Doria et mal servi par Barberousse, résolut d'avoir une flotte à lui. Déjà en 1517 il avait fondé le **Havre de Grâce** et fait de cette ville forte son centre d'action dans la Manche. Il ordonna à **Polin**, baron de **La Garde**, instruit des choses de la navigation par plusieurs séjours à Venise et en Turquie, d'organiser dans la Méditerranée une belle flotte de galères et de la conduire dans l'Océan. L'amiral **d'Annebaut** joignit à ces galères 150 nefs marchandes armées en guerre et remporta contre les Anglais de brillants succès dans la Manche.

A la même époque, un simple armateur dieppois, **Jean Ango**, ayant eu à se plaindre du roi de Portugal, ne craignit pas de bloquer Lisbonne avec dix-sept navires.

Malheureusement, les guerres de religion arrêtèrent le magnifique essor de la marine française ; il nous faut attendre jusqu'à Richelieu pour entrer dans la période moderne de nos flottes militaires.

Déjà à l'époque de François Ier le bâtiment de combat avait fait de très grands progrès : sa construction était plus solide et plus soignée, sa voilure mieux distribuée et plus facile à manœuvrer, ses formes s'étaient affinées ;

enfin, l'invention des **sabords** permettait l'emploi d'une artillerie plus précise et plus efficace que les anciennes **bombardes.**

L'élément militaire et l'élément marin étaient encore nettement séparés sur ces navires. Le **capitaine** n'était nullement un marin de profession; il commandait **pour le roi** à un certain nombre de soldats embarqués, mais son autorité ne s'exerçait pleinement que pendant le combat. Pour la navigation, le bâtiment avait un **maître** qui commandait aux matelots avec l'aide de son **contremaître** et de ses **quartiers-maîtres.** On comprend aisément que le contact journalier de deux éléments aussi étrangers l'un à l'autre et parfaitement indépendants, chacun dans sa sphère, n'amenât presque toujours que désordre et indiscipline.

2. *La Marine de Richelieu.* — C'est avec Richelieu que commence, disions-nous plus haut, la période moderne de la flotte de guerre française, mais cette période n'est pas, ainsi que nous allons le constater, sans être coupée par des époques d'affaiblissement tellement caractérisé qu'il faut alors y regarder de très près pour pouvoir découvrir dans ce grand organisme un reste de chaleur vitale. Il est aisé de vérifier l'exactitude de cette remarque désolante : **il n'y a jamais eu de continuité dans l'effort constitutionnel de nos flottes.**

Chaque fois qu'un grand politique apparaîtra à la tête de la Nation ou du Département de la marine, nous verrons s'opérer une renaissance coûteuse, après laquelle la vie s'affaiblit, le corps s'affaisse et semble agonisant. Que l'on compare cette étrange méthode avec la persistante énergie éveillée chez les Anglais par la menace de 1588, puis surexcitée par celle de 1805! Depuis la terreur légitime causée par l'invincible **Armada**, jamais la marine anglaise n'a été laissée à la dérive par les pouvoirs publics. Sans aucun doute, elle a eu ses jours de faiblesse, mais la population anglaise est trop attachée par ses intérêts aux choses de la mer pour que les fautes ou les dilapidations de ses Princes aient jamais mis en péril ce rempart flottant d'Albion.

Au début du règne de Louis XIII la marine française **n'existait plus**. Par contre, l'Angleterre et la Hollande étaient l'une et l'autre puissantes sur mer et l'Espagne, bien que très affaiblie, possédait encore une assez belle flotte.

C'est seulement en 1628, après la capitulation de La Rochelle, que Richelieu résolut de doter la France d'un solide établissement naval. Avant tout, pour se débarrasser de toute opposition éventuelle, il racheta de Henri de Montmorency la charge d'**Amiral de France,** abolit cette charge et se fit nommer **Grand maître de la navigation et du commerce.** Assuré dès lors de pouvoir mettre sur pied ses projets, il fit venir de Hollande à prix d'or d'habiles constructeurs de navires et emprunta également à ce pays méthodique et profondément sage la plupart des dispositions contenues dans la célèbre ordonnance de 1634. Le port du Havre de Grâce, œuvre de François Ier, fut fortifié à neuf; **Brest** fut amélioré, **Toulon** créé.

L'état-major de la nouvelle marine comprenait des **chefs d'escadre,** des **capitaines,** des **lieutenants** et des **enseignes,** pris parmi les marins de profession, les chevaliers de l'ordre de Malte que Richelieu lui-même ou ses hommes de confiance avaient distingués pour leurs talents ou leur énergie lors du siège de La Rochelle. Le titre d'**Amiral** ne désigna plus que le commandant en chef d'une réunion quelconque de bâtiments; le commandant de l'avant-garde prenait le titre de vice-amiral et celui de l'arrière-garde s'attribuait celui de contre-amiral.

Le **capitaine,** le **lieutenant,** l'**enseigne,** officiers de combat avant tout, formaient le haut état-major du bâtiment, c'est-à-dire qu'ils ordonnaient tout, veillaient à tout, mais de haut seulement, l'exécution des détails étant confiée aux Maîtres composant le bas état-major. La navigation proprement dite était confiée à des

pilotes et c'est sur eux que reposa longtemps encore la sécurité des bâtiments, bien que la science de ces agents fût beaucoup plus apparente que réelle. Les **équipages** de la marine royale furent malheureusement recrutés par la **force** et maintenus de même au service de l'État; dans ces conditions, la discipline ne pouvait être que **sauvage** et elle le fut en effet.

Par une intuition remarquable de l'importance qu'aurait dans une guerre navale la précision du tir de l'artillerie, Richelieu institua les **marins canonniers** et, afin d'assurer le recrutement régulier des états-majors, il décida l'entrée annuelle dans la marine royale de seize jeunes gentilshommes. Enfin, à grand'peine et avec l'aide de ces moyens énergiques dont il était rarement à court, il reconstitua le **corps des galères**, dans lequel le désordre et la prévarication avaient dépassé les limites du vraisemblable.

L'ordonnance de 1634 contient en germe toute notre organisation moderne : pour l'époque, elle constituait un immense progrès et il n'est pas difficile d'y reconnaître le cachet du grand ministre qui en fut l'inspirateur. Cette organisation porta immédiatement ses fruits sous des chefs habiles, dans la guerre contre l'Espagne : **Sourdis**, archevêque de Bordeaux, le vieux **chevalier des Gouttes**, surnommé le « père de la mer », et le commandeur de **Forbin** servirent admirablement sur mer les projets de Richelieu; **Armand de Brézé** s'illustra également comme **Général des galères** et la même époque vit aussi les débuts, dans une carrière où il devait devenir un maître, d'**Abraham Duquesne**.

Les victoires des **Iles de Lérins**, de **Gênes**, de **Guétaria**, de **Cadix**, sous Louis XIII, celles du **cap de Gate** et d'**Orbitello** sous Mazarin furent la justification des dépenses faites par Richelieu pour la flotte royale. Malheureusement, les désordres de la Fronde, l'improbité des administrateurs, l'état déplorable des finances, toutes les causes matérielles et morales de désagrégation s'accumulèrent vers la fin de la guerre de Trente-

Ans et, en 1661, à la mort de Mazarin, la marine de guerre française semblait une fois de plus avoir terminé ses destinées.

Par contre, à la même époque, l'Angleterre manifestait pour la première fois ses prétentions à la domination absolue des mers. Sur cette voie elle rencontrait heureusement dans la Hollande un vigoureux adversaire.

Le peuple hollandais, à peine constitué en Nation souveraine, possédait déjà une marine de guerre dont le personnel et le matériel avaient atteint le plus haut point connu de perfection. Il opposa **Ruyter**, **Tromp**, **Cornille de Witt**, **Evertzen** à **Monk**, **Blake** et **Rupert**. Les luttes acharnées entre ces chefs de valeurs égales demeurèrent souvent indécises et l'Angleterre, presque épuisée, contrainte d'ajourner ses prétentions, dut se résigner à signer la paix. Le moment eût été favorable, pour une Nation comme la France, qui aurait possédé une marine intacte, pour prendre sur les mers l'ascendant que les deux rivales ne pouvaient plus lui disputer, mais **la France n'était pas prête!** Elle ne put profiter de cette occasion unique.

Si nous avons mentionné la rivalité anglo-hollandaise qui semble sortir du cadre que nous nous sommes tracé, c'est pour montrer combien la domination des mers est, avant tout, affaire de prévoyance lointaine. C'est aussi parce que cette période a donné naissance à plusieurs perfectionnements importants de la guerre maritime. C'est d'elle que date la **tactique** des flottes de combat, avènement consécutif de l'**homogénéité** des escadres de ligne dont toutes les unités furent, dès lors, **uniquement construites en vue du combat.** En même temps que la tactique, apparaissait tout naturellement l'outil indispensable de cette tactique : la **télégraphie maritime.**

3. *La marine sous la monarchie absolue.* — Mazarin mort, **Colbert**, génie puissant, travailleur acharné, esprit de vaste compréhension et volonté de

fer, prit en main l'administration de la marine. Dans la pensée de ce grand ministre, les flottes de guerre devaient avoir pour rôle primordial la **protection du commerce maritime.** Par malheur, Louis XIV, entraîné par son orgueil, ne permit pas à la floraison merveilleuse de notre établissement naval d'atteindre son complet épanouissement et l'œuvre de Colbert ne put être durable.

Toulon et Brest furent réparés et agrandis, Rochefort créé; les constructions navales reçurent une vigoureuse impulsion et les meilleurs ingénieurs de Hollande construisirent pour nous des vaisseaux. Colbert ne fut pas long à comprendre que si l'argent suffisait pour constituer le matériel d'une marine, il était impuissant à créer des états-majors dignes de confiance. Ceux des flottes de Louis XIII étaient morts ou s'étaient dispersés pendant la période de déliquescence qui s'étend entre 1648 et 1662; il fallut de nouveaux et patients efforts pour en recruter ou en former d'autres **qui fussent à la hauteur de leur tâche.** On sentait bien, en effet, qu'il n'était plus de la dignité d'un capitaine de se laisser conduire à l'ennemi par les pilotes de son bâtiment. Le niveau de l'instruction technique des officiers monta peu à peu, diminuant d'autant l'autorité des maîtres; les équipages furent constitués par l'organisation des **classes** (inscription maritime) et par des **engagements volontaires** pour deux ou trois années, avec demi-solde pour le temps passé à terre. En principe, l'embarquement forcé fut aboli mais, en fait, on fut encore très souvent obligé de recourir à ce procédé inique. Colbert créa encore, au profit des inscrits, la **caisse des gens de mer** et les **Invalides de la marine.**

Quant à la marine des galères qui, par le fait des **chiourmes,** continuait d'être un foyer de démoralisation pour la flotte entière, il en débarrassa Toulon et l'établit à Marseille. Il est triste de constater que ce grand ministre ne craignit pas d'user, pour alimenter les chiourmes, de procédés d'une légalité douteuse, allant jusqu'à faire condamner à cet enfer de simples vagabonds.

En 1672, dix ans après que Colbert eut pris charge du Département, le roi possédait une belle flotte sous des chefs de valeurs très inégales. A côté de l'incapable et prétentieux **d'Estrées**, du voluptueux et corrompu **Vivonne** on voyait **Gabaret, de Paul, Duquesne, Tourville, Valbelle, Preuilly d'Hunières**, tous hommes de guerre autant qu'hommes de mer et formés à la rude école d'une pratique journalière.

Pour des raisons politiques trop machiavéliques pour que la simple loyauté puisse admettre un instant leur légitimité, la marine royale ne sut pas ou ne voulut pas aider efficacement les Anglais, nos alliés du moment, à **Southwold** ni au **Texel**, mais elle prit glorieusement sa revanche lorsqu'elle fut seule contre l'Espagne et la Hollande. Il est vrai que, suivant l'expression du vieux Ruyter, les Espagnols étaient les « plus mauvais marins du monde », mais les Hollandais en étaient les plus habiles. **Messine, Stromboli, Agosta, Palerme,** sont les noms de quatre belles victoires gagnées par notre jeune marine contre les vieux amiraux hollandais, chefs aussi remarquables par leur énergie que par leur profonde connaissance de toutes les ressources de leur métier. Ces victoires marquent l'apogée de la marine de Louis XIV : elle ne fut jamais plus orgueilleuse ni plus forte que pendant cette période glorieuse où elle recevait sur les mers le premier salut de tous les pavillons, où elle régnait paisiblement sur la Méditerranée, châtiant tour à tour les pirates d'Alger et ceux de Tripoli, humiliant la fierté de Gênes, recueillant en un mot les fruits du génie de Colbert, de l'intérêt persévérant du grand roi et soutenue par cette pensée qu'elle portait dans les plis de son pavillon fleurdelisé et faisait reconnaître partout la force, la dignité et la gloire du pays qui était alors le **plus beau royaume après celui du ciel.**

Le plus brillant éclat de cette période, si fertile en belles actions, fut la victoire de **Béveziers** (Beachy-Head) gagnée par **Tourville**, **Château-Renault** et **Victor d'Estrées** contre la flotte anglo-hollandaise aux ordres d'**Herbert** et d'**Evertzen**. Ce nom de Béveziers ne figure à la poupe d'aucun de nos navires de guerre modernes et pourtant ce fut une victoire autrement glorieuse que celle de **Barfleur** dont les Anglais ont tiré tant d'orgueil.

Voici venir, hélas! la décadence. Colbert est mort; **Seignelay**, son fils et digne successeur, est également disparu; à ces hommes de puissante envergure succèdent des ministres étroits d'idées, de vues courtes et d'intelligence médiocre, incapables de saisir la nécessité de la grande guerre et arrivant peu à peu à substituer la **guerre de course** à la **guerre d'escadre**. Il est cependant bien avéré, il est presque évident que la guerre de course ne peut amener aucun résultat décisif si elle n'est soutenue par la guerre d'escadre; ce principe a trop souvent été perdu de vue en France. De plus, la guerre de course est démoralisante pour les officiers et les équipages parce qu'elle substitue comme mobile l'appât du lucre au pur sentiment de l'honneur militaire et à l'amour de la Patrie. La **course** n'est en effet qu'un **vol légal** et un **corsaire** est assez assimilable à un **voleur** de grands chemins. Aussi pensons-nous qu'on a trop exalté la valeur des **Jean Bart** et des **Duguay-Trouin** au préjudice des mérites plus vrais des **Duquesne** et des **Tourville**.

C'est une lourde faute de Louis XIV qui fut le point de départ d'une décadence qui ne devait être apparente que quelques années plus tard : désireux de replacer sur le trône des Stuarts le funeste Jacques II dont l'Angleterre ne voulait plus, et comptant sur de nombreuses défections des commandants anglais, le roi ordonna à Tourville de chercher la flotte anglo hollandaise et de lui offrir le combat. L'illustre marin se trouva, avec quarante-quatre vaisseaux, devant quatre-vingt-huit navires alliés : il convoqua en conseil tous ses capitaines à bord du « Soleil Royal » qui portait son pavillon. Le conseil, à l'unanimité, fut d'avis qu'il ne fallait pas combattre. C'est alors que Tourville, qui jusqu'à ce moment n'avait pas prononcé une parole, prit sur une crédence un pli cacheté et dit : « Messieurs, un ordre du roi ! » Devant les capitaines debout et découverts le maréchal décacheta le pli et lut l'ordre **de combattre l'ennemi fort ou faible et quoi qu'il pût advenir.** Aucune parole ne fut prononcée ; les capitaines retournèrent à leur bord et, au grand étonnement des Anglo-Hollandais, l'action s'engagea avec une extrême vigueur. Cet acte de folie faillit être couronné d'un plein succès, bien qu'aucune défection ne se fût produite dans la flotte alliée ; Tourville demeura maître du champ de bataille mais la journée du lendemain fut désastreuse. Le maréchal ne sut pas prendre à temps la résolution de se séparer de ses vaisseaux les plus maltraités, parmi lesquels le « Soleil Royal » ; ces glorieux débris retardèrent sa marche en retraite, il ne put franchir à temps le ras Blanchard, fut entraîné par les courants jusqu'à la Hougue où il se réfugia. Quinze vaisseaux français furent incendiés par l'ennemi ou par leurs propres équipages. Ce désastre, auquel les Anglais ont donné le nom de bataille de Barfleur, aurait sans doute pu être évité, mais la gloire de Tourville n'en a pas été atteinte ; Louis XIV, mal renseigné par Jacques II, en est seul responsable.

Lagos, Velez-Malaga, Rio de Janeiro furent encore, même après la journée de Barfleur, les théâtres de nos succès maritimes, mais la funeste guerre de course décima tout notre personnel sans aucun profit, et quand Louis XIV mourut, du magnifique établissement naval créé par Colbert, il ne restait que des arsenaux livrés à l'abandon et au pillage, des magasins vides, des ateliers en ruines, des vaisseaux, encore nombreux sur le papier, mais presque tous pourris ou condamnés à l'immobilité faute de matelots, d'agrès et d'approvisionnements.

Les grandes luttes maritimes de cette époque troublée
n'avaient pas été sans amener des perfectionnements
très importants dans l'art de la guerre navale et dans
les instruments de cette guerre : les formes des carènes,
les proportions des navires, étudiées par d'habiles
constructeurs, s'étaient améliorées; les qualités de
marche et d'évolution s'en étaient ressenties favorablement. Nous ne citons pas comme un progrès réel le
luxe inouï déployé dans l'ornementation des poupes et
des appartements des vaisseaux, mais nous ne man-
querons pas de constater en revanche que l'hygiène de
l'homme de mer commençait à prendre place dans les
préoccupations des chefs. Sans doute, les perfectionnements réalisés sur ce point furent bien mesquins
encore, mais le problème était posé aux esprits réflé-
chis : ménager par tous les moyens la vie des hommes
jusqu'au jour du combat. Un progrès lent mais continu
se manifestait dans les gréements, dans les voilures,
dans l'artillerie surtout et les installations s'y rappor-
tant. Après avoir copié les Hollandais, la marine française était copiée par eux et par les Anglais qui s'ap-
propriaient la majeure partie des règlements intérieurs
de nos vaisseaux; notre supériorité s'affirmait surtout
en **tactique** navale.

A la mort de Louis XIV, la situation de la marine
française était telle qu'il semblait qu'elle ne pût pas
devenir plus grave : l'invraisemblable devint une réalité sous le gouvernement des Dubois et des Fleury dont
la crainte constante était de déplaire à l'Angleterre : on
vit alors des Anglais venir brûler des vaisseaux espagnols jusque dans nos ports! La perte de notre merveilleux empire colonial fut la conséquence du règne
funeste de Louis XV. L'honneur même du corps de la
marine semblait perdu et nos arsenaux, dévastés par
leurs propres administrateurs, ne présentaient plus
qu'un spectacle de désolation; **le cabotage de nos
ports était fait par des navires étrangers!** Au
milieu de tant de hontes on est heureux de rencontrer

encore le nom d'une victoire : **Port-Mahon** où le marquis de **La Galissonnière** combattit vigoureusement l'Anglais **Byng** et le força à la retraite. Le peuple anglais, saisi de colère, exigea une victime et le malheureux Byng fut fusillé.

L'arrivée du duc de Choiseul à la tête du Département de la marine fut pour celle-ci le début d'une ère de prospérité qui dura jusqu'en 1789 ; la reconnaissance des marins a confondu sous le même nom de **Choiseul** les deux ministres de ce nom qui se succédèrent au Département : en fait, le duc de Choiseul et son cousin le duc de Choiseul-Praslin agirent de concert.

Le nouveau ministre dut attendre après la signature du honteux traité de Paris pour opérer dans l'administration des arsenaux et de la flotte une série de réformes urgentes. La diminution du pouvoir exagéré attribué aux **intendants** et aux **commissaires généraux** s'imposait, car il était résulté de cette omnipotence que tous ceux qui n'étaient pas bassement soumis aux volontés des bureaux ne parvenaient qu'en surmontant de grandes difficultés. Les **officiers de plume**, absorbant les restes de la vitalité de notre marine, en étaient arrivés à être plus nombreux que les officiers combattants : ce corps fut réduit et devint le **commissariat** de la marine. Une autre corporation, aussi utile que distinguée, fut militarisée sous le nom d'**ingénieurs constructeurs** ; le cadre des officiers de vaisseau fut notablement augmenté et, par la même occasion, débarrassé d'un grand nombre de non-valeurs. Bref, à l'avènement de Louis XVI, notre marine était redevenue un bloc bien lié, parfaitement capable de tenir tête à la marine anglaise.

Au point de vue général, du reste, l'art de la navigation avait continué à progresser. Les bâtiments, construits avec plus de soin, plus fins, mieux liés, étaient aussi mieux manœuvrants et plus rapides ; le doublage en cuivre assurait non seulement la conservation de leur coque, mais encore celle de leur vitesse ;

les poids de l'armement furent répartis d'une manière
plus scientifique, ce qui évita aux membrures des
fatigues anormales ; les montres marines, les instruments à double réflexion, les cartes plus nombreuses
et mieux dressées, permirent une navigation plus précise. En un mot, la marine militaire à voiles tendait
lentement, mais sans arrêt, vers la perfection.

Jusqu'alors, aucune tentative n'avait été faite pour
enlever aux équipages et aux états-majors cette apparence bigarrée provenant de la diversité des costumes.
C'est du ministère Choiseul que date l'adoption de
l'uniforme pour les états-majors. Cette réforme, à
première vue, peut sembler sans importance, mais
c'est là une erreur : du port de l'uniforme devaient
naître le sentiment de la solidarité, l'esprit de corps et
la cohésion du personnel. La mesure ne fut pas com-
plétée pour les matelots, qui continuèrent à porter des
vêtements d'une coupe et d'une couleur quelconques.

L'occasion se présenta bientôt pour la France
d'éprouver la valeur de ses flottes reconstituées. La
monarchie française, par un retour à ses traditions
féodales de protection des faibles, soutint en 1778 la
cause de la liberté des peuples et combattit pour le
triomphe d'une idée qui allait bientôt la renverser
elle-même. Les colonies anglaises de l'Amérique du
Nord, indignement exploitées par leur métropole, se
révoltèrent contre la tyrannie de leur Patrie. Comme
elles eussent été incapables de lutter seules avec avantage, elles implorèrent le secours de la France au nom
de la haine séculaire entre les deux Nations. Louis XVI
ne mit pas **personnellement** beaucoup d'enthousiasme à accéder aux vœux des insurgés, car il sentait
confusément que ce n'était guère le rôle d'un monarque
absolu de soutenir des sujets révoltés. L'opinion
publique et la finesse diplomatique de l'illustre **Franklin** lui forcèrent la main : il déclara solennellement
la guerre à l'Angleterre et expédia immédiatement un
corps de troupes sous le commandement de **Rocham-**

beau pour prêter main-forte au généralissime américain **Washington**.

Une flotte française, sous les ordres du comte d'**Estaing**, partit pour l'Amérique pendant qu'une autre flotte aux ordres du comte d'**Orvilliers** menaçait l'Angleterre et qu'une armée d'invasion se réunissait sur les côtes de la Manche. L'Angleterre, furieuse et maladroite, traita de telle façon l'Espagne et la Hollande qu'elle les força à prendre parti contre elle, et l'amiral **Cordova**, avec la flotte espagnole, vint se réunir à d'Orvilliers. Une bataille avait déjà eu lieu près d'Ouessant entre ce dernier et l'amiral anglais **Keppel** : le champ de bataille était resté à la flotte française et peu s'en fallut que Keppel n'eût en Angleterre le sort du malheuraux Byng.

Aux Antilles et en Amérique la victoire accompagnait partout nos armes; aux Indes, l'illustre bailli de Suffren (**Suffren**) battait l'amiral **Hugues** dans cinq combats et établissait par ces victoires les vrais principes de la guerre maritime et les bases logiques de la véritable **tactique de combat**. **Suffren** nous eût rendu les Indes s'il eût disposé de ressources suffisantes.

Malheureusement les exploits des Suffren, des d'Estaing, des Guichen, des Vaudreuil furent obscurcis par la défaite subie par le comte de Grasse aux **Saintes**, où il avait pour adversaire le plus actif des amiraux anglais, **Rodney**, qu'un acte niais de chevalerie avait libéré de la captivité dans laquelle ses dettes le retenaient. Cette défaite, fort honorable du reste, amena la conclusion de la paix générale : les colonies américaines étaient désormais libérées du joug pesant de l'Angleterre, mais celle-ci en conçut un violent dépit et une haine féroce pour la France. C'est en grande partie à la guerre de l'indépendance américaine et à nos succès dans cette guerre qu'il faut attribuer l'acharnement de l'Angleterre dans sa lutte contre la France pendant la Révolution et l'Empire.

Quoi qu'il en soit, cette guerre fut glorieuse pour notre Nation, qu'elle lava des hontes de la guerre de Sept-Ans; nous aurions pu tirer d'elle cet enseignement *qu'une coalition n'a de valeur que si les coalisés ont une organisation à peu près identique.* En effet, notre alliance avec l'Espagne ne fit qu'entraver l'activité de nos flottes. Nous aurions également dû apprendre dans cette guerre *qu'une* **tactique trop étroite** *tue l'initiative des chefs* et les empêche d'obtenir des résultats décisifs; enfin les hommes d'État auraient pu en extraire cette moralité *qu'une marine,* **pour être forte,** *a besoin de* **l'attention constante et minutieuse des pouvoirs publics :** les plus belles conceptions stratégiques de Suffren furent entravées par ce fait que quelques-uns de ses vaisseaux, qu'on avait négligé de doubler en cuivre, retardaient la marche générale de son escadre.

La guerre de l'indépendance américaine terminée, la marine ne retomba pas dans le néant ainsi qu'il était de tradition constante depuis quatre cents ans : le maréchal de **Castries** se donna au contraire comme tâche de la perfectionner, surtout au point de vue de l'organisation des arsenaux, de sorte qu'à la veille de la Révolution la France pouvait mettre en ligne quatre-vingts vaisseaux et soixante-dix frégates. Nous allons voir ce que les assemblées populaires surent faire de ces forces imposantes.

4. ***La marine française de 1789 à 1815.*** — La Révolution française n'avait pas été mal accueillie par la Marine, que son contact avec les insurgés d'Amérique avait préparée à recevoir des idées libérales. Mais la Révolution eut le tort de faire table rase du principe d'autorité et d'admettre l'exercice du **droit d'insurrection.** En très peu de temps, malgré la réforme très sage du code de justice maritime et quelques autres mesures judicieuses prises par l'Assemblée constituante, le mal produit l'emporta de beaucoup sur le bien réalisé et la Marine fut en proie à une

anarchie sans précédents. Les règles nouvelles du recrutement des officiers introduisirent dans la flotte un grand nombre d'hommes, qui pouvaient bien être d'excellents marins, mais étaient principalement de déplorables chefs militaires. Le désordre fut bientôt à son comble dans les arsenaux, et le gaspillage des deniers publics y devint invraisemblable, car les ouvriers, sous prétexte d'aller au club, passaient leur temps dans les cabarets et prétendaient cependant être payés. Les violences envers les officiers, les rixes, les révoltes même devinrent des faits courants et toujours impunis; les **canonniers marins** furent supprimés comme **portant atteinte au principe d'égalité!!**

Comme on voit, la Révolution se chargeait de venger l'Angleterre de ses humiliations de la guerre d'Amérique; les assemblées révolutionnaires préparaient de leurs propres mains les désastres d'Aboukir et de Trafalgar.

Par respect pour notre Patrie, nous ne pouvons insister sur cette période vraiment effroyable où, avec l'infatuation ridicule d'hommes qui ignorent le premier mot d'un métier et prétendent cependant guider ceux qui le connaissent de longue date, la Convention jetait dehors, sans vivres, sans rechanges, sans marins, sans officiers dignes de ce nom des vaisseaux aux gréements branlants, condamnés par avance à périr sans gloire. Nous nous contenterons de mentionner le glorieux combat du treize prairial livré par **Villaret-Joyeuse** à l'amiral **Howe**, afin de protéger l'entrée des convois de blé. Le courage des marins français fut digne de la cause qu'ils défendaient, mais leur instruction ni celle de leurs chefs n'étaient à la hauteur des circonstances. Cependant, les convois passèrent et sauvèrent la France de la famine. Ce combat du treize prairial a été marqué par le sacrifice héroïque du **Vengeur du peuple**, capitaine **Renaudin**, qui, après avoir lutté avec une vigueur désespérée contre deux vaisseaux anglais, s'engloutit dans les flots avec son équipage de braves, aux cris de **Vive la République!** et sans avoir voulu amener son pavillon. Ce beau trait de patriotisme, célébré à la tribune de l'Assemblée, sembla consoler la France de ses désastres maritimes qu'une orgueilleuse impéritie avait si follement provoqués.

Le 3 décembre 1795 le Directoire vint dire au Conseil des Cinq-Cents : « Nos flottes humiliées, battues, bloquées dans nos ports, dénuées de ressources en vivres, en matières de toutes sortes, **déchirées par l'insubordination, avilies par l'ignorance,** tel est l'état dans lequel les hommes à qui vous avez confié le gouvernement ont trouvé la Marine française ». Après un blâme aussi vigoureux des actes de la Convention en matière maritime, il fallait agir énergiquement en sens inverse. Le nouveau ministre **Truguet** commença avec conscience et intelligence l'œuvre de réorganisation. Cette œuvre, à peine commencée, fut entravée par l'expédition de Hoche en Irlande : **une opération combinée contre un ennemi entièrement maître de la mer, entreprise dans l'Océan au mois de décembre!!** Jamais la folie de « faire quelque chose à tout prix » n'a été poussée aussi loin. Une pareille opération confiée à une marine très solidement entraînée aurait eu cependant beaucoup de chances pour échouer, mais, avec la marine française de l'époque, c'était là une incroyable insanité. L'illustre **Hoche**, commandant l'armée d'opérations, fort au courant du délabrement matériel et moral de notre flotte, ne sut cependant pas, ou ne voulut pas empêcher cette folie, dont la perte totale de l'armée et de la flotte faillit être la conséquence.

Ainsi qu'un malade, après une longue période d'atroces souffrances, prend pour de la force l'excitation due à un violent cordial et tente follement un effort prématuré, la marine française, sous la vigoureuse impulsion de Bonaparte, accomplit au mois de juin 1798 un tour de force qui stupéfia Nelson lui-même : elle prit Malte et transporta en Égypte trente-trois mille hommes! Le désastre d'**Aboukir** fut la lourde rançon de cet acte d'incroyable mais inconsciente audace.

Au moment du dix-huit brumaire, le bilan des guerres maritimes de la Révolution se soldait par la perte de soixante-dix mille marins, cinquante-sept vaisseaux de ligne, cent frégates et plus de deux mille corsaires ou bâtiments marchands!

Rien n'était demeuré debout de l'ancienne Marine royale; les brillants officiers de la guerre de 1778 avaient presque tous péri à Quiberon, abandonnés par la haine jalouse de l'Angleterre au triste sort que leur réservaient les lois sur l'émigration, pour avoir porté les armes contre leur Patrie. Tout était à refaire : personnel et matériel. Bonaparte était parfaitement capable de l'effort considérable qui était nécessaire, mais, lancé à fond de train dans sa lutte contre l'Angleterre, il voulut aller trop vite. Il lui fallait une flotte de haute mer : il crut pouvoir la remplacer par une flottille et conçut le projet de traverser la Manche avec cette nuée de coquilles de noix, appuyée par des escadres mal gréées, mal montées, faibles par le seul fait qu'elles résultaient d'une association des deux marines de France et d'Espagne, mal commandées du reste par l'incapable Villeneuve, le triste fuyard d'Aboukir. La bravoure et le loyalisme de l'amiral espagnol **Gravina** ne suffisaient pas à compenser la médiocrité du commandement suprême. Le résultat de cette combinaison fut la défaite de **Trafalgar**, la domination absolue de l'Angleterre sur les mers, dix années de gloire fabuleuse suivies de désastres sans nom, dont le dernier est **Waterloo**!

La leçon de Trafalgar avait été dure : Napoléon la comprit et s'occupa dès ce moment, avec ordre et méthode, à se refaire une marine capable de se prendre corps à corps avec l'Angleterre sur son élément. **Decrès**, le ministre de la marine du tout-puissant empereur, était brave, instruit, intelligent, actif, spirituel, mais irascible, rancunier et jaloux; par ses intrigues de courtisan, il éloigna systématiquement de son maître les hommes de valeur qui lui portaient ombrage, de sorte que Napoléon a pu dire **qu'après la mort de Latouche-Tréville, il avait passé son temps à chercher l'homme de la Marine sans jamais l'avoir rencontré.** Si Decrès l'avait voulu, les hommes ne lui auraient pas manqué.

Après Trafalgar, aucun homme valide ne figurant plus sur les registres de l'inscription maritime, on fut forcé de créer cinquante bataillons de marins, destinés à former les équipages de cinquante vaisseaux de ligne. En 1810, l'ensemble du personnel marin fut organisé en **équipages de haut bord;** on complétait les équipages à leur embarquement par des apprentis-marins. Deux écoles navales furent créées pour assurer le recrutement des états-majors, et comme une des causes les plus apparentes de nos défaites était l'insuffisance technique de nos canonniers et l'infériorité de nos méthodes de tir, il fut prescrit impérativement à tous les commandants et aux officiers de donner tous leurs soins à cette branche de l'éducation militaire des équipages.

Vers la fin de l'Empire la situation de notre marine était bonne; le temps ne semblait pas éloigné où elle pourrait enfin se mesurer avec l'Angleterre avec des chances sérieuses de succès, quand les revers de nos armées obligèrent à débarquer les équipages pour les faire concourir à terre à la défense du sol national. Quand Napoléon s'écroula, entraînant avec lui la fortune de la France, nos beaux vaisseaux n'étaient plus que des corps sans âme, tristement relégués au fond des arsenaux.

Les premières années de la Restauration ne furent pas heureuses pour notre marine : la passion politique fit rejeter d'excellents officiers pour les remplacer par les anciens membres de l'état-major de la Marine royale, émigrés depuis vingt-cinq ans et n'ayant pas, pour la plupart, mis les pieds à la mer durant cette période. A partir de 1818, les ministres de la marine furent bien choisis et bientôt les vaisseaux de la France reparurent avec honneur sur les mers, à **Navarin** avec le contre-amiral de **Rigny**, à **Alger** avec le vice-amiral **Duperré**, depuis amiral de France.

Le gouvernement de la Restauration légua à la monarchie de Juillet une marine très fortement constituée. Eclairé par l'expérience et par l'histoire, il s'était fait un devoir de réorganiser ce qu'une rancune politique l'avait d'abord porté à dét, ire. C'était l'heure de l'apogée des flottes à voiles; le vaisseau de ligne avait atteint la perfection absolue comme instrument de navigation et de combat, mais sa mort était prochaine car le navire à vapeur venait d'apparaître. Le dernier éclat de la marine de guerre à voiles se produisit en 1831 (14 juillet) : la flotte française, aux ordres de l'amiral Roussin, força l'entrée du **Tage**, pénétra devant Lisbonne et emmena prisonnière la flotte portugaise.

5. *L'époque de transition; la marine contemporaine.* — Les frégates à roues construites tout d'abord ne pouvaient être que de médiocres engins de guerre. Un Français, **Richard Sauvage**, inventa l'hélice propulsive en 1832; le nouveau propulseur fut appliqué à un nombre considérable de navires à voiles qu'on hala sur cale et qu'on allongea. Le vaisseau de ligne demeurait encore exclusivement un voilier et ce n'est qu'en 1852 que l'illustre ingénieur **Dupuy de Lôme** lança le premier vaisseau à vapeur à grande vitesse : le **Napoléon**.

La marine mixte ne devait avoir qu'une durée éphémère : la guerre de Crimée donna naissance aux batteries flottantes blindées; de la même époque datent : la première frégate cuirassée, la **Gloire**, l'**artillerie rayée** et les **torpilles**. Ces trois inventions bouleversèrent les conditions des combats de mer et nous dotèrent de ces monstres étranges, plus semblables à des citadelles qu'à des navires, qui composent aujourd'hui presque exclusivement nos flottes de guerre. Qui peut prévoir l'avenir réservé à cette marine? Où s'arrêtera ce que l'on nomme le progrès? il y a là une inconnue formidable qu'il est impossible de dégager.

La marine cuirassée française n'a pas encore eu l'occasion de s'essayer aux grandes luttes maritimes, mais peut-être le temps n'est-il pas éloigné où elle pourra enfin expérimenter la valeur de ces engins effroyablement coûteux qui sont les remparts flottants de nos côtes. Si cela arrivait, les marins français sauraient montrer qu'ils n'ont pas dégénéré et que la Nation qui a produit les Tourville, les Duquesne et les Suffren peut toujours trouver un Courbet pour soutenir l'honneur de son Pavillon sur les mers.

CHAPITRE IV

L'ÉTAT MILITAIRE

I. Pourquoi il y a un état militaire. — Dans l'historique rapide que nous avons fait de l'Armée au chapitre précédent, nous avons vu qu'à l'heure où nous parlons l'Armée n'était plus une **Nation dans la Nation,** mais qu'elle est devenue ce qu'était jadis l'armée de la république romaine : **la Nation armée.**

Tout citoyen étant tenu, de par la loi, à passer plusieurs années sous les drapeaux, il en résulte que l'état militaire n'est plus l'apanage d'une catégorie spéciale de citoyens et qu'il a même une tendance à disparaître : peu d'hommes entrent aujourd'hui dans l'Armée avec la pensée qu'ils y pourront demeurer pendant toute leur vie comme simples soldats. Hâtons-nous de dire cependant qu'il n'est pas vraisemblable que l'état militaire disparaisse jamais; nous ne pensons pas du reste qu'il faille le souhaiter. Il y a trente ans à peine il existait encore en France une nombreuse catégorie d'hommes qui, par tempérament et par caractère, se trouvaient absolument à l'aise dans le métier militaire. Après avoir fait leur temps dans l'Armée, ils remplaçaient volontiers, pour une somme minime d'argent, ceux qui tombaient au sort. Il ne venait du reste à l'idée de personne de blâmer ces **soldats de métier**, qui formaient dans les régiments un noyau de vétérans très propres à encadrer fortement les recrues.

La notion de **l'impôt du sang** a, depuis lors, fait du chemin; la loi et les mœurs se sont modifiées et ceux-là sont beaucoup plus rares aujourd'hui qui, comme simple soldat ou comme simple matelot, embrassent l'état militaire sans esprit de retour. On aurait tort cependant de blâmer sans réflexion ceux qui font de l'Armée ou de la Marine leur famille et leur foyer. Il existe des tempéraments qui ne savent pas être libres, de même qu'il y a des plantes qui ont toujours besoin de tuteurs; pour ceux-là, le frein de la discipline est une nécessité, parce qu'ils n'ont qu'une faible puissance sur eux-mêmes et qu'il faut toujours que quelqu'un **pense pour eux.** D'autres, sentant confusément que, dans la vie civile, ils auraient quelque peine à se faire place au soleil, demeurent sous les drapeaux par désir inconscient de n'avoir pas la responsabilité de leur propre existence; d'autres sont séduits par la régularité du mécanisme de l'Armée, d'autres encore par les dangers prévus d'une guerre toujours possible. Les uns et les autres font et peuvent faire d'excellents soldats et d'excellents marins s'ils sont conduits en conformité de leur caractère. C'est ainsi, par exemple, que nos troupes d'infanterie de marine, recrutées par la voie de l'engagement volontaire, sont très solides, très résistantes au feu, pleines d'audace, d'initiative et de dévouement devant l'ennemi. Pourtant, ces mêmes hommes qui donnent tous les jours des preuves d'intrépidité, qui sont fortement imprégnés des principes de l'honneur militaire, qui souffrent et qui meurent loin de leur Patrie avec une magnifique abnégation, seraient peut-être incapables, dans la vie civile, de gagner honorablement leur vie : la discipline militaire est l'**armature** qui soutient leur être moral un peu vacillant. De tous temps ce tempérament spécial, qui a besoin d'être soumis à une règle inflexible parce que la **volonté** lui fait défaut, s'est rencontré dans la Nation française.

Il fut un temps où l'armée permanente ne se recrutait que par engagements volontaires et nous avons vu que le comte de Saint-Germain considérait que ceux-là seuls devaient servir leur pays en lui donnant leur sang, qui étaient incapables de le servir autrement. C'est pourtant cette armée du comte de Saint-Germain qui a encadré les volontaires que le patriotisme poussait sur les champs de bataille et en a fait les vaillants soldats de Hoche, de Marceau, de Kléber et de Desaix.

A l'époque napoléonienne l'amour de la guerre et de la gloire, aussi bien que le fétichisme du chef victorieux, retinrent sous les drapeaux un grand nombre de vétérans des guerres de la liberté. La garde impériale, par exemple — ce corps d'élite par excellence, — n'était composée que de vétérans rengagés à plusieurs reprises, et si heureux dans cet abandon de leur volonté qu'ils ont continué à servir la monarchie restaurée comme ils avaient servi l'Empire.

Il est donc avéré que l'état militaire séduit certaines natures ; on aurait tort de s'en étonner et encore plus de les en blâmer, car la simplicité un peu brutale de cette existence à la Spartiate, sa pauvreté voulue qui fait apprécier les plus minces extras, sa régularité monotone qui donne de l'importance aux plus minimes événements, cette joyeuse insouciance du lendemain et cette uniformité de sentiments que la discipline amène presque fatalement, tout cela forme autour de l'Armée une sorte de filet d'une ténuité extrême mais cependant très difficile à briser, qui sépare la vie militaire du monde extérieur et lui donne un charme spécial inconnu aux autres professions.

La guerre qui, au point de vue philosophique, est une atrocité, a cependant de véritables séductions pour beaucoup d'hommes; elle les grise comme pourrait le faire un vin généreux. Sentir constamment le danger tout proche de soi développe l'esprit de lutte et surexcite au paroxysme les facultés de ruse, d'observation, d'audace raisonnée. L'amour du danger n'est pas, ainsi qu'on pourrait le croire, une passion exceptionnelle; c'est l'essence même des Armées habituées à la guerre, c'est leur stimulant spécial sans lequel la vie leur paraîtrait vide et sans intérêt. Cette passion n'a rien à voir avec l'amour de la gloire ou l'ambition; elle n'a d'autre objectif que la lutte et ses périls, d'autres mobiles que les voluptés intérieures que procure la victoire chèrement conquise sur un ennemi redoutable.

Le tempérament du soldat de métier, disions-nous plus haut, a toujours été fréquent en France : ce n'est pas pour rien que les Français descendent à la fois de ces races batailleuses qui furent les Gaulois et les Francs. Jamais la France n'a ménagé le sang de ses enfants, parce qu'elle a toujours trouvé dans le plus humble de ses fils un admirable **mépris de la mort**.

Dans notre vieille Patrie française couve encore un feu ardent, qui parfois paraît s'assoupir mais qui ne s'éteindra jamais. Chacun de nous, aux heures sombres, pleure sur notre force brisée, sur notre prestige diminué, sur notre influence anéantie; nous nous croyons ou feignons de nous croire vieux et dégénérés mais, fort heureusement, notre Mère est jeune encore, et ardente au point qu'elle est capable de mettre tout le sang de ses veines au service de ses désirs, de ses colères et de ses rêves, plus encore qu'au service de ses intérêts les plus vitaux. Il n'y a peut-être pas à nous enorgueillir du fait que nous sommes d'une race de soldats, mais il ne faut pas non plus en être humiliés. La lutte, nous l'avons vu, est une nécessité de la vie des peuples ; l'instinct de combativité prouve la vigueur du sang et malheur à la Nation chez laquelle on mépriserait le soldat de métier ! elle serait mûre pour la servitude étrangère ou pour l'idolâtrie du veau d'or.

Pour le marin, l'amour du danger se double presque toujours de l'amour de la mer : cette immensité liquide si changeante dans ses aspects, si douce quelquefois, si terrible souvent, est pour le vrai marin du sang, une maîtresse adorée jusque dans ses plus formidables colères. La marine à voiles développait étonnamment ce puissant amour du marin pour la mer, parce que la lutte entre lui et elle était de tous les instants. Généralement la mer était domptée, mais toujours hostile, toujours prête à profiter de la moindre faute, de la moindre négligence, d'une seconde de trop grande sécurité. Ceux-là n'étaient pas rares, dans l'ancienne marine, qui demeuraient au service comme simples matelots jusqu'à ce que l'âge eût fait leurs cheveux blancs, jusqu'à ce que l'humidité de la mer eût raidi leurs articulations. Ils avaient pour leur navire le même amour qu'on a pour le foyer familial, pour la mer celui qu'on a pour une maîtresse belle d'une éternelle jeunesse ; rien ne leur semblait plus beau que l'état militaire.

Il est un état d'esprit particulier aux hommes nés pour la lutte et qui n'ont d'autre intérêt dans la vie que cette lutte elle-même : ce qu'ils aiment, c'est le danger ; ils ne se sentent à l'aise que s'ils ont le sentiment d'un péril couru, et la pensée qu'ils le bravent est pour eux une juissance infinie et une excitation à en rechercher de nouveaux.

Oui, le marin de race n'est soutenu dans cette existence anormale qu'il accepte que par cet **amour du danger** et par le juste orgueil d'en triompher. Ce danger, il existe partout pour lui ; c'est à toutes les minutes de sa vie qu'il le brave, avec d'autant plus de mérite qu'il en a pleinement conscience, qu'il l'observe, l'analyse et lui oppose tantôt la patience, tantôt la science, parfois l'audace, presque jamais la force.

Pour jouir de ce combat grandiose il renonce volontairement à tout ce qui fait pour tant d'autres la joie de la vie; homme, il ne voit que des hommes; il déserte le foyer, il abandonne les tendres habitudes de la vie, la compagne qu'il a choisie, il dédaigne l'amour et l'amitié; il leur préfère la sauvage maîtresse avec laquelle il s'enlace dans un combat corps à corps, qui menace sans cesse de l'étouffer et qu'il finit presque toujours par vaincre, malgré sa force colossale et sa méchanceté toujours aux aguets. Il vit dans une perpétuelle victoire et c'est sur le sein bondissant de sa maîtresse domptée qu'il s'endort avec le sentiment de sa royauté et le rayonnant orgueil de son triomphe.

II. Comment il faut apprécier l'état militaire. — Il n'est pas d'état qui soit réellement plus noble et plus digne de respect que l'état militaire lorsque celui qui l'a choisi en accepte allègrement toutes les charges — dont la principale est la **pauvreté** — et toutes les obligations — dont la première est l'obéissance. Mais autant nous devons avoir d'estime pour celui qui consacre sa vie entière au maintien de l'honneur et de l'intégrité de la Patrie, à la protection de ses justes lois, autant l'homme qui vend son sang à une Nation étrangère et recherche la guerre uniquement pour satisfaire des instincts sanguinaires et déprédateurs nous semble peu estimable.

Parmi les Nations de l'antiquité, les unes ont entouré l'état militaire d'une très haute estime; d'autres, au contraire, le tenaient en parfait mépris. Le peuple romain appartenait à la première catégorie. Chaque citoyen était un soldat et nul ne pouvait être soldat s'il n'était citoyen; la Patrie n'admettait que ses propres fils à l'honneur de combattre pour elle. Aussi, la fidélité et le dévouement aux lois et aux croyances de la Nation, l'austérité des mœurs, la régularité et la ponctualité en toutes choses, étaient plus ordinaires dans les camps que dans la Cité elle-même, parce que **c'était l'élite de la Nation qui les habitait.** C'est là en effet le point important, la condition essentielle qui attire à l'Armée et à l'état militaire l'estime de la Nation, c'est **que l'Armée soit la Nation elle-même.**

L'estime des Romains pour l'état militaire était telle que nul ne pouvait accéder aux charges publiques s'il n'avait servi dix ans la Patrie dans les camps. C'est qu'aussi les travaux de l'Armée pendant la paix n'étaient pas moindres que pendant la guerre ni moins utiles à la Nation. Les travaux de l'époque pacifique n'étaient guère moins pénibles que les fatigues des marches et des combats pour ces merveilleuses armées de citoyens ; les légions couvraient leurs conquêtes d'un réseau de larges routes ou élevaient sur le sol de la Patrie des monuments impérissables, que toute la science des modernes ingénieurs ne pourrait renouveler : tels ces aqueducs dont le ciment, pétri par les propres mains des défenseurs de Rome, a victorieusement résisté aux injures du temps et aux attaques des hommes.

Une autre grande cité, longtemps rivale de Rome : **Carthage,** nous présente un spectacle tout différent. Le peuple carthaginois, phénicien d'origine et animé de l'esprit de lucre commun aux Nations de sang chananéen, se réservait spécialement le commerce et la piraterie maritimes, mais le **soldat** de Carthage était un **mercenaire.** On en recrutait partout : en Gaule, en Espagne, en Afrique, en Asie et jusqu'en Scythie. Des centaines de milliers d'hommes venaient à Carthage vendre leur sang pour un peu d'or parce que leurs instincts violents et sanguinaires ne trouvaient pleinement à s'exercer que dans la guerre, quel que fût le mobile de cette guerre, quelle que fût la cause à servir. C'est pourquoi le **soldat** était aussi justement méprisé du peuple que pouvait l'être un **gladiateur.** Lorsque la guerre était terminée, si elle n'avait pas été heureuse,

Carthage, reniant sa dette, envoyait ses mercenaires se faire massacrer dans des embuscades. S'ils étaient suffisamment nombreux et trouvaient des chefs dans leurs propres rangs, ils faisaient alors trembler l'opulente cité qui les avait exploités et l'on voyait éclater des guerres atroces et sans merci, comme celle qui suivit la deuxième guerre punique. Le **soldat mercenaire** n'était en réalité qu'une **bête de proie**, moins estimable, à coup sûr, qu'un fauve, car celui-ci tue pour se nourrir, alors que l'autre tuait pour de l'argent, pour le pillage, pour la débauche honteuse. Ainsi compris, l'état militaire est assurément le plus **infamant** qui soit.

L'antiquité n'a pas eu le monopole des armées mercenaires. Dans le rapide historique que nous avons fait de l'Armée française nous avons vu que nos rois, jusqu'en 1830, avaient eu à leur solde des mercenaires étrangers, principalement des Écossais et des Suisses, souvent aussi des Italiens. Mais nous avons eu, à plusieurs reprises, l'occasion de constater que ces contingents ne présentaient que de faibles garanties de fidélité; dès que leur solde était en retard on ne pouvait les faire marcher qu'en leur promettant une aubaine telle que le sac d'une ville, par exemple, c'est-à-dire en leur faisant espérer qu'ils pourraient bientôt donner libre carrière aux instincts de bête fauve dont tout homme a malheureusement les germes au fond du cœur. Le soldat, loin d'être le protecteur du citoyen, en était la terreur; la guerre finie, il n'avait plus de place dans l'État, il devenait l'ennemi de tous. Traqué, pourchassé, honni, il finissait misérablement dans le brigandage et souvent par la potence.

En Italie, les princes et les républiques prenaient à leur solde, non seulement les soldats mais les généraux qu'on nommait des condottieri. Plus un général avait de réputation, plus il se montrait indulgent pour les excès de ses troupes après la victoire, plus il voyait affluer autour de lui les aventuriers de toutes les nations.

Les armées ainsi composées se louaient au plus offrant, et comme les nobles instincts leur étaient inconnus et qu'elles n'avaient pour mobiles que le pillage et la plus basse débauche, elles tournaient le dos dès qu'elles trouvaient devant elles des troupes disciplinées.

Cela explique certains succès extraordinaires des Français pendant les guerres d'Italie : grâce à la noblesse **nationale** qui servait dans les armées de nos rois à cette époque, grâce au noyau déjà considérable d'infanterie, également **nationale**, les mercenaires ne formaient jamais plus du tiers du contingent total. L'Armée combattant pour la **gloire de son Prince** et obéissant par **devoir**, avait généralement bon marché de ses adversaires, même lorsqu'elle trouvait devant elle, comme à **Marignan**, la redoutable infanterie des Suisses.

Aussi longtemps que dura cette guerre, il y eut en Allemagne un certain nombre de bureaux de recrutement ou de marchés de soldats; là venaient se vendre des hommes de tous les pays et de toutes les confessions. Jamais la guerre ne fut plus qu'à cette époque un métier et ce métier, plus lucratif que celui des artisans, était aussi plus sûr que celui des cultivateurs.

Artisans et cultivateurs, dans une ville prise ou dans une province occupée, étaient dévorés par les soldats. Ces mercenaires, semblables à ceux de l'ancienne Carthage, étaient parfois dévoués à leur Chef, rarement à la cause qu'ils servaient et, après une victoire, il n'était pas rare de voir les survivants de l'armée vaincue solliciter du service auprès du Chef victorieux.

On peut juger, d'après cela, de ce que pouvait être, par exemple, l'armée de **Wallenstein**, c'est-à-dire l'armée impériale pendant la guerre de Trente-Ans : une bande de brigands féroces et débauchés.

L'illustre **Descartes**, qui fit la guerre en Allemagne à cette époque, dit, au sujet de ces singulières armées : « J'ai bien de la peine à ranger le métier de la guerre dans les professions **honorables**, voyant que l'oisiveté et le libertinage sont les principaux motifs qui y portent aujourd'hui la plupart des hommes. »

Une autre armée de la même époque, celle de **Gustave-Adolphe**, roi de Suède, que celui-ci avait conduite en Allemagne pour y défendre les droits de la liberté de conscience opprimée et qui combattait pour une **idée noble et juste**, offre un contraste saisissant avec l'armée de Wallenstein. Le cardinal de Richelieu rend en ces termes justice au roi de Suède et à ses soldats :

Le roi de Suède tenait ses soldats en telle discipline qu'il semblait qu'ils vécussent chacun chez soi et non chez des hôtes étrangers; leur courage ne s'exerçait que contre leurs ennemis. Quant à la personne du roi, on ne voyait en ses actions qu'une sévérité inexorable envers les moindres excès des siens, une douceur extraordinaire envers les peuples, une justice exacte en toute occasion.

À une même époque de l'histoire nous voyons donc, d'une part, l'état militaire considéré comme le plus infamant de tous, parce qu'il a pour seuls mobiles la paresse, le vol et la débauche, et, d'autre part, le même état célébré et porté aux nues parce qu'il a sa raison d'être dans la lutte glorieuse pour le triomphe d'une idée noble et juste, dans l'obéissance et la fidélité au Prince. C'est qu'en effet une noble cause porte en elle quelque chose qui anoblit le moindre de ses défenseurs.

Il peut arriver cependant que, pour obéir à la politique déprédatrice de leur pays, les plus braves et les plus honnêtes soldats du monde soutiennent une cause injuste. Dans ce cas, ils ne peuvent en aucune façon être rendus responsables envers l'histoire car, devant l'ennemi étranger, le principe d'obéissance est absolu.

Les hommes d'État qui suscitent des guerres injustes ou donnent aux troupes des ordres barbares — comme Louis XIV pour l'incendie du Palatinat, — les généraux qui, pour éterniser la guerre et gagner des honneurs et des grades, provoquent par des duretés inutiles les populations paisibles à une résistance désespérée, méritent d'être flétris par le moraliste, mais leur infamie ne peut en aucune façon rejaillir sur l'état militaire

Aujourd'hui, les mercenaires ont disparu, bien qu'il y ait encore beaucoup de **soldats de métier** dans les corps appelés à **combattre** fréquemment, comme notre infanterie de marine. De ceux-là il serait injuste de dire qu'ils se font **payer** leur sang, car leur solde est toujours très modeste : ils s'engagent ou se rengagent par tempérament combatif, par goût des aventures, par amour de la gloire, par paresse de pensée ou incapacité de tout autre métier; non seulement aucun blâme ne saurait les atteindre, mais ils ont droit à l'**estime** entière de la Patrie qu'ils servent toujours et partout avec abnégation et dévouement, encore que celle-ci les emploie parfois à des actions que la **morale pure** réprouve : la guerre de conquête, par exemple.

III. L'état de corsaire n'est plus l'état militaire. — Chaque fois que nous avons parlé de l'Armée nous l'avons jusqu'ici associée à la Marine de l'état. Nous nous voyons forcés d'attirer l'attention sur un point de vue tout à fait spécial de la guerre maritime. — Dans tous les temps et jusqu'au traité de Paris en 1856, les marins français ont servi, non seulement sur les navires de l'État, mais encore sur les bâtiments de course. Nous tenons à dire que nous séparons nettement l'un de l'autre ces deux services et que, si nous accordons notre pleine estime aux braves gens qui ont combattu pour l'honneur de la Patrie sur les vaisseaux de ligne, nous faisons des réserves en ce qui concerne les **corsaires**. Il nous est impossible d'admettre que la vocation de **corsaire** ait quelque chose de commun avec l'état militaire et puisse avoir droit à la même considération et au même respect. Il ne nous semble pas que ceci soit inutile à dire dans un pays qui connaît beaucoup mieux les noms de ses intrépides corsaires que ceux de ses plus illustres chefs maritimes. Ceux-là, cependant, ont combattu pour s'enrichir des dépouilles de l'ennemi, tandis que ceux-ci ne luttaient que par fidélité à leur serment et **pour l'honneur du Pavillon de la France.**

Le principe du respect de la propriété privée sur terre est depuis longtemps admis, sinon pratiqué; il n'en est pas de même quant à la propriété privée sur mer : jusqu'en 1856, celle-ci a toujours été considérée comme **de bonne prise,** aussi bien pour les marins de l'État que pour les « lettres de marque » ou corsaires autorisés par l'État. Au point de vue moral, il n'y a cependant aucune différence essentielle entre la course et la piraterie. La première est un **vol légal,** la deuxième un **vol illégal,** mais l'une et l'autre sont un **vol.** Il n'est pas de sophisme assez habile pour justifier la course si on condamne la piraterie.

La pratique de la course a fait, à diverses époques de notre histoire maritime, affluer sur les bâtiments de commerce munis de lettres de marque, des marins aventureux et intrépides, nous n'en doutons pas, mais n'ayant en réalité qu'un seul mobile : le **vol,** de même que les soldats de Wallenstein n'avaient en vue que le pillage.

Il est triste de penser que des sentiments de cette nature puissent intervenir dans la lutte légale entre deux peuples : le **soldat** et le **marin** au service de la Patrie, ne sont réellement **grands** et vraiment admirables que s'ils sont **matériellement désintéressés.**

La **confiscation** de la propriété privée sur mer nous semble un droit **défendable,** à la condition que cette confiscation cesse en même temps que l'état de guerre, mais le partage de cette propriété entre ceux qui ont collaboré à la prise est **absolument insoutenable en équité.** L'homme de guerre combat pour sa Patrie et non pour s'enrichir; il doit toujours garder ses mains nettes sous peine de déshonneur. On ne saurait trop le répéter : **le sang ne se paye pas avec de l'argent.** Cela est si vrai que toutes les nations ont inventé des récompenses honorifiques **sans valeur vénale** pour désigner au respect de tous ceux qui ont bien mérité de leur pays sur les champs de bataille. Aux beaux temps de la république romaine, **une couronne de gazon** semblait une récompense suffisante pour celui qui, par sa valeur et son intelligence, **avait sauvé l'Armée!**

IV. L'état militaire dans l'exercice du commandement. — Jusqu'ici, nous avons envisagé les caractéristiques générales de l'état militaire en nous plaçant au seul point de vue du simple soldat et du simple marin.

Ainsi que nous l'avons dit en commençant ce chapitre, le service militaire obligatoire tend à faire disparaître la soldat de métier. Avec un illogisme remarquable la Nation n'admet pas que qui que ce soit puisse se soustraire à l'impôt du sang, mais il lui déplait en revanche qu'on fasse du service un **métier.** La loi, il est vrai, n'est pas, sur ce point, d'accord avec l'opinion publique; il serait du reste difficile de faire croire à un homme de jugement sain qu'un soldat rengagé soit assimilable à un mercenaire. L'état militaire change complètement de physionomie dès qu'on l'envisage du point de vue qui est celui de l'homme pourvu d'un **grade,** c'est-à-dire d'une part d'autorité absolue sur un certain nombre de soldats ou de marins. Ici deux facteurs importants interviennent dans l'appréciation qu'on peut porter sur l'état militaire : **l'autorité** et la **responsabilité.** L'observateur superficiel — et la Nation n'est presque entièrement composée que d'observateurs superficiels — ne voit guère que le premier de ces deux facteurs, **l'autorité,** et semble croire qu'à partir du moment où son travail et sa valeur ont fait acquérir à un homme une autorité effective sur un certain nombre de ses concitoyens, il n'a plus que des jouissances dans la vie et jamais de peines ou d'ennuis. C'est là une opinion absolument erronée et qu'il importe sérieusement de rectifier.

Il n'est pas douteux que, pour la plupart des hommes, l'exercice de l'autorité n'ait de très grands attraits : le fait qu'un certain nombre de volontés se trouvent légalement et légitimement asservies à la sienne, relève à ses propres yeux le gradé et le console de bien des déboires inhérents à sa situation d'agent responsable. C'est presque certainement avec une juste fierté que le **centurion** de l'Écriture disait au Christ : *Je dis à un de mes soldats : Allez! et il va; venez, et il vient.* Cette constatation, dont il ne se lasse guère, développe chez l'homme revêtu d'un grade l'orgueil de ce grade et l'ambition d'en obtenir un plus élevé encore afin de commander à plus de monde.

Ceux qui ne voient des choses que la surface et ne jugent que sur les apparences, n'aperçoivent dans le commandement que les satisfactions qu'il procure; l'or des galons, celui des épaulettes leur masquent les réalités plus ternes d'une existence qui n'est parfois **qu'un persévérant sacrifice des joies les plus légitimes de la vie humaine;** ceux-là pensent que la Nation est libérée de toute reconnaissance envers le soldat et envers le marin dès qu'ils sont devenus des **gradés** et dès qu'ils jouissent des prérogatives du Commandement.

On oublie trop facilement que si le travail physique devient moindre, si les conditions matérielles de la vie sont moins humbles, en revanche les préoccupations de l'ordre moral s'accroissent ainsi que le nombre et l'étendue des devoirs à mesure que le grade s'élève. Les responsabilités deviennent plus lourdes dès qu'on acquiert des droits nouveaux, surtout dans un pays comme le nôtre, menacé d'une guerre prochaine et sans merci.

Certes, quant à nous, nous ne marchandons pas notre estime à ceux qui passent la plus grande part de leur existence dans l'exercice de l'obéissance et de la pauvreté, sans autre **droit** réel que celui de se faire tuer parmi les premiers pour le Drapeau de leur Patrie et de tomber obscurs et presque anonymes sur le champ de bataille arrosé de leur sang, mais nous prétendons que ceux-là ont également droit à la reconnaissance de leurs concitoyens, qui consacrent leur vie à l'éducation militaire de la Nation, et qui, le jour venu, savent tout aussi bien que leurs subordonnés présenter à la mort un visage intrépide et la regarder en face sans trembler.

S'il est vrai de dire, lorsqu'on décrit la vie du simple soldat ou du simple marin, qu'elle est réglée d'avance, sans discussion possible et, par conséquent, sans irré-solutions et sans regrets; que, de cette absence com-plète de responsabilité, naissent l'insouciance et la gaîté, si naturelles d'ailleurs à la jeunesse; en revanche, il n'est pas possible de parler de la sorte dès qu'il s'agit du plus modeste des gradés de l'Armée ou de la Marine, si ce dernier est le moins du monde soucieux de ses obligations et de ses devoirs.

Ne répondre que de ses actes, n'être responsable que de soi, rien n'est plus aisé ni plus simple, mais répondre des actions de dix, de cinquante, de cent hommes, en répondre devant soi-même, devant ses chefs devant le pays, voilà qui change singulièrement la face des choses, et dès lors il ne peut plus être question d'insou-ciance et de gaîté.

Sans doute, dans tous les temps, les règlements militaires ont imposé l'obéissance absolue aux troupes, mais ce que la **loi** prescrit doit pouvoir être obtenu par l'homme gradé, pour ainsi dire, sans violenter la volonté du subordonné; en un mot, il lui faut obtenir l'**obéissance active** et consentie au lieu de l'**obéis-sance passive**, qui n'est que subie. Ce n'est pas là, quoi qu'on puisse en penser, une chose aisée.

Les responsabilités du **temps de paix** — il faut le dire très haut — sont lourdes, parce que la préparation à la guerre est le but, la vie même des armées et que cette préparation est malheureusement pénible par sa monotonie et son caractère de permanence. Que dire des responsabilités du temps de guerre?

Un simple sergent peut fort bien, à un moment donné, se trouver chef d'un poste sur lequel repose la sécurité de quelques milliers d'hommes. Au feu, le gradé ne se bat pas : il surveille, il conduit, il entraîne ; souvent, il lui faut prendre spontanément des décisions importantes ; non seulement il a son propre honneur à protéger contre toute atteinte, mais encore il doit veiller à l'honneur de la troupe qu'il commande, à la vie de ses hommes, qu'il ne doit pas exposer sans utilité et qu'il ne peut cependant pas ménager outre mesure.

Au cours de nos guerres coloniales, au Tonkin par exemple, les gradés ont eu à mainte reprise à faire acte d'initiative, d'audace, de prudence, de ténacité pour retirer leurs hommes de conjonctures dangereuses ; souvent aussi ils ont dû payer de leur personne et jouer le rôle de soldat en même temps que celui de commandant. Là, encore, le devoir du gradé est plus lourd que celui de ses subordonnés, car si on pardonne aisément une défaillance à un jeune soldat à la première affaire, on ne peut, en aucun cas, la pardonner à un gradé qui **doit**, en toute circonstance, donner l'**exemple** à sa troupe.

Il faut avoir passé par ces épreuves pour savoir ce qu'un galon de laine ou d'or met de soucis poignants dans la vie d'un homme, et cependant, bien souvent, le peuple qui admire et acclame les **petits troupiers** de France, se montre injuste pour les modestes sous-officiers qui les encadrent et les instruisent.

Les gradés de la Marine ont, pendant la paix, les mêmes charges, les mêmes responsabilités que ceux de l'Armée, mais ces charges et ces responsabilités se trouvent aggravées par le fait de la lutte constante du marin contre les éléments. Il a pour ennemis permanents l'eau, l'air, le feu, mais il en a encore un autre dans l'homme lui-même, dans son ignorance, sa légèreté, son insouciance du danger.

A bord d'un navire, par le plus beau temps du monde, la simple imprudence d'un marin peut amener un désastre. La vie des gradés de la marine se passe donc dans une incessante surveillance : c'est ainsi, par exemple, qu'un maître d'équipage se préoccupe sans cesse de la conservation de ses apparaux, afin que la rupture intempestive d'un garant de palan ne vienne pas mettre en danger la vie des hommes; le maître de timonerie est sans cesse inquiet de l'état des drosses du gouvernail, car la rupture d'une drosse survenant à un moment délicat, au cours d'une manœuvre, peut amener la perte du navire. Le maître canonnier ne manque pas de surveiller l'état des chaînes, la tenue des pièces d'artillerie, etc., etc., car il est assuré que la moindre négligence sur ces matières sera quelque jour cruellement punie par l'hostilité toujours active des éléments, qui semblent guetter malicieusement le moment d'agir. On croirait en effet — et l'homme de mer est, de tous, celui qui peut le mieux en juger — qu'il y a dans la Nature qui nous entoure une sorte de malveillance sans cesse en éveil, toute prête à la venger du joug que fait peser sur elle l'intelligence humaine, en profitant des moindres défaillances de son tyran.

Quelques minutes d'oubli de la part d'un gradé des chaufferies peuvent amener un coup de feu, la rupture d'un tube, la mise en liberté de cet agent si obéissant et si terrible que l'on nomme la vapeur d'eau et qui, aussitôt, se rue à travers le bâtiment portant avec lui la mort — une mort atroce — pour tous ceux qu'il effleure. Chaque gradé, dans sa spécialité, se trouve donc avoir une part de responsabilité dans les accidents qui peuvent survenir et compromettre la sécurité du bâtiment tout entier; le simple marin **n'a qu'à obéir**, ce qui est la chose la plus simple et la plus facile du monde. Lequel des deux mérite le plus l'estime et l'admiration de la Nation?

L'état de guerre augmente évidemment la lourdeur de la tâche des gradés de la Marine, mais dans des proportions incomparablement moins grandes qu'il ne fait pour ceux de l'Armée. Cela tient à ce que, en réalité, l'état de guerre est **permanent** pour la marine et pour le marin, car celui-ci a sans cesse à lutter contre les forces naturelles, mal soumises toujours et souvent révoltées, qui l'entourent. C'est cette lutte de tous les instants qui donne à notre métier, comme nous l'avons dit à mainte reprise, son véritable caractère de grandeur.

La réduction du temps de service a augmenté dans de grandes proportions les charges déjà très lourdes des gradés de l'Armée et, plus encore peut-être, celles des gradés de la Marine : à quelque époque de l'année que l'on soit, **l'instruction des hommes est toujours à faire.** Il arrive en effet à bord, et perpétuellement, des hommes nouveaux au service et qu'il faut instruire; même les navires en campagne à l'étranger renouvellent pour ainsi dire à chaque semestre une notable partie de leurs équipages. Or, l'instruction des équipages est **conduite** par les officiers, mais elle doit être **faite** par les gradés qui se trouvent ainsi assujétis à répéter sans cesse le même enseignement, à lutter contre les mêmes difficultés toujours renouvelées et qui n'ont même pas la satisfaction de se dire qu'ils profiteront dans l'avenir des résultats de leurs efforts; ils ne peuvent même pas affirmer à coup sûr que ce qu'ils ont eu tant de peine à apprendre à leurs hommes leur sera utile à bord d'un autre bâtiment.

Enfin, les modifications incessantes du matériel de la marine forcent les gradés de la flotte à refaire perpétuellement leur propre instruction, sous peine de la voir tomber à un niveau inférieur à celui que leur grade impose à leur amour-propre et à leur dignité. Que l'on mette en regard de tous ces tracas les minces satisfactions de vanité puisées dans l'exercice du commandement et le bien-être, très relatif du reste, que procure une solde plus élevée, et l'on reconnaîtra que les hommes qui consacrent leur vie entière à l'instruction des recrues que le service militaire pousse annuellement sous leurs ordres ont, plus encore que les soldats de métier, droit à l'estime et au respect de la Nation quand ils remplissent intégralement et sans faiblesses les obligations qui leur incombent.

V. L'état militaire dans les fonctions d'officier. —Au sommet de la hiérarchie militaire, enfin, se trouve l'Officier, dont la personnalité n'a pas toujours été bien comprise par la Nation. Celle-ci a presque toujours été ballottée entre deux sentiments très opposés : une **reconnaissance passionnée** au cas d'une guerre victorieuse, ou un **dédain irraisonné** et jaloux dans les longues périodes de paix. **Héros** ou **parasite**, telles sont les deux appréciations portées, suivant l'époque, sur le rôle social de l'Officier.

Il serait temps cependant de rectifier cette manière de voir et de montrer au pays sous son vrai jour le véritable rôle de l'Officier, de lui prouver que les travaux de la guerre ne sont pas pour ce dernier les plus pénibles à accomplir et que ce ne sont pas non plus les plus méritoires. Ce qui, pour un homme de caractère élevé, constitue la grandeur du métier des armes, ce n'est pas tant la crise suprême du combat que la préparation du succès final, par l'accomplissement silencieux de devoirs journaliers, toujours pénibles et parfois même odieux. Voilà ce qui devrait être présent à l'esprit de tous, car c'est dans cette pensée que l'on trouverait la véritable raison qui donne au rôle de l'Officier, dans l'armée moderne, son caractère de grandeur désintéressée. On ne verrait plus alors avec envie l'éclat factice qui entoure ces existences consacrées entièrement à la Patrie, et l'on découvrirait en revanche tout ce qui se cache de tristesses, d'angoisses, d'amertumes et de déboires sous cet orgueilleux éclat de l'or et de l'acier.

Quelle que soit l'importance du grade de l'Officier, il est une partie de ses attributions qui demeure la même depuis le jour où l'État lui donne sa première épaulette jusqu'à celui où il commande en chef une flotte ou une armée. Il en est de même pour le **père de famille**, du jour de la naissance de son premier enfant jusqu'à celui où la mort le saisit; des devoirs — toujours les mêmes — lui incombent. On peut les résumer ainsi : **surveiller, enseigner, juger, punir.** Tels sont les quatre mots qui synthétiseront toujours, aussi bien le rôle du père vis-à-vis de ses enfants que celui de l'Officier vis-à-vis de ses subordonnés. Il faut y joindre une cinquième obligation, qui est peut-être la plus importante de toutes : **aimer,** non de cet amour égoïste qui exige du retour et s'étonne de l'ingratitude, mais d'un amour désintéressé et sans espoir, d'une de ces affections vigoureuses et clairvoyantes, dépouillées de toute sentimentalité niaise, qui élèvent l'âme au lieu de l'affadir.

Le service militaire obligatoire, loin d'alléger les devoirs de l'Officier, n'a fait que les rendre plus pesants et leur a donné une étendue et une portée véritablement extraordinaires. Aujourd'hui, la Nation tout entière vient passer trois années dans les casernes ou sur les bâtiments de l'État, et c'est au moment précis où commence pour ses fils la vie active du **citoyen.** Presque tous ces jeunes hommes, cultivateurs, ouvriers, artisans, absorbés jusqu'à ce moment par la lutte obsédante du pain quotidien, n'ont pas encore eu le temps de réfléchir aux nouveaux devoirs que leur participation à la vie publique va leur créer, pas plus du reste qu'à ceux que la défense de l'honneur et de l'intégrité de la Patrie leur impose. Il est indispensable que l'État donne à tous ces jeunes hommes qui, suivant la belle expression de **Von der Goltz,** sont la **virilité** même de la Nation, des éducateurs spéciaux. Ceux-ci auront pour tâche de faire pénétrer par le raisonnement et surtout par l'**exemple** dans le cerveau des jeunes soldats un certain nombre de préceptes de conduite morale, grâce auxquels ils pourront influer favorablement dans l'avenir sur les destinées de la Patrie.

Nous n'ignorons pas que cette éducation patriotique

et civique est commencée à l'école et que les **institu-
teurs** ont un rôle d'une importance capitale, mais nous savons aussi que ce rôle cesse trop tôt — vers treize ou quatorze ans à peu près — et que les sept ou huit années qui s'écoulent entre l'école et la caserne suffisent, dans bien des cas, à effacer l'empreinte légère qu'a laissée l'enseignement de l'instituteur. Si les trois années de service militaire s'écoulaient sans que cette empreinte fût vigoureusement renouvelée, les jeunes citoyens, au sortir de la caserne, seraient mal préparés à la vie publique, imprégnés d'idées fausses, plus soucieux de leurs droits que de leurs devoirs.

Ces éducateurs de la Nation armée ne peuvent être que les Officiers. Qui donc oserait soutenir que le rôle de l'Officier, ainsi compris, est un rôle de **parasite** de la société? Que peut-on trouver de plus beau, de plus noble, de plus magnifique que ce rôle d'**éducateur de la Nation**? Envisagé de la sorte, l'état militaire n'est-il pas absolument digne de l'estime et de l'admiration de tous?

TABLE DES MATIÈRES

TITRE I

ÉDUCATION MORALE

LES DEVOIRS MILITAIRES

TITRE II

ÉDUCATION PATRIOTIQUE

CHAPITRE I

LA PATRIE

CHAPITRE II

LA PATRIE FRANÇAISE

TITRE III

ÉDUCATION MILITAIRE

CHAPITRE I

CHAPITRE II

LA GUERRE

CHAPITRE III

L'ARMÉE

LA MARINE

CHAPITRE IV

L'ÉTAT MILITAIRE

Coulommiers. — Imp. PAUL BRODARD.